Je dédie ces pages à la mémoire
de mes parents:
Stanislas Lapointe et Laura Otis
dont le langage coloré à saveur d'autrefois
forme la base de cet ouvrage

D0887157

En écoutant parler les gens de ce pays
On dirait que le vent s'est pris dans une harpe
Et qu'il en a gardé toutes les harmonies
Yves Duteil

Des mots pittoresques et savoureux

Dictionnaire du parler populaire au Québec

Des mots pittoresques et savoureux

Dictionnaire du parler populaire au Québec

Raoul Lapointe

Des mots pittoresques et savoureux

Dictionnaire du parler populaire au Québec

Raoul Lapointe

Révision linguistique
Georges Callerand

© **Lidec inc.**

Dépôt légal — 3ᵉ trimestre 1990
Bibliothèque nationale du Québec
Bibliothèque nationale du Canada

ISBN-2-7608-9504-1
Imprimé au Canada

4350, avenue de l'Hôtel-de-Ville, Montréal (Québec)
H2W 2H5 — (514) 843-5991

Présentation

Cet ouvrage est l'aboutissement d'une longue recherche. Son noyau initial est basé sur des conversations que j'ai eues avec mon père il y a plusieurs années et que j'ai soigneusement enregistrées pour en extraire les mots savoureux et les tournures originales utilisés au Québec jusqu'à tout récemment. Grisé par la fièvre qui ronge les chercheurs de trésors, j'ai consulté par la suite de nombreuses personnes et unelongue liste d'ouvrages comme en fait foi la bibliographie. Étant donné les circonstances géographiques, on retrouvera particulièrement dans ce recueil le parler populaire des régions de Charlevoix, et du Saguenay-Lac-Saint-Jean. Toutefois beaucoup de mots, d'expressions et d'adages sont utilisés ailleurs au Québec ou dans les autres provinces canadiennes. En ce qui concerne l'orthographe, son état flottant s'explique par le fait que j'ai dû m'appuyer souvent sur la simple tradition orale. Il ne faut pas en faire un drame surtout lorsqu'on se rend compte que les grands auteurs du XVe et du XVIe siècle peuvent orthographier le même mot de différentes façons à quelques lignes de distance. Rabelais écrit: chevreul, chevreuil et chevreux. C'est beaucoup pour un même animal. Il écrit aussi «poulce» et «poulse». Par ailleurs, on peut relever six façons d'écrire «astheure» dans les écrits du XVIe siècle. L'Académie française mit de l'ordre à tout cela; mais, au XVIIe siècle, les colons venus de France jusqu'aux rives du Saint-Laurent avaient comme premier souci de survivre et ils étaient fort éloignés des préoccupations linguistiques de Richelieu et de Vaugelas.

En cueillant ces fruits de notre sagesse locale dont plusieurs ont disparu, j'avais une sensation étrange. Le fait d'évoquer ces expressions du terroir me faisait en même temps ressusciter ceux qui les avaient utilisées. Parfois je revoyais ma mère employant tel mot ou telle tournure de phrase pour décrire les travaux ménagers ou ceux de la ferme. Et puis, soudain, apparaissait mon père qui, dans son langage original, utilisait des mots anglais devenus presque méconnaissables ou certaines expressions empruntées à ses compagnons de travail, à l'usine ou durant ses longs hivers en forêt. Je revoyais aussi mes grands-parents, mes oncles ou mes tantes répétant eux aussi des mots qui parfois semblaient venir du fonds des âges. Je me suis alors rendu compte que la langue d'un peuple constitue sa chair et son sang. Yves Duteil a merveilleusement peint cette réalité dans les tout premiers vers de sa chanson célèbre «La langue de chez nous».

> C'est une langue belle avec des mots superbes
> Qui porte son histoire à travers ses accents

Où l'on sent la musique et le parfum des herbes
Le fromage de chèvre et le pain de froment [1].

S'il existe un livre où l'auteur n'invente rien, c'est bien un ouvrage de ce genre. Il ne fait que recueillir les grains et les fruits que ses devanciers ont amassés pour lui. Comme le glaneur, celui qui collige un ensemble de mots doit se munir d'une vaste corbeille et ne pas se laisser distraire par le chant des oiseaux. En ce qui me concerne, la «ramasse» a été fructueuse. Je n'ai cependant pas épuisé mon sujet; car, au cours de notre longue histoire, nos devanciers ne se sont pas contentés de conserver le bagage linguistique apporté de France au XVIIe siècle, mais il ont contribué à l'enrichir, créant leurs propres mots, déformant ceux de l'envahisseur et donnant une couleur locale à certains mots français qui leur venaient d'ailleurs.

Il m'a semblé important de préparer ce florilège au moment où notre vocabulaire est en pleine mutation. La scolarisation de nos compatriotes et l'avènement de la radio et de la télévision ont internationalisé notre langue écrite et parlée. Notre ancienne «parlure» doit céder graduellement le pas non seulement au français international mais aux néologismes et aux sigles qui fourmillent un peu partout. Ce problème n'est pas particulier à notre milieu. Il se répand partout sur notre planète. À ce sujet, il est intéressant de lire l'ouvrage de Robert Beauvais, intitulé *L'hexagonal tel qu'on le parle* [2]. Dans ce volume à la fois humoristique et réaliste, l'auteur compare la langue française traditionnelle avec le nouveau langage tirant son nom du mot «hexagone» qui, dans le français contemporain, représente la France dont l'aspect géographique est celui d'une figure géométrique à six côtés.

La langue a beaucoup évolué au Québec depuis quelques années. Nous sommes frappés nous aussi d'hexagonal chronique. Les gens bien éduqués ne donnent plus leur adresse mais leurs «coordonnées». Les événements qui faisaient réfléchir nos parents les «interrogent» ou les «questionnent» aujourd'hui. Le jeu de hockey si barbare autrefois est devenu simplement «musclé», bien que les blessures soient les mêmes. Les malades n'agonisent plus; ils se contentent d'être en «phase terminale», on ne converse plus, on «échange». Il y a quelques années, une personne prévoyante était organisée, elle savait où elle allait. Actuellement, elle est «articulée». Par ailleurs, les individus fidèles à une cause ne sont plus actifs et convaincus; oh! non, ils sont «engagés». Les jeunes et les moins jeunes mangent des T-bones, portent des T-shirts et, s'ils sont audacieux, ils font des U-turns. De plus, certains sont parfois «gelés» en plein été. Il faut dire que beaucoup sont des «burn-out» ou des «drop-out». Nos pères auraient dit, dans leur langue savoureuse, que les uns étaient «rendus au coton» et que les autres avaient «laissé l'école». Et il ne faut pas oublier ceux qui «performent», c'est-à-dire tous les «performants», ces gens qu'on disait efficaces il n'y a pas si longtemps.

Que dire du champ des sigles, si vaste et si difficile d'accès? On fréquente le CEGEP, l'UQAC, l'INRS ou l'ENAP. On regarde la TV tandis que l'on espère trouver un emploi dans une PME, dans un CLSC ou à la SAQ. Mais ce qui fait chic c'est de trouver moyen d'insérer au cours de la conversation deux locutions prépositives qui affichent la haute culture d'un individu. Ce sont, par ordre d'importance, «au niveau de» et «dans le cadre de»; car rien ne peut résister à ceux qui sont armés d'un «cadre» et d'un «niveau». L'avenir leur appartient. Les modes se succèdent rapidement au siècle des fusées. Aussi, ces deux dernières locutions ont, depuis quelque temps, deux sérieux concurrents: ce sont «plus» et «super». Il est, en effet, devenu difficile de réussir en affaires sans offrir un produit «super» appuyé sur un service «plus». Les super-aubaines et les cartes-plus pullulent en ce moment. C'est le sort des langues vivantes de voir naître et mourir des mots au gré des modes et des caprices.

Un lexicographe doit forcément scruter l'histoire et ne rien omettre du passé. Aussi ce recueil n'est nullement destiné à ceux ou celles qui ont le coeur trop faible, l'oreille trop sensible ou le palais trop délicat. Il y a, en effet, certains mots, certaines expressions, voire certains dictons, qui peuvent heurter des lecteurs. Qu'importe! lorsqu'on écrit l'histoire, que ce soit en relatant des faits anciens ou en alignant de vieux mots, il faut rendre compte de ce qui a existé et non de ce qui aurait dû être. Il s'agit, ici, en effet, ne l'oublions pas, d'un dictionnaire descriptif ou encore historique et non d'un dictionnaire normatif. On y rencontre l'esprit créatif français que nos ancêtres ont transporté avec eux. J'imagine qu'un certain nombre de leurs trouvailles, dignes de Rabelais, auraient réjoui le coeur de ce grand architecte des mots s'il avait pu entendre les expressions plutôt colorées de nos coureurs de bois et de nos bûcherons.

Le but de cette compilation est de ressusciter un passé qui s'estompe, de rappeler un fait historique et de conserver pour les générations futures ces vieilles expressions qu'utilisaient nos pères; car notre parler populaire avec ses coins rugueux et son parfum de fleurs sauvages est la partie la plus précieuse de notre patrimoine. En repassant la liste de ces mots pittoresques et savoureux c'est plus de trois siècles d'histoire qui défilent devant nous. Alors que de nombreux peuples conquis ont perdu leur langue, les Québécois ont réussi à conserver la leur malgré tous les obstacles. En parcourant cet ouvrage, le lecteur aura l'impression de lire le récit d'un naufragé qui, malgré la fureur des vents et le déchaînement des vagues, réussit à survivre en s'accrochant désespérément à tout ce qui l'entoure.

Cette pensée rejoint le conseil rencontré au cours de mes recherches dans un ouvrage de 1934 intitulé: «*Le français des Canadiens est-il un patois?*» Dans ces pages amicales, Ernest Martin, originaire du Poitou, parle du prétendu patois canadien comme d'un mythe et il nous supplie de conserver notre trésor linguistique: «Gardez religieusement, dit-il, vos vieux mots de terroir... Vos arrière-neveux vous sauront gré de cet héritage... Parlez hardiment votre langue, même en présence des Français de Paris». (FCPM, p. 87). Une telle supplication n'était pas de nature à freiner mon enthousiasme. Aussi, je me suis efforcé de retracer la langue que parlaient les contemporains de nos ancêtres lorsqu'ils quittèrent la France.

Celui qui m'a le plus aidé en ce sens, tout en me faisant rire par surcroît, c'est ce bon Rabelais qui a passé son enfance à Chinon, au coeur de cette partie de la France d'où venaient de nombreux colons partis s'établir «en Canada»; car cet auteur, issu du peuple, écrit pour le peuple. À une époque où la médecine n'était pas très efficace, il utilise la thérapie du rire pour guérir ses malades ou tout au moins pour leur faire oublier leurs malaises. À 450 ans de distance j'ai rencontré sous sa plume un grand nombre de mots et d'expressions que nous utilisons encore aujourd'hui et qu'on retrouvera dans ce dictionnaire. D'autres auteurs du XVIe siècle sont venus à ma rescousse, tels Montaigne et Calvin; mais ces derniers m'ont fait beaucoup moins rire surtout Calvin qui n'était ni le Molière ni le Bob Hope de son époque.

Ce dictionnaire ressemble à un album de photos anciennes que l'on pourra contempler à loisir en ruminant des souvenirs. C'est un ouvrage qui a demandé beaucoup de travail à son auteur, mais qui a été compilé avec amour et souci de rendre service. Je me suis dit, en effet, que si un chercheur du monde antique avait rédigé un texte explicatif de la langue utilisée au temps des Pharaons, il n'eût pas été nécessaire d'attendre Champollion pour déchiffrer les inscriptions gravées sur les obélisques ou sur les nombreux papyrus dormant près des momies.

---

1   *Revue Notre-Dame*, 4 (avril 1987): 15, Sillery, Québec.

2   Robert Beauvais, *L'hexagonal tel qu'on le parle*, Éditions Hachette, Imprimerie Brodard et Taupin, Paris, Livre de poche, n° 3455.

Remerciements

L'accueil qu'on a fait à la première édition de ce dictionnaire a été réconfortant pour son auteur. La presse écrite et parlée a été fort élogieuse et les marques de satisfaction des lecteurs, très nombreuses. Grâce aux suggestions pertinentes de ces derniers, des améliorations et un nombre imposant d'ajouts ont pu être apportés à la présente édition. Je remercie donc tous ces collaborateurs et collaboratrices qui m'ont ainsi fait savoir que j'avais fait une oeuvre utile.

Je me permets de signaler d'une façon particulière un témoignage qui m'a surpris, m'a ravi et m'a fait oublier d'un seul coup toutes mes fatigues. Il s'agit de celui de M. Maurice Druon, secrétaire perpétuel de l'Académie française. Ayant fait la lecture de mon ouvrage, il a eu la gentillesse de m'adresser une longue lettre dans laquelle il me dit:

> Votre recueil va au-delà, à mon sens, du «pittoresque et du savoureux»; il a valeur du double point de vue historique et linguistique. Et j'en ai prescrit le dépouillement au service de préparation du Dictionnaire de l'Académie.

À celui qui me fait un tel aveu, je dis «trois fois merci» et je m'empresse de garder quelques minutes de silence pour savourer de si bonnes paroles venant de si loin et surtout de si haut.

Publications de Raoul Lapointe

Petit dictionnaire ESOC (Écouteurs Sur Ondes Courtes). But: francisation du langage des radio-amateurs, Bagotville, 1965, 27 p.

J'ai vu les mornes d'Haïti. Récit de voyage, dictionnaire créole, proverbes haïtiens. Québec, Belisle Éditeur Inc. 1966, 267 p.

Histoire de l'imprimerie au Saguenay. Thèse de maîtrise en bibliothéconomie (Washington, D. C.), Chicoutimi, Société historique du Saguenay, 1969, 291 p.

Catalogage-Éclair, Chicoutimi, Éditions Science Moderne (édition polyglotte), 1972, 103 p.

Rodolphe Pagé, pionnier de l'aviation au Québec, biographie, Montréal, Le Centre éducatif et culturel, 1972, 182 p.

Le cahier de Monsieur Otis, biographie, Chicoutimi, Société historique du Saguenay, Cahiers de Saguenayensia n° 1, 1986, 76 p.

Léonidas Bélanger (1913-1986) La mémoire d'un Royaume, biographie, Chicoutimi, Société historique du Saguenay. Cahiers de Saguenayensia n° 2, 1987, 44 p.

Des mots pittoresques et savoureux, Montréal, La Fédération des Sociétés d'histoire du Québec et Archiv-Histo, 1988, 139 p.

Bibliographie

American College Dictionary (The), Random House, New York, Édition 1968.

Bain, Robert, *The Clans and Tartans of Scotland,* Collins, London and Glasgow, 1959.

Balzac, Honoré de, *L'envers de l'histoire contemporaine*, Livre de poche, n° 2641, 1970.

Barbeau, Victor, *Le français du Canada*, Québec, Librairie Garneau, Nouvelle Édition 1970, 303 p.

Bélisle, Louis-Alexandre, *Dictionnaire général de la langue française au Canada*, La Société des Éditions Leland Limitée, 1390 p.

Bélisle, Louis-Alexandre, *Références biographiques*, Éditions de la famille canadienne Limitée, Montréal, 1978.

Bergeron, Léandre, *Dictionnaire de la langue québécoise.* V. L. B. Éditeur, 1980, 575 p.

Blanchard, Étienne (abbé), *Dictionnaire du bon langage*, 3ᵉ édition, Montréal, 1919.

Brosse, Jean-Baptiste de la, *Dictionnaire Français-Montagnais*, manuscrit de 1766.

Brau, Jean-Louis, *Histoire de la drogue*, Édition Tchou, 1968.

Brunot, F. et Bruneau C, *Précis de Grammaire historique de la langue française*, Paris, Masson & Cie, 1949, 641 p.

Caron, Louis, *Le bonhomme sept heures*, Éditions du Seuil, 1978.

Cayrou, Gaston, *Le Français classique,* lexique de la langue du XVIIᵉ siècle, Didier, Paris, 1948, 884 p.

Charest, Gilles, *Sacres et blasphèmes québécois*, illustré par Girerd, Éditions Québec-Amérique, 1980.

Claveau, J.-C. *Chicoutimi en ce temps-là*, Chicoutimi, Éd. Fleurs de Lys, 1985, 200 p.

Claveau J.-M., *La grand' charette rouge*, Éd. JCL, Chicoutimi, 1987, 281 p.

Colpron, Gilles, *Les anglicismes au Québec. Répertoire classifié.* Montréal, Éditions Beauchemin, 1970, 247 p.

Dauzat, Albert, *Phonétique et grammaire historique de la langue française,* Paris, Larousse, 1950, 305 p.

Dauzat, Albert, *Histoire de la langue française*, Paris, Payot, 1930, 579 p.

Denis, Roland, *Les vingt siècles du français*, Montréal, Fides, 1949, 437 p. *La langue française au Canada*, p. 359-414.

Desdouits, Anne-Marie, *La vie traditionnelle au pays de Caux et au Canada français: le cycle des saisons*, Les Presses de l'Université Laval, Éditions du CNRS, Québec, Paris, 1987, 439 p.

Dictionnaire historique de l'ancien langage françois, par Jean-Baptiste de la Curne de Sainte-Palay, Paris, Éd. Favre et Pajot (1875-1882). (10 tomes).

Dictionnaire universel français et latin, vulgairement appelé *Dictionnaire de Trévoux,* nouvelle édition (1771). (8 volumes).

Dionne, Narcisse-Eutrope, *Le parler populaire des Canadiens-français*, Les Presses de l'Université Laval, 1974, 670 p.

Dubuc, R. et J.-C. Boulanger, *Régionalismes québécois usuels*, Conseil international de la langue française, Paris, 1983, 227 p.

Dulong, Gaston, *Dictionnaire correctif du français au Canada.* Les Presses de l'Université Laval, 1968, 255 p.

Dunn, Oscar, *Glossaire franco-canadien et vocabulaire de locutions vicieuses usitées au Canada* avec introduction de Louis Fréchette, Québec, Imprimerie A. Côté et Cie, 1880, 199 p.

Druon, Maurice, *Quand un roi perd la France*, Paris, Plon, 1977.

Fillion, Jean-Paul, Saint-André Avellin. *Le premier côté du monde*, Ottawa, Leméac, 1975.

Gilbert, Antoinette-T., *Au royaume des souvenirs; l'école de rang*, Chicoutimi, Éditions La Reliure du Saguenay Enr., 1982.

Giraud, Jean, Pierre Pamart et Jean Riverain, *Les mots dans le vent*, Larousse, Paris, 1971, 251 p.

Giraud, Jean, Pierre Pamart et Jean Riverain, *Les nouveaux mots dans le vent*, Larousse, Paris, 1974, 272 p.

Gougenheim, Georges, *Grammaire de la langue française du seizième siècle*, Éd. I A C, Lyon, 1951.

Gouvernement du Québec, *Les parlers français de Charlevoix, du Saguenay, du Lac-Saint-Jean et de la Côte-Nord*, Thomas Lavoie, Gaston Bergeron et Michelle Côté, 1985.

Gouvernement du Québec, *Le parler populaire du Québec et de ses régions voisines; atlas linguistique de l'est du Canada*, Gaston Dulong, Gaston Bergeron, 1980.

Grande Encyclopédie (La), Éditions H. Lamirault et Cie, Paris, (1885-1892) (31 volumes).

Grand Larousse de la langue française, 1978, (7 volumes).

Gransaignes d'Hauterive, R. *Dictionnaire d'ancien français, Moyen âge et Renaissance*, Larousse, 1947.

Harrap's New Standard, French and English Dictionary, 1980.

Hosie, R. C., *Native trees of Canada*, 8e édition, Montréal, Fitzhenry and Whiteside, 1969, 380 pages.

Huguet, Edmond, *Dictionnaire de la langue française du seizième siècle*, Paris, Didier, 1925-1967 (7 tomes).

Lapointe, Raoul, *Histoire de l'imprimerie au Saguenay*, Chicoutimi, Société historique du Saguenay, 1969, 291 p.

Laure, Pierre-Michel, *Apparat Français-Montagnais composé en 1726.* Texte présenté et annoté par David Cooter, Presses de l'Université du Québec, 1988.

Lemoine, Georges (OMI), *Dictionnaire Français-Montagnais*, Boston, W. B. Cabot et P. Cabot, 1901.

Littré, Émile, *Dictionnaire de la langue française*, Gallimard-Hachette, 1961, (7 volumes).

Littré, Émile, «Comment j'ai fait mon dictionnaire de la langue française», Causerie du 1er mars 1880, in *Dictionnaire de la langue française*, tome 1, Gallimard-Hachette, 1961, p. 112.

Lorent, Maurice, *Le parler populaire de la Beauce*, Montréal, Éditions Leméac, 1977, 224 p.

Martel, L.-A., *Notes sur la Saguenay, 1865*, Éditions du Centre d'études et de recherches historiques du Saguenay, Chicoutimi, 1968.

Martin, Eman, *Origine et explications de 200 locutions et proverbes*, Paris, Librairie Delagrave, 6e éd., 1888.

Martin, Ernest, *Le français des Canadiens est-il un patois?* L'Action Catholique, Québec, 1934, 143 p.

Martinon, Ph., *Dictionnaire méthodique et pratique des rimes françaises*, Paris, Larousse, 1915.

Maupassant, Guy de, *Les contes de la bécasse: un normand.*

Oudin, Antoine, *Curiositez françoises pour supplément aux dictionnaires ou recueil de plusieurs belles propriétez avec une infinité de proverbes et quolibets*, Paris, 1656.

Oxford English Dictionary (The), Oxford at the Clarendon Press, 1970, (12 volumes).

Pilote, François, *Le Saguenay en 1851*, Québec, imprimerie d'Augustin Côté, 1852.

Proteau, Lorenzo, *La parlure québécoise*, Les Éditions Proteau Inc., Boucherville, Qué., 1982.

Rabelais, F., *Oeuvres complètes*, La Pléiade, Éd. Gallimard, 1955.

Robert, Paul, *Dictionnaire alphabétique et analogique de la langue française*, 1985. (9 volumes).

Robinson, Sinclair et Donald Smith, *Manuel pratique du français canadien*, Toronto, MacMillan of Canada, 1973, 172 p.

Rogers, David, *Dictionnaire de la langue québécoise rurale*, V. L. B. Éditeur, Montréal, 1977, 246 p.

Sabourin, Conrad et Rolande Lamarche, *Le français québécois (bilbliographie analytique)*, Gouvernement du Québec, Office de la langue française, 1979, 329 p.

Salgado, Jean-Marie, *Premiers éléments de créole*, Haïti, Les Cayes, 72 p.

Seutin, Émile et André Clas, *Richesses et particularités de la langue écrite du Québec*, Département de linguistique et philologie, Université de Montréal, 1979-1982, (8 fascicules).

Silvy, Antoine, *Dictionnaire Montagnais-Français*; transcription par Lorenzo Angers, David E. Cooter et Gérard E. Mc Nulty. Les Presses de l'Université du Québec, 1974.

Soeurs du Bon-Conseil de Chicoutimi, *Méthode de correction du langage à l'usage des écoles primaires*, Chicoutimi, 1934, 34 p. *Petit glossaire, complément de la méthode du bon langage*, Chicoutimi 1935, 38 p.

Société du parler français au Canada, *Glossaire du parler français au Canada*, Les Presses de l'Université Laval, Québec, 1968, 709 p.

Tremblay, Victor (Mgr), *Alma au lac Saint-Jean*, Comité du centenaire d'Alma, 1967, 512 p.

Vaugelas, Claude Favre de, *Remarques sur la langue françoise utiles à ceux qui veulent bien parler et bien escrire*, Paris, 1647.

Villeneuve, Georges, *Les emmurés. La dynastie des 3 Georges*, Éditions Marie-M., Dolbeau, Qué. 1988, 397 p.

Wartburg, W. v., *Évolution et structure de la langue française*, 9ᵉ éd., Éditions A. Francke S. A. Berne, 1969, 294 p.

Zola, Émile, *Au bonheur des dames*, Éditions Fr. Bernouard, Paris, 1928.

Articles de revues

Archives nationales du Canada, Série C 11, vol. 58, n° 1086.

Journal of American History (The), vol. 73, 4 (march 1987).

Laliberté, André (abbé), «*Le parler populaire au pays des bleuets*». Texte d'une conférence donnée le 11 février 1943 à l'Université Laval, Le Canada Français, 30, 5 (janvier 1943): 355-370.

Province de Québec, documents de la session (n° 4) 32, Victoria, A. 1869.

Rousseau, Jacques, *Les américanismes du parler canadien-français* , Cahiers des Dix, n° 21, p. 89-103, 1956.

Rousseau, Jacques, *Le parler canadien et le français universel*, Cahiers des Dix, n° 34, p. 181-233, 1969.

Séguin, Robert-Lionel, *L'apport européen à la civilisation traditionnelle du Québec*,Cahiers des Dix, n° 39, p. 221-241, 1974.

Sentier chasse et pêche, mars 1982.

Société historique du Saguenay, bulletin n° 12, (5 juin 1950).

Société royale du Canada, section I, 1917; *Proceedings* série III, 1917.

Sigles et abréviations

ACD	*American College Dictionary* (1968)
Adj.	Adjectif
Adv.	Adverbe
ALSJ	*Alma au lac Saint-Jean*, par Victor Tremblay
Angl.	Anglais
BGHF	Brunot, *Précis de grammaire historique de la langue française*
BRH	*Bulletin des recherches historiques.*
CEGEP	Collège d'enseignement général et professionnel
Ch.	Chapitre
CLSC	Centre local de services communautaires
Col.	Colonne
Conj.	Conjonction
DAO	*Dictionnaire d'Antoine Oudin*
DAS	*Dictionnaire Montagnais-Français du Père Antoine Silvy*
DB	*Dictionnaire Bélisle*
DFSS	*Dictionnaire de la langue française du seizième siècle* (Edmond Huguet)
DGHF	Dauzat, *Phonétique et grammaire historique de la langue française*
DGL	*Dictionnaire Français-Montagnais du Père Georges Lemoine*
DHAF	*Dictionnaire historique de l'ancien langage françois*
DHLF	Dauzat, *Histoire de la langue française*
DJB	*Dictionnaire Français-Montagnais du père Jean-Baptiste de la Brosse*
D. Lar.	*Dictionnaire Larousse*
D. Lit.	*Dictionnaire Littré*
DMRF	*Dictionnaire méthodique et pratique des rimes françaises*, (Martinon)
DPL	*Dictionnaire Français-Montagnais du Père Pierre-Michel Laure*
DR	*Dictionnaire Robert*
DT	*Dictionnaire de Trévoux*
Éd.	Édition(s)

EGV	*Les Emmurés*, par Georges Villeneuve
ENAP	École nationale d'administration publique
F.	Féminin
FCPM	*Le français des Canadiens est-il un patois?*, par Ernest Martin
Fr.	Français
GE	*La grande encyclopédie*
Gl.	*Glossaire du parler français au Canada*
GLE	*Grand Larousse encyclopédique*
GR	*Le Grand Robert de la langue française*
HIS	*Histoire de l'imprimerie au Saguenay*
HNSD	*Harrap's New Standard French and English Dictionary*
HS	*Histoire du Saguenay (1969)*
INRS	Institut national de recherches scientifiques
Intr.	Intransitif
Interj.	Interjection.
Loc. adj.	Locution adjective
Loc. adv.	Locution adverbiale
Loc. prép.	Locution prépositive
M.	Masculin
MOLP	Martin,*Origine et explications de 200 locutions et proverbes*
N.	Nom
Num.	Numéral
OED	*Oxford English Dictionary*
P.	Page
Part.	Participe
Pl.	Pluriel
PME	Petite et moyenne entreprise
PPB	*Le Parler populaire au pays des bleuets, André Laliberté* . (Le Canada français, janvier 1943)
Pr.	Pronom, pronominal
Prép.	Préposition
RGA	Rabelais, *Gargantua*, éd. de la Pléiade
RPA	Rabelais, *Pantagruel*, éd. de la Pléiade
RTL	Rabelais, *Tiers Livre*, éd. de la Pléiade
RQL	Rabelais, *Quart Livre,* éd. de la Pléiade

RCL	Rabelais, Cinquième Livre, éd. de la Pléiade. Exemple: RTL, 38, 464: *Tiers Livre*, ch. 3, p. 464 (éd. de la Pléiade)
S.	Siècle
Sag.	Saguenayensia
SAQ	Société des alcools du Québec
SHS	Société historique du Saguenay
SLSJ	Saguenay-Lac-Saint-Jean
T.	Tome
T M	Terme de Marine
Tr.	Transitif
UQAC	Université du Québec à Chicoutimi
V.	Verbe
Vol.	Volume
VRLF	Vaugelas, *Remarques sur la langue françoise*
WSOD	*Webster's New School & Office Dictionary*, Crest book, The World Publishing Company, 1965

A

À, prép. Remplace «ce». À soir – J'irai à soir. À matin – Je l'ai vu à matin.

Abandonner, v. tr. Renoncer à, discontinuer. Abandonner de fumer; abandonner la cigarette, la pipe, le cigare. Abandonner de lire, d'étudier, abandonner le droit.

Abatis ou abattis, n. m. Amas d'arbres abattus. Faire de l'abatis: opération consistant à abattre le bois inutile, à l'entasser et à le brûler sur place. Terrain où l'on a pratiqué cette opération. Marcher dans l'abatis.

Abat-vent, n. m. (on prononce «abat» comme dans abasourdi). Appentis. Étage supérieur d'un bâtiment s'avançant en avant du mur inférieur lui servant de support et dont le but est de protéger du vent et du froid.

Abîmer, v. tr. Noyer de mauvais mots: il m'avait abîmé de bêtises. Salir. Abîmer une robe, une paire de gants.

Abord (d'), conj. et adv. Puisque. D'abord que je te le dis, tu peux me croire. Pourvu que. D'abord que tu me promets d'être sage, tu peux rester ici. Si c'est comme ça; puisqu'il en est ainsi; en ce cas; pourvu que; alors. Tu es fatigué? Dors d'abord. Tu as tout décidé sans m'en parler: O.K. d'abord! Vas-y à pied, c'est pas loin d'abord (car).

Aboutir, v. intr. Finir, achever. Veux-tu aboutir, finis ton histoire.

Abre, n. m. Arbre. On abattait des gros âbres. «Il y a aussi un abre le long d'une vigne qu'on nomme l'abre de la Pucelle» (Montaigne) (DFSS, t. 1, p. 282). «Il faut prononcer mecredy, sans r tout de mesme que l'on escrit arbre et marbre, et néanmoins on prononce abre et mabre pour une plus grande douceur» (VRLF, p. 423).

Abrier, v. tr. et pron. Abriter, mettre à l'abri. Elle a abrié l'enfant avec deux couvertures de laine. «Mettre à l'abri. Couvrir.

Protéger, défendre. S'abrier: se mettre à couvert sous un arbre» (DHAF, t. 1, p. 28).

Accomparaiser (s'), v. pr. Se comparer à. Tu ne peux pas t'accomparaiser à lui. Au XVIe siècle, «accomparer» signifiait comparer, égaler. «Accomparer ses faictz d'armes aux miens» (Marot). (DFSS, t. 1, p. 36).

Accoté (e), adj. Appuyé (e) sur quelque chose. Planche accotée après le mur, la table. Vivant en concubinage: ils sont accotés depuis trois ans.

Accoter, v. tr. Seconder, aider. N'aie pas peur, je vais t'accoter.

Accoutumance, n. f. Habitude, fantaisie. Cet enfant a une mauvaise accoutumance: il fume en cachette. «Ce mot commence à vieillir; au lieu d'accoustumance, on dit maintenant coustume» (VRLF, p. 383).

Accoutumé (e), adj. Entraîné, acclimaté, habitué: accoutumé de bûcher, a. au froid, a. de se lever de bonne heure.

Accrocher, v. tr. Aborder quelqu'un. Il a accroché Arthur sur la rue.

Accroche-toi-don, n. m. Patère ou crochet pour suspendre des vêtements. Avez-vous un accroche-toi-don?

Accroire, v. tr. S'en faire accroire. Être orgueilleux, vaniteux, prétentieux. «Faire croire, se dit tousjours pour des choses vrayes, et faire accroire pour des choses fausses» (VRLF, p. 297).

Accroires, n. m. pl. Mensonges. Faire des accroires à quelqu'un. Il a fait des accroires à son petit frère: il lui a dit que les poissons parlaient.

Achalant (e), adj. Agaçant, embarrassant, accablant, contrariant, insupportable. Il est achalant, il arrive toujours à l'heure du souper. Va-t-en, espèce de grand achalant!

Achalé (e), adj. S'emploie négativement. Il n'est pas achalé: il n'a pas peur, n'est pas timide. Il n'est pas achalé, c'est un millionnaire.

Achaler, v. tr. Importuner. Arrête de m'achaler avec cette histoire. Ce garçon est toujours après moi, disait Thérèse, il m'achale.

Acheter, v. tr. et intr. Accoucher, avoir un enfant. Sa fille a acheté hier soir. Elle a acheté un gros garçon.

Acoustique, n. m. Récepteur téléphonique.

Acter, v. intr. Faire semblant. Robert n'est pas malade, il acte pour ne pas aller à l'école.

Adapteur, n. m. (Angl.: Adapter). Appareil permettant d'adapter ou d'ajuster un organe à un autre; de rendre deux appareils compatibles.

Adjectif. On exprime le superlatif en répétant l'adjectif, surtout négativement. Il n'est pas fin-fin (pas très intelligent); il n'est pas beau-beau (assez laid); il n'est pas grand-grand (plutôt court); sa robe n'était pas rouge-rouge (rouge pâle); sa cravate n'est pas bleue-bleue (bleue pâle); sa maison n'est pas grande-grande (très petite).

Adon, n. m. Heureux hasard, coïncidence. C'est un adon, je l'ai rencontré en entrant à la pharmacie. D'adon. Convenable, avenant, sensé, fin causeur, de commerce facile. Ce jeune homme est bien d'adon. Je trouve Marie d'adon. «Don, présent» (DHAF, t. 1, p. 118).

Adonner, v. tr., intr. et pron. Être à propos, convenir à l'occasion. Ça s'adonne bien. Coïncider, arriver par hasard. Je m'adonnais à passer par là quand je l'ai rencontré. Convenir. Cette jeune fille m'adonne, convient à mes goûts. Être à l'aise. Je m'adonne avec elle. «On dit en termes de marine que le vent adonne, quand il change et devient plus favorable qu'il n'était. On dit aussi s'adonner, en parlant de chemin: je vous prie de passer chez moi quand votre chemin s'adonnera de ce côté-là. Dans ce sens il est du style très familier» (DT, t. 1, p. 118).

Adorer, v. tr. Pour décrire l'état précaire de sa condition financière quelqu'un dira: Je n'ai pas une cenne qui m'adore. «Adorer» est probablement utilisé pour «honorer».

Adroite, adj. Signifie «adroit». Cet homme est adroite. Être mal adroite, gauche, travailler gauchement.

Aérogire, n. m. Hélicoptère.

Affaire, n. f. Avoir affaire à travailler. Être obligé de travailler. Pour faire vivre sa famille il a affaire à travailler. Il n'a pas d'affaire à dire cela: ce n'est pas convenable; il n'est pas autorisé à dire cela. Avoir affaire à quelqu'un: avoir à subir ses remontrances, sa colère, ses coups. Si tu n'obéis pas, tu vas avoir affaire à ton père ce soir.

Affaires, n. f. pl. Achats. Il fait ses affaires chez tel marchand. Organes génitaux. Être en mauvaises affaires: avoir des embarras financiers. Être d'affaires: être habile dans les affaires. N'être pas d'affaires: être borné dans la conduite des choses financières.

Affiler, v. tr. Aiguiser. Rendre pointu. Il a affilé son crayon. «Donner le fil à un instrument, le rendre très tranchant. Affiler un rasoir, un couteau, une épée, une faulx» (DT, t. 1, p. 140). «Rendre semblable à un fil» (DHAF, t. 1, p. 195). «Et affiloient leurs rasouers» (RCL, 27, 830). «Un petit cousteau affilé comme l'aiguille d'un peletier» (RPA, 16, 239).

Agace-pissette, n. f. Femme provocatrice avec ou sans mauvaise intention. Cela peut résulter de sa façon de parler, de s'habiller, de se comporter. Personne frivole, au comportement libre.

Agaceux (euse), adj. Taquin (e). Il est agaceux; elle est agaceuse.

Âge, n. m. Être en âge: être majeur; être adulte. Arthur veut se marier. Je ne peux pas l'arrêter: il est en âge. Au SLSJ, on affectionne les mots d'action terminés en «age». On se permet même d'en inventer: boxage, bûchage, calage, chargeage, chouennage, cognage, descendage, dévalage, jasage, marchage, nageage, placotage, plongeage, sautage, etc. On pousse même les choses assez loin. Un professeur, ayant appris que des élèves faisaient brûler des substances malodorantes, donna un jour ce sérieux avertissement: «Arrêtez-moi ce faisage brûler d'affaires qui pusent.» Évidemment, les élèves comprirent que leur maître ne plaisantait pas.

Agès, n. m. pl. Lieux, usages, milieu, coutumes, outils, environnement. Quand tu connaîtras les agès, tu pourras travailler un peu plus à ton aise. «Issues commodes pour aller d'une chambre, ou d'une rue dans une autre» (DHAF, t. 1, p. 238).

Agité (e), adj. Remuant, turbulent. C'est un garçon bien agité.

Agrafer, v. tr. Prendre, accrocher, heurter, frapper, saisir. Je l'ai agrafé par un bras. Je l'ai agrafé en passant. Le chauffeur a agrafé une voiture qui passait trop près. J'ai été pêcher et j'ai agrafé une truite de trois livres. «Accrocher, saisir, prendre» (DHAF, t. 1, p. 239).

Agrément, n. m. Plaisir, confort. On a été veiller et on a eu de l'agrément. J'ai une bonne maison et j'ai de l'agrément.

Agrès, n. m. Ce qui sert à équiper un navire. Agrès de pêche: engins servant à la pêche. Costume bizarre, accoutrement: il a tout un agrès. Objets divers, disparates.

Agrets, n. m. pl. «Voiles, cordages et toutes autres choses nécessaires pour les manoeuvres d'un vaisseau et pour le mettre en état d'aller en mer» (DT, t. 1, p. 168).

Aigreurs, n. f. pl. Avoir des aigreurs: avoir un goût amer au fond de la gorge par suite d'une mauvaise digestion. J'ai mangé du poisson au souper et, dans la soirée, j'ai eu des aigreurs.

Aiguise-crayon, n. m. Taille-crayon.

Air, n. m. Être en air. Être dispos, être gai. Être en l'air: étourdi, léger, volage. C'est une jeune fille un peu en l'air. À l'air de tous les temps: sans abri. Paroles en l'air: sans fondement. Déplacer de l'air: avoir une activité débordante, exagérée. Se tirer en l'air: être évaporé, excité. Cette fille se tire en l'air.

Ajuster, v. tr. Déterminer, indiquer, régler. Il m'a ajusté mon montant d'assurance.

Ajusteur, n. m. Celui qui établit la valeur des pertes subies lors d'un sinistre.

Alcool à friction (Angl.: rubbing alcohol). Alcool isopropylique, pour frictions. Voir «Robine», «Robineux».

Alitré (e), adj. Échauffé, irrité. Il a le dos alitré.

Allable, adj. Où l'on peut aller, demeurer, passer. Ce n'est pas allable chez lui, le chemin est trop mauvais.

Allair, n. m. Élan. Donne-toi un allair pour traverser le ruisseau.

Allant (être d'). Être toujours prêt à agir, disposé à travailler, etc. C'est un bon ouvrier, il est d'allant.

Allée, n. f. (Angl.: alley: bille). Bille en verre comportant des dessins et utilisée par les enfants pour jouer.

Allège, adj. et n. f. Sans cargaison, sans charge. Il m'a fallu une demi-heure de moins, j'étais allège. «Soulagement. Mesme en la tristesse, il y a quelque allège de plaisir» (DHAF, t. 1, p. 340). «Embarcation qui suit un bâtiment pour le décharger ou le charger» (DB).

Aller (se faire). Se faire aller: se trémousser, s'activer pour se faire remarquer, pour réussir, pour surpasser les autres, pour se donner de l'importance.

Allumelle, n. f. Lame de couteau, d'épée. Mon canif a une grosse allumelle. «Poignars, cousteaulx, allumelles» (RTL, prologue p. 322). «Fers et allumelles convenantes» (RCL, 10, 773).

Allumer, v. intr. Comprendre, saisir. Tiens! il vient d'allumer; pourtant ça faisait une heure que j'essayais de le lui faire comprendre. Il est dur de comprenure.

Allumette, n. f. Éclat de cèdre qu'on enflamme pour allumer une pipe, un cigare ou une cigarette.

Allure, n. f. Mine, vraisemblance. Cette femme a de l'allure; une bonne, une mauvaise allure. Cette histoire n'a pas d'allure. Cela n'a pas d'allure: c'est insensé, idiot. Partir en pleine nuit pour traverser le lac Saint-Jean à la nage, ça n'a pas d'allure.

Alton, n. m. Laiton. Du fil d'alton. Il tend au collet avec un fil d'alton.

Amaigri (e), adj. Plus maigre. J'ai trouvé Agathe amaigrie.

Amanché (e), adj. Truqué (e). C'était un combat amanché.

Amancher, v. tr. et pr. Tromper. Il a amanché son voisin. Il s'est fait amancher en achetant cette maison.

Amanchure, n. f. Arrangement bizarre, étrange, de certains objets, par exemple des vêtements, le chargement d'une voiture, etc. Elle avait une moyenne amanchure, elle s'habille mal ma foi! Il avait toute une amanchure, tout était pêle-mêle dans son camion: bois de chauffage, oreiller, bureau, radio, etc. Ouvrage mal fait.

Amarinades, n. f. pl. Marinades. Conserves préparées avec du vinaigre, des épices. Ma grand-mère prépare ses amarinades pour l'hiver. Aliments préparés de façon à se conserver longtemps.

Amarrer, v. tr. Attacher. Il a amarré son cheval après le poteau de la galerie.

Ambelle, n. f. (On écrit aussi «embelle».) Chance. Occasion favorable. Quand j'aurai mon ambelle, je vais lui dire ce que je pense de lui.

Ambitionner, v. tr. et pron. Empiéter sur les droits d'un autre. Tu ne viendras pas m'ambitionner icitte. Travailler avec une ardeur croissante: il s'ambitionne à force de bûcher. Empiéter sur les droits d'autrui. T'es mieux de ne pas m'ambitionner parce que tu vas avoir affaire à moi. N'ambitionne pas sur le pain béni parce qu'il va t'arriver malheur, c'est-à-dire: tu ferais mieux de ne pas empiéter sur les droits d'une personne paisible.

Ameiller, v. intr. Se dit d'une vache qui va bientôt mettre bas. C'est la déformation du mot «amouiller». Signifie également: terminer, faire vite. «Allez-vous ameiller, une fois pour toutes?» (Voir: DB et GI).

Ami de garçon, ami de fille (Angl.: boy friend, girl friend). Ami, amie.

À moins, adv. Avec moins. On pourrait faire le même travail à moins: c'est-à-dire «avec moins de personnel, moins d'effort», etc.

Amourettes, n. f. pl. Testicules du mouton et du veau.

Amoureux, adj. Chaud en parlant d'un poêle. Le poêle n'est pas amoureux. Mets une bonne bûche; autrement on va geler.

Anchet, n. m. Ver de terre, lombric servant d'appât aux pêcheurs.

Andouille, n. f. mou, irrésolu, sans énergie, très lent, paresseux, pas débrouillard.

Anneuillère (anneuillére), adj. Qui n'a pas mis bas (vêlé) dans l'année (en parlant d'une vache), et par conséquent qui ne donne pas de lait. J'ai deux vaches anneuillères cette année.

Anse, n. f. Partie courbée en arc; petite baie peu profonde (D. Lar.) Rabelais écrit: «Ance»: «Les troys chaisnes... estoient enbouclées en troys ances» (RCL, 41, 871).

Antennes, n. f. pl. Avoir des antennes: avoir des prémonitions, des moyens secrets d'obtenir des informations. Elle est toujours au courant des nouvelles avant les autres; on dirait qu'elle a des antennes.

Antifrise (Angl.: anti-freeze). Antigel.

Août. On disait «a-oût»: il est venu au monde au mois d'a-oût. Vaugelas parle de «ceux qui prononcent a-oust, comme fait le peuple de Paris, en deux syllabes» (VRLF, p. 322).

À-part, n. m. Indique l'indépendance de quelqu'un vis-à-vis de ses parents, ou d'autres personnes. Je reste chez mes parents mais je suis à mon à-part, je garde mon salaire et je paie une pension. Ils bûchaient chacun à leur à-part, chacun pour soi, sans avoir à diviser le salaire avec un compagnon. Être à son à-part: être indépendant. Travailler à son à-part: à son compte.

À peine-ti. À peine si... À peine-ti s'il était capable de marcher: il avait de la difficulté à marcher. Signifie également: même s'il faut que... À peine-ti d'y aller moi-même...

Aplomber, v. tr. Mettre au niveau; mettre d'aplomb. Mettre une chose en position verticale en se servant d'un fil auquel on a attaché un morceau de plomb. Donner, assener, répliquer fermement, remettre quelqu'un à sa place. Il lui a aplombé un bon coup de poing. Cet élève turbulent s'est fait aplomber par le professeur.

Appeler à. Téléphoner à. J'ai appelé à Pierre hier au soir. Expression assez récente et pas très utilisée.

Appétit, n. f. S'emploie au féminin. Avoir une bonne appétit, une appétit ouverte.

Application, n. f. Demande d'emploi. Il a fait application à l'Alcan, aux Price.

Appliquer pour (Angl.: to apply for). Faire une demande d'emploi. Il a appliqué pour le poste de commis.

Appointement, n. m. Rendez-vous. Le docteur m'a donné un appointement pour mardi prochain à 10 heures du matin.

Après, prép. En train de. Il est après laver le plancher. Talonner, taquiner, agacer. Il était toujours après moi, il ne me lâchait pas d'un pouce.

Apse, n. m. Asthme (maladie). Il est pris de l'apse comme son père.

Arboutant (e), adj. Aboutissant, touchant par un bout à; sa terre est arboutante à la mienne.

Ardent (e), adj. Fougueux, vif, impétueux, enflammé, passionné. J'étais ardent dans ma jeunesse.

Arêche, n. f. Arête. Partie osseuse du squelette d'un poisson. Il a mangé la truite avec les arêches.

Aréoplane, n. f. Avion. J'ai vu passer une aréoplane.

Aréoport, n. m. Aéroport.

Areviendre, v. intr. Revenir. J'areviendrai tantôt.

Argent, n. f. S'emploie au féminin. Il a fait de la grosse argent l'hiver passé. Être à l'argent: aimer gagner de l'argent, accumuler des biens de toutes sortes: c'est un homme à l'argent; elle est à l'argent.

Argent comptant (prendre pour de l'). Croire naïvement. Je lui ai dit que je détestais la télévision et il a pris ça argent comptant.

Argenté (e), adj. Riche, qui a beaucoup de biens, d'argent. Il est plus argenté que son père.

Aria, n. m. Embarras. Quand on se prépare à déménager, c'est tout un aria. Conduire une voiture sur la glace, c'est un moyen aria.

Armoire à glace, n. f. Homme solide avec de larges épaules.

Arrache-patates, n. m. Machine à arracher les pommes de terre.

Arracher, v. tr. et pron. En arracher: éprouver de grandes difficultés financières ou autres. Il en a arraché dans sa jeunesse: il était très pauvre. S'arracher: se tirer d'embarras. Il s'arrache. S'arracher la vie: réussir à survivre malgré de grandes difficultés. Obtenir. J'ai réussi à arracher une vache du gouvernement.

Arrachis, n. m. Partie d'une forêt où les arbres ont été déracinés. Ramasser des bleuets dans un arrachis, dans l'arrachis.

Arrangement, n. m. Être d'arrangement; être conciliant, diplomate, facile en affaires.

Arranger, v. tr. et pron. Réparer. Arranger une voiture, un moteur, une chaise, une montre. Châtrer: arranger un cochon. Se débrouiller, se tirer d'affaire. Je n'ai pas un gros salaire, mais je réussis à m'arranger.

Arrête-toi-don, n. m. Butée, butoir, cran d'arrêt, dispositif de blocage. Cet enfant mange trop, il n'a pas d'arrête-toi-don. Cet orateur parle trop longtemps; il va falloir lui faire poser un arrête-toi-don.

Arridelle ou Haridelle, n. f. Chacun des deux côtés d'une charrette, d'un camion. Mettre ou enlever une arridelle, les arridelles. Au XVIe siècle, «aridelle» signifiait squelette. (DFSS, t. 1, p. 303). Notre mot «arridelle» veut dire ridelle, c'est-à-dire une clôture souvent à claire-voie formant chaque côté de la partie arrière d'un véhicule et qui ressemble à la cage thoracique d'un squelette.

Arriver, v. intr. Demeurer dans les limites de son budget. Je ne gagne pas cher, mais j'arrive. On arrive serré mais on arrive. Arriver commencé. Il est allé à la messe mais il est arrivé commencé. Quand j'allais à la classe, j'arrivais souvent commencé.

Arse, n. f. Place, espace. Il y a de l'arse pour passer. Tu vas faire de l'arse pour qu'on puisse mettre la table. «Arse» signifie «brûlé» et vient du latin: ardeo, arsum. Rabelais l'emploie comme adjectif: «Bientôt après la tour seroit arse» (RTL, 52, 513 et note 3). «Voyant voz villes... arses par la fouldre» (RCL, 47, 888). Ces deux acceptions se rejoignent; en effet, quand le feu passe, il laisse de l'espace libre, de l'arse.

Art de vie, n. m. Métier. Il a de la misère dans le commerce: ce n'est pas son art de vie.

Article, n. m. Ça c'est l'article: c'est ce qu'il faut, ce qui convient.

Asile, n. f. S'emploie ordinairement au féminin. Hospice d'aliénés. Il est fou braque. Il est mettable à l'asile.

Aspour, n. m. Voir «Hospor».

Assécher, v. tr. Faire perdre au jeu. J'ai joué aux marbres et aux allées avec lui et je l'ai asséché.

Assez, Très. J'ai trouvé cette situation assez bizarre. Il a vu un accident assez spectaculaire. Au XVIe siècle, ce mot était utilisé dans le sens de «beaucoup». (DFSS, t. 1, p. 352).

Assir, (pour «asseoir») v. tr. Tranquilliser. Je l'ai assis, ça pas été long.

Associement, n. m. Être d'associement avec quelqu'un: être son associé dans une entreprise.

Astheure, adv. Maintenant, à cette heure. Astheure que tu es rendu, reste donc pour souper. C'est un vieux mot français utilisé sous plusieurs formes: asteure, a stheure, astheure, ast'heure, asture, ast'hure, par plusieurs auteurs du XVIe siècle: Baïf, Brantôme, Montaigne, Michel d'Amboise, Monluc, E. Pasquier. (DFSS).

Atacas, n. m. pl. Canneberges. Aller aux atacas dans la savane.

Atiché. Pour «atriqué»: voir ce mot.

Atout, n. m. Charmes, qualités, ressources. Cette femme a beaucoup d'atouts. Cartes gagnantes: j'ai joué aux quatre-sept et j'avais beaucoup d'atouts. «Carte qui emporte toutes les autres ou plutôt qui se peut jouer contre quelqu'autre carte que ce soit» (DT, t. 1, p. 599).

Atriqué (e), adj. Accoutré (e). Affublé (e). Être vêtu de façon bizarre, ridicule, irrégulière. Elle était drôlement atriquée. Il est atriqué comme la chienne à Jacques.

Atrique, n. f. Déguisement; façon bizarre de se vêtir.

Attaboy. Bravo. Exclamation exprimant la satisfaction. Attaboy! mon cheval est arrivé le premier.

Attelée, n. f. Travail forcé et pressé. On a donné une attelée pour finir à temps.

Attendre, v. tr. Pour indiquer une vitesse de roulement on dira: Il fume beaucoup; une cigarette n'attend pas l'autre.

Attisée, n. f. Bon feu produit par une quantité de bois mise en une seule fois. Je vais faire une bonne attisée avant le souper.

Audace, n. f. Malchance. J'ai eu l'audace d'échapper un baril de sirop. Imprudence. Il a eu l'audace de me dire des bêtises, alors j'ai sauté dessus.

Aussi bien. Mieux. Il est aussi bien de me faire confiance, autrement il va faire faillite. Advenir, arriver. On pouvait aussi bien ébrancher deux ou trois arbres en même temps.

Autant, adv. Prend le sens de «mieux». Plutôt que de rester ici pendant l'été j'aime autant aller chez mon oncle à Québec.

Autant comme autant. Maintes fois, tant et plus, un grand nombre de fois. Je le lui ai dit autant comme autant mais il n'a rien compris.

Autant que (en). Dans la mesure où, pourvu que. J'irai avec vous en autant que vous arriverez avant 8 heures.

Auto-neige, n. f. Automobile munie de chenillettes lui permettant de voyager sur la neige accumulée. Voir «Snow» et «Snow-mobile».

Autres. Comparer les expressions. «Nous autres, vous autres, eux autres» avec les expressions espagnoles: «nosotros, vosotros, etc.» Se prendre pour un autre: être prétentieux, orgueilleux, vaniteux. Rabelais emploie «autres» avec le pronom personnel. «Vous aultres pauvres hayres» (RGA, 45, 132). «Je fais comme vous aultres» (RTL, 39, 469). «Personne de vous aultres» (RTL, 51, 506).

Avance, n. f. Partie du montant à verser. Mon patron m'a donné une avance. J'ai donné une avance sur mon loyer du mois prochain. Être d'avance: être vif, prompt, vite. Il est très d'avance pour cueillir des bleuets.

Avancer, v. intr. Faire crédit, vendre à crédit, accepter un achat à crédit. Ce marchand m'avançait jusqu'à cent piastres.

Avances, n. f. pl. Premières démarches auprès de quelqu'un. Déclarations amoureuses. Ce jeune homme a fait des avances à sa blonde.

Avant, n. m. Avoir de l'avant: prendre de l'avance en parlant d'une montre, d'une horloge.

Avantager, v. tr. Reconnaître légalement certains avantages financiers à quelqu'un. Dans son contrat de mariage, Joséphine est avantagée de 10 000 $. Joseph avait avantagé sa femme de 15 000 $.

Avents, n. m. pl. Le temps de l'Avent représente les quatre semaines qui précèdent la fête de Noël. Nos ancêtres disaient «les avents» pour désigner cette période.

Avisé (e), adj. Qui agit avec intelligence. C'est un enfant avisé.

Avisse, n. f. Vis. Il a mis (posé) une avisse après la porte de dehors. On dit: tourne-avisse.

Avoine, n. f. Ce jeune homme a fait manger de l'avoine à son compagnon. Il l'a supplanté comme amoureux auprès d'une jeune fille.

Avoir. Se faire avoir: être dupe; se laisser tromper. Quand il a vendu sa maison, il s'est fait avoir.

Avrége, n. f. Moyenne. Pendant l'hiver mon avrége avait été de 225 billots par jour.

Avridger ou avréger (Angl.: average: moyenne), v. tr. Établir une moyenne de. J'ai avridgé ou avrégé 225 billots par jour durant l'hiver.

B

Babiche, n. f. Lanière de cuir, de peau d'anguille. Coudre des pichous à la barbiche.

Baboune, n. f. Grosses lèvres. Tu as toute une baboune aujourd'hui. Faire la baboune: bouder. Se lever avec la baboune: de mauvaise humeur. On trouve dans Rabelais: «Panurge luy feist la babou en signe de dérision» (RQL, 41, 694).

Bacagnole, n. f. «Traîneau rudimentaire, à patins non ferrés qui sert à transporter les charges de provision dans la forêt» (DB). «Qu'il faisait bon se promener en joli buggy (sic) parmi tant de bacagnolles (sic)» (EGV, p. 114).

Bachat, n. m. Mécanisme, outil défectueux. Il vient de s'acheter une auto mais c'est un bachat; il est toujours rendu au garage pour la faire réparer. «Bassin, auge» (DFSS, t. 1, p. 447). «Auge à cochons dans quelques provinces» (D. Lit. t. 1, p. 812).

Back (à). En arrière. Il fallait que je retourne à back.

Back-store, n. m. Arrière-boutique; arrière-magasin; entrepôt. Tu mettras ces boîtes dans le back-store.

Back-up. Commandement pour faire reculer un cheval, un camion.

Bacquer, v. intr. Être buté, rétif. S'obstiner, refuser d'avancer. En arrivant dans la côte, il s'est mis à bacquer.

Bacquer, v. tr. (Angl.: to back, seconder). Aider, seconder. Quand j'ai acheté ma maison la caisse populaire m'a bacqué.

Bacul, n. m. Pièce de bois retenant les traits des chevaux. Palonnier, palonneau. Chier sur le bacul: refuser d'agir parce qu'on est peureux, poltron. Rabelais écrit «bas-cul». «Je l'apperçoy à l'usure de ton bas-cul» (RCL, 7, 766).

Badloqué (e), adj. (Angl.: bad luck). Malchanceux. J'ai été souvent badloqué dans ma vie.

Bâdrage, n. m. (Angl.: to bother; harceler). Ennui, embarras. Je n'aimais pas le bâdrage.

Bâdrant (e), adj. Importun, encombrant. Ces enfants-là sont bâdrants. Je ne mettrai pas mon par-dessus, c'est trop bâdrant.

Bâdrer, v. tr. Importuner, incommoder.

Bagatelle, n. f. Blanc-manger (dessert). Jeux, plaisirs sexuels.

Bagnole, n. f. Voiture usagée en mauvaise condition. Il a acheté une vieille bagnole. On dit aussi une «minoune».

Bagosse, n. f. Boisson alcoolique fabriquée clandestinement et de qualité douteuse.

Baie, n. f. (On prononce «Bé».) Échancrure d'une côte, dont l'entrée est resserrée. Petit golfe. (DR) Au Québec, on a conservé l'ancienne prononciation de la finale AI qui autrefois se rendait par un «é» fermé. Certaines séquelles restent encore dans le «bon» langage: la première personne du singulier du passé simple des verbes en ER (j'aimai), celle du futur de tous les verbes (j'aimerai, je fuirai, je recevrai, je rendrai), certains mots isolés: GAI, peut se dire «ghé» ou «ghè»; QUAI, se prononce «ké» ou «kè» (voir: DMRF, p. 77). Au Québec, nous avons d'autres exceptions: MAI (mé), MAIS (mé), GEAI (gé), PONEY (né), JOCKEY (ké), VRAI (vré), FAIRE (fére), PAIRE (pére), TAIRE (tére), etc. Nos ancêtres en avaient beaucoup plus. Il n'y a pas si longtemps, les personnes âgées rendaient l'imparfait par un «é» fermé: il avé (avait), il pouvé (pouvait), il buvé (buvait), etc. Il ne faut donc pas avoir peur de dire: La Bé, pas plus que «grément» ou «agès»; il s'agit d'un vieux son cadrant bien avec les vieux mots qui forment notre patrimone. Il est intéressant de remarquer que le créole haïtien, basé sur l'ancien français, a gardé lui aussi, dans certains cas, une préférence pour le «é» fermé. À titre d'exemples, les mots: abcès, exprès, respect, Français, Anglais, se prononcent: abcé, expré, réspé, Francé, Anglé. Voici une anecdote. En juin 198... on célébrait, à la baie des Ha! Ha! au Saguenay, l'arrivée des pionniers. À cette occasion, le maître de cérémonie, un virtuose du micro, fit un effort suprême pour se surpasser. Comme il y avait des Français dans l'assistance, il crut bon de soigner la phonétique. Aussi multiplia-t-il le «è» ouvert là où, traditionnellement, les Québécois utilisent le «é» fermé. Sérieux comme un pape, il parla de la Bè des Ha! Ha! et de la Grande-Bè. Les assistants, devant une conversion aussi radicale et aussi soudaine, se demandaient si c'était bien lui. Un peu plus tard, un Français, un vrai cette fois, s'approche du micro et, à la surprise générale, parle de la Bé des Ha! Ha! C'était vraiment le monde à l'envers... ou plutôt c'était bien le monde réel: un Québécois jouant au puriste et un Français qui savait s'adapter aux circonstances; car au Québec, on dit couramment: la Bé. C'est un reste de la vieille prononciation française. À ce sujet, il est intéressant de consulter les ouvrages suivants: BGHF, p. 73, 81; DGHF, p. 97.

Bâillage, n. m. Bâillement. Veux-tu arrêter ton bâillage ou aller te coucher.

Baise-la-piastre, n. m. Avare, mesquin. On dit aussi: «Liche-la-piastre.»

Baisseur, n. f. Dépression de terrain. Sa maison est construite dans une baisseur.

Bajotte, n. f. Bajoue, grosse joue. Partie inférieure de chaque côté de la tête du cochon. Avoir une paire de bajottes. Cet homme a des grosses bajottes. Voir «Jotte».

Balai, n. m. On utilise «manche à balai» comme terme de comparaison pour illustrer la rigidité ou la maigreur: être droit ou maigre comme un manche à balai. Maupassant utilise cette expression dans «Le Père Amable», où il parle de femmes «droites comme des manches à balai».

Balan (ballant), n. m. Manque d'équilibre. Cette boîte a tombé parce qu'elle avait trop de balan.

Balance, n. f. Reste, différence. Voici deux piastres; tu peux garder la balance.

Balancigne, n. f. Siège suspendu à deux cordes ou à deux chaînes et qui permet de se balancer c'est-à-dire de se mouvoir tantôt d'un côté tantôt de l'autre. Ce mot vient de «balancine» un terme de marine qui signifie un cordage reliant la tête d'un mât à l'extrémité d'une vergue et dont le but est de balancer la voile. (Voir DFSS, t. 1, p. 462 et DT, t. 1, p. 717.)

Balancigner, v. pron. Se balancer. Il se balancigne en arrière de la maison.

Bâleur, n. m. (Angl.: Boiler: bouilloire). Grande bouilloire utilisée avant l'introduction du système de chauffage central et de la laveuse automatique. On faisait chauffer dans le bâleur l'eau devant servir à laver le linge. On vidait ensuite cette eau dans une grande cuve. Le bâleur et la cuve servaient aussi à baigner les enfants. Grosse pipe. Éteins ton bâleur pour ne pas empester la cuisine.

Balieux (euse), n. m. et n. f. Balayeur, balayeuse. Personne qui balaie. Instrument pour balayer. J'ai acheté une balieuse électrique.

Balise, n. f. Petit arbre qu'on plante durant l'hiver dans la neige de chaque côté d'un chemin pour en indiquer l'endroit.

Baliser, v. tr. Poser des balises. Jalonner un chemin où doit s'engager un convoi, une procession. On a balisé les rues par où doit passer la procession de la Fête-Dieu; le défilé des chars allégoriques de la Saint-Jean-Baptiste.

Balle-au-mur, n. f. Le jeu de «balle-au-mur» c'était le jeu de paume, un jeu où l'on renvoie une petite balle contre un mur en la frappant avec la paume de la main.

Balloune, n. f. (Angl.: balloon: ballon). Vessie de caoutchouc que l'on gonfle et qui sert de jouet. Prendre une balloune; être sur la balloune: s'enivrer. Voir «Gomme-balloune».

Balôné, n. m. Saucisson de Bologne. On a mangé du balôné pour souper.

Balusse, n. f. Balustre, petite balustrade. Un mange-balusse: un tartuffe, un hypocrite. Personne très religieuse en apparence; qui se sert de la religion pour être bien vue, pour en arriver à ses fins, ou sincèrement religieuse mais avec excès. On dit aussi: «un mangeux-de-balusse». Table avec agenouilloir où l'on distribue la communion.

Banc de neige, n. m. Congère. Amoncellement de neige. Sa voiture est entrée dans un banc de neige; il a «pris le clos».

Banc-lit, n. m. Canapé-lit, qui sert de siège pendant le jour et de lit durant la nuit.

Bande, n. f. (Angl.: brass-band: fanfare). Fanfare: on organise une bande à Chicoutimi. Groupe, équipe: il y a deux bandes de travailleurs de nuit.

Bander, v. tr. et intr. Entourer d'une tige de fer pour solidifier et préserver de l'usure. Bander une roue. Être en érection.

Banneau, n. m. Voiture à deux grandes roues que l'on peut faire basculer pour laisser glisser la charge.

Banque, n. f. Tirelire. Mets ça dans ta banque.

Baquèse ou bacaisse, n. f. et adj. Femme grosse et courte. Autrefois durant un «set carré», le «calleur» répétait un refrain traditionnel: «Swigne la baquèse dans le fond de la boîte à bois.» Il faut dire qu'à cette époque le féminisme n'était pas très à l'honneur.

Baquette, n. m. et adj. Homme gras et court. Il est bien pris, c'est tout un baquette. Un baquet est une petite cuve en bois dont on se sert pour faire la lessive.

Baraque, n. f. (Angl.: barrack: caserne). Maison minable. Il reste (demeure) dans une vieille baraque en dehors du village.

Barauder, v. intr. Flâner, aller ici et là. Il a baraudé toute la journée.

Barbe-shop, n. f. (Angl.: Barber-shop). Salon de barbier, de coiffeur pour homme. Ton père est allé à la barbe-shop.

Barbier, n. m. Coiffeur pour homme.

Barbier (poteau de), n. m. Enseigne servant à identifier un salon de coiffeur. Pièce de bois, longue, mince et indésirable introduite à travers les billots qui vont servir à faire le papier.

Barbot, n. m. Scarabée, coléoptère. Il a écrasé un barbot sur la galerie. Tache d'encre. Cet enfant fait des barbots dans son cahier.

Barda, n. m. Bruit, tapage. Arrête de faire du barda, ton père dort. Ménage, soin des animaux: il fait son barda.

Bardasser ou beurdasser, v. tr. Secouer, malmener. Je l'ai bardassé. S'occuper à de menus travaux. Il beurdasse toute la journée dans la maison.

Bardeau, n. m. Il lui manque un bardeau signifie: il n'est pas très intelligent. Certains ajoutaient: sa couverture laisse passer l'eau ou «fait de l'eau».

Barge. Voir «Char».

Barguinage, n. m. Marchandage. Sans barguinage, combien me vends-tu cela?

Barguine, n. m. Achat avantageux, à bas prix. J'ai fait un bon barguine.

Barguiner, v. tr. et intr. Échanger, commercer, trafiquer, marchander. Voici comment deux anciens dictionnaires français décrivent le mot «barguigner»: «Marchander sou à sou, avoir de la peine à se déterminer quand il est question d'un achat» (DT, t. 1, p. 764). «Commercer, trafiquer. Marchander. Faire un marché, acquérir» (DHAF, t. 2, p. 404).

Barguineux (euse), adj. Qui aime commercer, trafiquer, marchander.

Barin'ces, (Angl.: Bearings: coussinets). Les expressions «décolle-toi les barin'ces» ou encore «sasse-toi les gosses» signifient: dépêche-toi.

Barley, n. m. (Angl.: barley). Orge. Elle a fait de la bonne soupe au barley.

Barlot, n. m. Voiture d'hiver faite d'une boîte posée sur des patins.

Barniques, n. f. pl. Lunettes. Mets tes barniques pour lire ton journal.

Barouette, n. f. Brouette.

Barouetter, v. tr. Se montrer dur, sévère avec quelqu'un. Je l'ai barouetté. Il s'est fait barouetter par son père.

Barre, n. f. Tuyau placé horizontalement sous le siège d'une bicyclette pour homme et sur laquelle un deuxième passager peut s'asseoir. Il était assis, embarqué sur la barre.

Barré (e), adj. Rayé. Une étoffe barrée. Verrouillé, fermé à clé. Un coffre barré, une porte barrée. Fermée à clé. La porte est barrée. Divisée. La maison était barrée: il y avait deux chambres et une cuisine. Pas barré: qui n'a pas froid aux yeux, audacieux, entreprenant. Barré à 40: lent, peureux, comme une voiture qui ne peut atteindre plus de 40 milles à l'heure.

Barreau, n. m. Pièce de bois formant le degré d'une échelle. Jeu s'apparentant aux jeux de dames ou d'échecs. On avait l'habitude de peindre un jeu de barreau au revers d'un jeu de dames.

Barrer (se), v. pr. Se barrer les pieds: s'empêtrer, s'embarrasser. Indique aussi un grand nombre. Est-ce qu'il y avait beaucoup de monde? – C'était plein; on se barrait les pieds dedans.

Barrure, n. f. Serrure. La porte avait une bonne barrure. Compartiment où l'on tient un animal en captivité. Dispositif pour verrouiller une porte: crampes, ferrures, cadenas, etc.

Bas. En bas de, loc. adv. Au-dessous de. Il fait cinq degrés en bas de zéro. Je te vends cela dix piastres en bas du prix coûtant.

Bas, n. m. Étage inférieur. Le bas de la maison. En bas; en haut. Les bûcherons montaient dans les chantiers l'automne et descendaient au printemps pour retrouver leur famille. Ils allaient en haut l'automne, c'est-à-dire en pleine forêt. Ils allaient en bas le printemps, revoir la civilisation.

Bascule, n. f. On utilise l'expression: donner la bascule. À l'anniversaire de naissance de quelqu'un on le saisit par les bras et les jambes et on le balance de manière à ce qu'il aille se heurter contre un mur, un meuble, etc., autant de fois qu'il compte d'années, aux cris de joie des assistants.

Bassesse, n. f. Faire des bassesses à quelqu'un: l'humilier, lui faire subir des affronts. S'il me faisait des bassesses, je lui dirais ma façon de penser. Rechute. Mon père avait repris du mieux depuis sa sortie de l'hôpital, mais hier il a eu une bassesse.

Bastringue, n. f. Attirail, bibelots, outils, objets de peu de valeur. Il a vendu toute sa bastringue. Sorte de danse: il a dansé la bastringue. Il existait autrefois une chanson qui commençait comme ceci: «Mademoiselle, voulez-vous danser, la bastringue, la bastringue, mademoiselle, voulez-vous danser, la bastringue va commencer.»

Bataclan, n. m. Bagage, ustensiles, attirail encombrant. Il est arrivé ici avec tout son bataclan. Il a vendu tout son bataclan pour 25 piastres.

Batcher, v. pr. Se batcher. S'organiser soi-même, en faisant tous les travaux domestiques: repas, lit, lavage, etc., en plus des travaux de l'extérieur. Il est célibataire: il doit se batcher.

Bateau, n. m. Monter un bateau, abuser de la crédulité de quelqu'un. Il lui a monté un bateau.

Bateau de cuir. Surnom donné à un dénommé Eusèbe Martel, un personnage original qui habitait à la Vache-Caille, près d'Alma. (ALSJ, p. 120). «Bateau de cuir» est peut-être la déformation de «Bateau de cuivre» dont parle le DT en ces termes: «Nouvelle invention de bateaux faits de lames d'airain avec une bordure de bois... Ils sont de grand usage à l'armée pour faire des ponts de bateaux, c'est-à-dire faits avec des bateaux attachés l'un à l'autre» (DT, t. 1, p. 796).

Baptêmer, v. tr. Baptiser. Donner: il lui a baptêmé une claque (taloche).

Bâtiments, n. m. pl. Sur une ferme, il s'agit de la grange, de l'étable, de la porcherie et des autres constructions. Aller aux bâtiments pour faire le ménage.

Bâtisse, n. f. Maison. Se mettre en bâtisse: construire une maison. Il possède une belle grande bâtisse.

Batiste, n. f. Percaline, lustrine, toile très fine servant à faire les doublures. Voici ce que dit le DT à ce sujet: «Toile de lin très fine et très blanche, dont on fait les rabats, des manchettes et des surplis. Il y en a trois sortes: les unes claires, les autres moins claires et d'autres beaucoup plus fortes qu'on appelle batistes hollandées parce qu'elles approchent de la qualité des toiles de Hollande, étant comme elles très serrées et très unies» (DT, t. 1, p. 798).

Batoche, interj. On emploie aussi «Batèche». Sorte de juron familier. Au XVIe siècle, «batoches» signifiait testicules. (DFSS, t. 1, p. 514).

Batte, n. m. Instrument servant à battre le linge pour le faire sécher. Bâton qui sert à frapper une balle. Passer quelqu'un au batte. Le soumettre à une épreuve, lui rendre la vie dure, le malmener. Être au batte: être en autorité; être obligé de prendre une décision difficile. Allusion au joueur de baseball qui doit frapper la balle. Pénis.

Battée, n. f. Correction. J'ai donné une bonne battée à une vache qui était dans mon jardin.

Batte-feu, n. m. Briquet, pour allumer une cigarette, etc. Jeune garçon qui se donne une allure d'adulte. Vient de «boutte-feu» dont voici la définition: «Officier d'artillerie qui met le feu au canon et aux mortiers. ... On appelle aussi du même nom la hampe, ou le bâton garni d'un serpentin,

dans lequel on passe la mèche, et avec lequel on y met le feu» (DT, t. 2, p. 27).

Batte-oeufs, n. m. Batteur d'oeufs. Moussoir.

Batterie, n. f. Partie de la grange où se trouve l'aire, c'est-à-dire une surface assez vaste où l'on peut battre le grain.

Batterie, n. f. (Angl.: Storage-battery). Accumulateur. La batterie est à terre: elle n'a plus de pouvoir. Se dit aussi d'une personne qui n'a plus d'énergie: sa batterie est à terre.

Battoué, n. m. Bras, long et maigre. Il a de grands battoués. Baisse tes battoués pour que je puisse voir quelque chose.

Battre, v. tr. intr. et pron. Construire, fouler: battre un chemin dans la neige. Battre les céréales. Les hommes ont commencé à battre. Se battre la gueule: parler beaucoup, se vanter.

Batture, n. f. Partie du rivage qui devient sèche à marée basse. Endroit frappé, «battu» par la marée.

Bauche, n. f. Période de travail courte mais intense. Donner une bauche dans le bois pour abattre des arbres. On dit aussi: Donner une «poule». Trajet. Faire une bonne bauche: un long trajet.

Bavassage, n. m. Bavardage. Arrêtez votre bavassage. Médisances: il a perdu sa réputation à cause des bavassages. Au XVIe siècle, on disait «bavasserie» pour bavardage et «bavasser» signifiait bavarder. (DFSS, t. 1, p. 519).

Bavassement, n. m. Bavardage. Je ne veux plus entendre de bavassement.

Bavasser, v. intr. Commettre des indiscrétions à l'endroit de quelqu'un. Bavarder contre quelqu'un.

Bavette, n. f. Porte du fourneau du poêle que l'on abaissait pour réchauffer la cuisine à l'occasion (Voir: *Chicoutimi en ce temps-là*, de J.-C. Claveau, Éd. Fleur de Lys, p. 41).

Baveux (euse), adj. Effronté, fantasque. C'est un jeune baveux, un petit baveux

qui connaît rien. Baveuse, adj. À demi-
cuite. Une omelette baveuse.

Bazou, n. m. Automobile défectueuse. Il
s'est acheté un bazou, un vieux bazou.

Beam, n. m. Poutre. On a installé un beam
de fer.

Beau. Pouvoir. Vous avez beau venir si
vous voulez (vous pouvez venir).

Bebail, n. m. (Angl.: Bye bye: adieu, au
revoir. Vient de «good-bye» expression
venant elle-même de «God be with you
(ye)» Ye signifiant «you» et étant le pluriel
archaïque de «thou»). Il lui a fait bebail
en s'en allant; Il lui a envoyé un bebail.
Signe de la main venant de la part de
quelqu'un qui s'éloigne pour un certain
temps; signe d'adieu, d'amitié.

Bébé, n. m. On appelait «l'école des
bébés», la classe «préparatoire» à la
première année; c'était la «maternelle»
d'aujourd'hui.

Bebelle, n. f. Jouet, joujou. J'ai acheté des
bebelles aux enfants. Ornement futile,
babiole. Il est dépensier: il achète toutes
sortes de bebelles.

Bebite ou Bibite, n. f. Insecte. Il y avait
beaucoup de bibites dans les arbres.
Instrument étrange. Un ford-à-pédales,
c'était une moyenne bibite. Objet imaginaire: quand il prend un coup fort il
voit des bibites. Bière-aux-bibites: bière
domestique qui fermente rapidement. On
emploie ce mot dans différentes expressions: Avoir la bebite aux doigts: onglées,
engourdissement douloureux causé par
un grand froid. Voir des bebites: avoir
des visions: Avoir des bebites dans la
tête: avoir des poux. Une bebite à patate,
ou une mouche à patate: doryphore.

Bec, n. m. Baiser.

Bec pincé, n. m. Personne prétentieuse
ou qui est capricieuse au chapitre de la
nourriture. Difficile.

Bécosses, n. f. pl. (Angl.: back-house)
Latrines.

Bed, n. m. Lit de fortune, fait de bois rond
et de branches d'arbres, utilisé dans les
camps de bûcherons.

Bed à boeufs, n. m. Voir: «Char».

Bedaine, n. f. Ventre: il a une grosse bedaine. Homme faible: c'est une bedaine:
il n'est pas capable de lever une poche
de patates. En bedaine: sans camisole,
le ventre nu. Il s'est promené toute la
journée en bedaine. Faire de la bedaine:
engraisser. Son mari commence à faire
de la bedaine. «Terme populaire qui
signifie un gros ventre... Ce mot vient
de BIS et DONDAINE. Or dondaine était
un instrument de guerre à jeter des
pierres, qui était gros et court, qui a fait
qu'on a appelé de gros ventres des
dondaines et ensuite bedaines et grosse
dondon une femme courte et grosse»
(DHAF, t. 2, p. 444). Rabelais l'emploie
dans les deux sens: «C'était un engin
mirificque... il jectoit bedaines» (RQL, 40,
646). «La portent attachée... sus la
bedaine» (RCL, 11, 776).

Bedeau, n. m. Voir: «Onguent du bedeau».

Bedi-bedi. On se sert de ce mot répété
pour appeler les volailles et les inviter à
manger du grain ou de la moulée.

Bedon, n. m. Ventre. Il avait une tache de
graisse sur le bedon. «Tambour ou tam-
bourin. Joueur de tambour ou de tambou-
rin. Ventre... On nommait bedon ce que
nous appelons bedaine, ventre» (DHAF,
t. 2, p. 445).

Bédouaine, n. f. Mélampyre des champs,
appelée aussi «blé de vache» ou «queue-
de-renard». Cette plante pousse au milieu
du blé et donne au lait un goût particulier,
ce qui faisait dire à nos ancêtres: «Les
vaches ont mangé de la bédouaine». On
trouve dans Rabelais: «Les feueilles...
incisées... comme la bétoine» (RTL, 49,
500).

Beigne, n. f. Pâtisserie de forme ronde
avec un trou au centre et que l'on fait
cuire dans la graisse. Rabelais parle de
«tartes et beuignetz» (RTL, 49, 501).

Beignet, n. m. Niais, peu évolué. C'est un
vrai beignet; on dirait qu'il n'a jamais vu
passer les chars.

Beiller, v. intr. Bégayer. Il beillait, ça n'avait
pas de bon sens.

Belette, n. f. Boule, excroissance ouvrée au bout d'un manche de hache et servant d'appui et de cran d'arrêt pour empêcher la main de glisser.

Belle, n. f. Faire une belle: se tenir debout en parlant d'un jeune enfant ou d'un animal qui se tient sur ses pattes de derrière. Son chien a fait une belle.

Beluet, n. m. Bleuet. «Airelle; petites baies bleues très sucrées qui poussent par grappes sur un arbuste croissant dans les savanes» (DB). Surnom des habitants du SLSJ à cause de l'abondance des bleuets dans cette région. On entend parfois «belvais» ou «blevet». On trouve dans le Dictionnaire de Trévoux: «bluet», «bleuet» et «blavet» mais ces mots désignent une plante à fleurs bleues «très commune dans les blés» (DT, vol. 1, p. 934).

Ben crère. Évidemment, c'est entendu. Cette expression marque une certaine déception et indique qu'une chose est inappropriée ou se produit à un moment mal choisi. Ben crère, il faudrait tout lui donner. Ben crère, il arrive encore pendant l'heure du souper. Ben crère, il téléphone encore à sept heures du matin.

Ben sûr, loc. adv. Pour sûr, à coup sûr, c'est entendu, évidemment. Allez-vous venir ce soir? — Ben sûr que je vais y aller.

Ber, n. m. Berceau. L'enfant est dans son ber. Rabelais: «Leur présence autour du bers (sic)» (RTL, 13, 371).

Berçeuse, berçante, n. et adj. Siège dans lequel on peut se bercer. Prenez la chaise berçante, la chaise berceuse. Prenez la berçeuse, la berçante.

Berlot, n. m. Voiture d'hiver faite d'une caisse rectangulaire posée sur des patins bas et utilisée pour le transport des voyageurs ou des marchandises.

Besoin, n. m. On entend parfois: J'en ai «de» besoin. Il s'agit d'une forme archaïque.

Besoins, n. m. pl. Il a été faire ses besoins dans la bécosse.

Best, n. m. (Angl.: Best). Le meilleur. C'est le BEST que d'avoir un chauffage électrique: pas de bruit, pas de pollution.

Bête, adj. Impoli, stupide. Tu es bien bête ce matin. As-tu mangé de la vache enragée? Quand je suis arrivé, il avait l'air bête; il ne m'a pas salué et ne m'a pas dit un seul mot. Il est bête comme ses deux pieds.

Bête-à-patates, mouche-à-patates, n. f. Barbeau de la pomme de terre.

Bête puante, n. f. Mouffette.

Bêtise, n. f. Injure; Dire des bêtises; chanter une poignée de bêtises; Erreur: Il a fait une bêtise en achetant cette maison.

Betôt, adj. Bientôt, tout à l'heure. J'irai betôt.

Bette, n. f. Nez, visage, allure générale d'une personne. Regarde-lui la bette; il a toute une bette. Quand je me suis vu la bette, j'étais découragé. Donner sur la bette: frapper, dire à quelqu'un ce qu'on en pense. Je lui ai donné ça sur la bette.

Beu, n. m. Boeuf. Avoir un front de beu: être effronté. Saigner comme un beu: beaucoup. Terme populaire de mécanique automobile. «Se mettre sur le beu» signifie: utiliser l'embrayage de façon à augmenter la force de traction, quand on gravit une pente abrupte ou qu'on franchit un endroit particulièrement difficile. C'est sans doute une allusion aux temps anciens où l'on utilisait des boeufs pour s'acquitter des travaux difficiles. Ils étaient lents mais efficaces. «Frisé en patte de beu»: les cheveux en broussaille, en désordre, «ébouriffés». «Un beau garçon à la chevelure frisée en patte de beu» (EGV, p. 142).

Beu maigre. Têtu, effronté comme un beu maigre. Être obstiné, déterminé, mal éduqué comme un boeuf affamé qui ne recule devant rien pour manger.

Beurre, n. m. Meurtri. Avoir un oeil au beurre noir. Passer dans le beurre: au jeu de balle cela signifie; frapper dans le vide, à côté de la balle. Prendre le beurre à poignée: se livrer à des dépenses exagérées. Depuis qu'il gagne un petit salaire, il se croit riche: il prend le beurre à poignée.

Beurrée, n. f. Tranche de pain sur laquelle on étend quelque chose: mélasse, confiture, crème, cretons, etc.

Beurrer, v. tr. et pron. Enduire d'une substance molle. Tartiner, salir, peinturer maladroitement. On peut beurrer de sirop, de confiture, de goudron, et même de beurre. Un jeune peintre peut beurrer un mur. Celui qui tombe dans une fosse septique se beurre de m... Au figuré: Se faire beurrer signifie: se faire tromper, exploiter. Voir aussi «bourrer».

Bézingue, n. f. Instrument ayant un son métallique et désagréable. On dira de quelqu'un qui joue mal d'un instrument: il joue de la bézingue. On utilise cette expression pour signifier qu'une personne a une voix de fausset, aiguë et désagréable. Il a une petite voix de bézingue. Rabelais emploie «bouzine» dans le sens de «musette». «Au son de la belle bouzine» (RGA, 26, 80). C'est peut-être là l'origine de notre «bezingue». Car nos gens n'aimaient pas le son aigu de la cornemuse; d'autant plus qu'ils trouvaient étrange de voir des hommes costauds, portant des jupes courtes et donnant des coups de coude sur un sac de cuir pour en extraire de la «musique en poche». À Noël lorsque les fidèles chantaient «jouez hautbois, résonnez musettes», s'ils avaient su... ils auraient sans doute «déchanté» (Voir: «bioune»).

Bi, n. m. (Angl.: bee: abeille). Corvée, travail collectif gratuit. On a fait un bi pour construire une grange qui avait passé au feu. Baiser. Utilisé en s'adressant à un jeune enfant: «Viens donner un bi à grand-maman». Vient du mot «bicher» qui signifie «embrasser» et qui viendrait lui-même du mot «biche», la femelle du cerf, qui témoigne sa tendresse à ses petits en les léchant.

Bibi. Moi. «Prends pas ce chapeau-là: c'est à bibi.»

Bicher, v. tr. Baiser, embrasser. Ils passent leur temps à se bicher.

Bicycle, n. m. Bicyclette, vélocipède ayant deux roues de diamètre égal; celle de l'arrière est motrice.

Bicycle à gazoline, n. m. Motocyclette.

Bicycle de fille, n. m. À barre oblique pour que la robe ne retrousse pas.

Bicycle de garçon, n. m. À barre horizontale.

Bidous, n. m. pl. Argent. Richesse. C'est un homme qui a des bidous.

Bijouetter (de: biseauter), v. tr. Placer deux objets l'un près de l'autre mais en sens inverse. Bijouetter deux planches, c'est-à-dire les abouter quand elles sont taillées en biseau. Disposer des bardeaux, des tuiles, des planches, des pièces de tôle, de façon à les rendre complètement étanche à l'eau. Le «biseau» est cet endroit du pain qui n'a pas de croûte, ce qui se produit quand deux pains se touchent durant la cuisson. On disait autrefois que les pains se «baisaient» ce qui aurait donné le mot «biseau». «Biseau» est aussi utilisé en orfèvrerie et signifie l'angle formé par deux superficies qui se rejoignent dans le cas de glaces, de diamants, de pierres précieuses (DT, t. 1, p. 911).

Bill, n. m. (Angl.: Bill: billet de banque). Billet de banque. Il a sorti un bill de cent (dollars).

Biller, v. tr. Expédier, envoyer. Je lui ai billé sa valise ce matin. «On disait aussi biller pour jeter la boule, terme emprunté du jeu de six quilles. Enfin, on a dit biller pour s'enfuir, s'échapper» (DHAF, t. 3, p. 11).

Bin Bin, adj. Beaucoup, grandement. Je n'en ai pas bin bin. Je n'aime pas ça bin bin.

Binerie, n. f. Établissement minable. Il est propriétaire d'une binerie.

Bines, n. f. pl. (Angl.: Bean: fève). Fèves au lard. Le cook fait des bonnes bines. Les célèbres bines de chantiers n'apparurent qu'après 1860 au Saguenay. Elles n'eurent pas de succès au début car on ne savait pas les apprêter. On fit venir un cuisinier de l'extérieur, du nom de William Grant. Il montra comment préparer les bines avec du lard comme on continue de le faire encore aujourd'hui. (HS, p. 268-269).

Bingo, n. m. Jeu de hasard ressemblant au loto. Chaque joueur se procure une ou des cartes ayant des numéros. Pour gagner, un joueur doit retrouver une rangée de numéros qui ont été choisis au hasard. À ce moment il crie «bingo».

Bioune, n. f. Instrument de musique, particulièrement un instrument à corde: violon, guitare, mandoline... On se sert de ce mot pour se moquer de quelqu'un qui en est à ses débuts dans la pratique d'un de ces instruments et qui écorche les oreilles des voisins. On dira: il joue de la bioune toute la soirée. Viendrait de «biniou» qui désigne une cornemuse bretonne. Comme nos gens n'aimaient pas le son de la cornemuse, ils appelaient «bioune» tout instrument de musique qui agaçait l'oreille. (Voir: «bézingue»).

Biscuit, n. m. (Angl.: to take one's biscuit). Râclée, punition, congédiement. Je lui ai donné son biscuit. Il a eu son biscuit: il a eu sa leçon; il a subi un échec; il a eu une sévère réprimande. «Terme de marine. Pain fort, desséché par une double cuisson» (DT, t. 1, p. 911).

Bise, n. f. Sirop épais, de couleur brune, entrant dans la composition de la tarte aux raisins. Baiser en langage familier. Ils se sont donnés la bise. Dans le sens de «sirop épais etc.» on peut en voir l'origine dans le mot anglais «beestings» qui signifie «colostrum», ce liquide jaunâtre et opaque qui est le premier lait d'une accouchée. (D. Lar., DR).

Biseau, n. m. Gerbe de blé.

Biter, v. tr. (Angl.: to beat: battre). Surpasser, vaincre, l'emporter sur. Je l'ai bité aux cartes.

Bitte, n. f. Pénis. Beaucoup de nos ancêtres étaient des marins qui ont apporté avec eux le vocabulaire du métier, transmis au propre ou au figuré. On «vire de bord»; on «prend une débarque»; on trime la

«chaloupe» de quelqu'un; on «embarque» en autobus ou on en «débarque»; on «radoub» ou l'on «remorque» une maison; on «rame» contre le «courant» en se fichant des traditions; on a les cheveux en «vagues» et l'on sent un «courant» de sympathie. Le mot «bitte» vient s'ajouter à la liste des termes maritimes. Pour le dictionnaire de Trévoux, la «bitte» est une pièce de bois ronde placée sur le devant d'un bateau et servant à le fermer. Le Petit Larousse, pour sa part, en parle comme d'une «forte pièce de bois ou de métal utilisée pour l'amarrage des navires». On y a vu une image concrète qui se passe de commentaires. (D. Lar. Éd. 1959).

Bitte, n. f. (Angl.: Bit: morceau). Un peu. Tasse le madrier seulement une petite bitte. Veux-tu des patates? Oui, mais seulement une petite bitte.

Blagosser, v. intr. Perdre son temps. Il a passé sa journée à blagosser, Voir «placoter».

Blague, n. f. Sac pour contenir du tabac. Mon grand-père avait perdu sa blague à tabac. Histoire comique. Raconter des blagues, faire des blagues. Parties sexuelles: Le chien avait la blague en l'air.

Blailleux (euse). Blagueur, qui aime à faire des mots d'esprit, à raconter des histoires comiques.

Blanc, n. m. Formule où les détails essentiels restent à ajouter. Remplir un blanc de chèque. Alcool, whisky blanc: prendre un petit blanc, un verre de blanc.

Blanc-mange, n. m. Blanc-manger, crème en gelée faite avec du lait, du sucre, dans laquelle on met parfois des restes de gâteau séché.

Blasphèmes. Voir «Jurons».

Blé d'Inde, n. m. Maïs. «C'est aussi le nom du maïs aux environs de Chinon et de Richelieu» (en France). (FCPM, p. 133).

Bleu (e), n. et adj. Avoir une peur bleue: intense. Avoir les bleus: s'ennuyer. Être dans les bleus: avoir une crise de délirium tremens. Voter bleu: pour le parti conservateur. Recevoir son bleu: être congédié.

Bleuet, n. m. Voir «beluet».

Bleuvir ou blévir. v. intr. Bleuir. Devenir bleu. Il a bleuvi; on a eu peur qu'il meure.

Bloc, n. m. Bille de bois. Tas de blocs: amoncellement de billes de bois aux abords d'un moulin à papier. Maison de rapport: il possède un bloc à Chicoutimi; Pâté de maisons circonscrit par des rues: l'usine occupe tout un bloc. Tête: il avait mal au bloc; il avait trop bu.

Blod, adj. Généreux. Il est «blod»: il m'a donné un beau chapeau.

Blonde, n. f. Jeune fille courtisée en vue du mariage. Il est allé voir sa blonde (même si elle a les cheveux noirs).

Bloomers, n. f. pl. Sous-vêtements de femme. Culotte bouffante retenue au genou que portent les femmes pour faire du sport. «Un costume féminin publicisé vers 1850 par Mme Amélia Bloomer de New-York, consistant en une jupe courte et un pantalon bouffant boutonné à la cheville» (ACD, p. 130).

Blôque, n. m. ou f. (Angl.: Block-head: stupide). Au SLSJ, se dit en parlant d'un (e) anglophone. C'est un (e) blôque. On dit aussi: une tête carrée. Voir: «Tête». Au XVIe siècle, on disait «godon», qui s'écrivait aussi «goddon», pour désigner un Anglais ou pour l'injurier. Ce mot vient de «god-dam» juron très utilisé par les Anglais. «Godon» désignait aussi un «homme fort riche qui a toutes ses aises et qui vit dans la joie et dans les plaisirs» (DT, t. 4, p. 544), ou encore un «homme sensuel, trop adonné au plaisir, à la bonne chère» (DFSS, t. 4, p. 329). Voir aussi: (DHAF, t. 6, p. 402). À propos de «god-dam» il est intéressant de lire ce passage du *Mariage de Figaro*, où Beaumarchais fait dire à son héros: «Diable! c'est une belle langue que l'anglais! il en faut peu pour aller loin. Avec Goddam en Angleterre, on ne manque de

rien nulle part... Les Anglais, à la vérité, ajoutent par-ci par-là quelques autres mots en conversant; mais il est bien aisé de voir que God-dam est le fond de la langue» (Beaumarchais, *Le Mariage de Figaro*, Acte III, Sc. V).

Blousé (e), adj. Énervé, (e). En voyant son père il est devenu tout blousé. Il ne se comprenait plus.

Blouser, v. tr. et pron. (Angl.: To blaze up: s'enflammer). Mêler, embrouiller, confondre. Les jeunes filles le blousent. S'énerver, être agité. C'est pas nécessaire de te blouser; prends ton temps, respire par le nez. «Se tromper, se méprendre, prendre mal ses mesures dans les affaires ou dans les marchés; se tromper en parlant, en discourant» (DT, t. 1, p. 934).

Bluff, n. m. Vantardise, chantage, tromperie, mensonge. Attitude destinée à impressionner l'adversaire dans un jeu quelconque, cartes, etc.

Bluffer, v. intr. Laisser voir que la situation est meilleure qu'elle ne l'est en réalité. Leurrer, créer une illusion, induire en erreur, tromper.

Bluffeur, n. m. Hâbleur, menteur, vantard.

Bobépine, n. f. (Angl.: Bobby pin). Épingle à cheveux, pince à cheveux.

Bobettes, n. f. Caleçon court. En anglais le mot «Bob» signifie: écourter, couper court. «Bobbed» aurait donné «bobettes» qui signifie quelque chose d'écourté. Voici quelques exemples. Bobbed hair: cheveux coupés courts; bobbed tail: queue écourtée d'un cheval; bob-sleigh: traîneau à deux paires de patins disposées en tandem. Par ailleurs: passer au bob veut dire: couper les cheveux très courts. Donc, une paire de bobettes désigne un sous-vêtement masculin ou féminin coupé très court. (OED, vol. 1, p. 959).

Bob-sleigh, n. m. «Traîneau très simple fait d'une forte traverse reposant sur une paire de patins de bois, traîné par un boeuf ou un cheval; le billot reposait par un bout sur la traverse du bob-sleigh et y était retenu par une chaîne, l'autre bout traînant sur la neige» (HS, p. 267).

Boeufs. Pour «Char à boeufs» et «Bed à boeufs», voir: «Char».

Boire, v. intr. Dépenser beaucoup d'essence en parlant d'une voiture. Mon char est de dépense: il boit beaucoup.

Bois, n. m. Bois mou: tendre (tremble, sapin, épinette); Bois franc: dur (bouleau, érable, merisier); Bois debout: non coupé; Bois rond: non équarri; Bois de corde, bois de poêle: bois de chauffage; Terre en bois debout: non défrichée; Gars de bois: bûcheron; Grand bois: arbre de bonne grosseur, équarri de façon rudimentaire et qui sert à la charpente d'une grange, d'une maison. Avoir la maladie du bois: pour un bûcheron, éprouver le besoin d'aller travailler en forêt. Courir le bois: aller travailler dans les chantiers. Gueule de bois: indisposition due à des excès d'alcool. Boîte-à-bois: boîte servant à mettre une réserve de bois pour chauffer le poêle. L'expression «Ne pas être sorti du bois», signifie que la période des tracas est loin d'être terminée. En revenant de vacances, une secrétaire qui voit l'accumulation du courrier sur son bureau dira: «Je ne suis pas sortie du bois; il faudra au moins quinze jours pour répondre à ces lettres.» Allusion au fait qu'il est plus facile de marcher sur une route bien pavée que dans une forêt sauvage.

Boîte, n. f. Fermer la boîte à quelqu'un: le faire taire. Se fermer la boîte: se taire. Voici l'explication qu'on donne au sujet de l'expression: «Ferme ta boîte.» Lorsque le téléphone en était à ses débuts, les lignes privées n'existant pas, chacun pouvait entendre les conversations téléphoniques; il n'avait qu'à lever le récepteur, qu'à «ouvrir sa boîte». Mais en entendant le déclic, certains agacés, criaient à l'indiscret: «Ferme ta boîte.» C'est de là que viendrait l'expression qui nous occupe.

Boîte-à-bois. Voir «bois».

Boîte-à-malle, n. f. (Angl.: mail box). Boîte aux lettres.

Boîte-à-pain, n. f. Plat rectangulaire profond et évasé dans lequel on fait cuire le pain.

Bol-de-sirop, n. m. Le «bol-de-sirop» réfère à une tradition qui était encore en usage au SLSJ dans les années 40. On installait, au milieu de la table, un contenant dans lequel on versait, au moment des repas du midi et du soir, de la mélasse qu'on appelait alors du «sirop». Chacun y trempait des morceaux de pain au moyen de sa fourchette. Il fallait veiller à ce que le pain ne soit pas trop sec afin de ne pas multiplier les «graines-de-pain» dans le sirop.

Bol-de-toilettes, n. m. Cuvette d'aisances.

Bolle, n. f. Personne très intelligente. C'est une bolle.

Bolo, n. m. Jeu consistant en une petite balle de caoutchouc retenue à une palette par un élastique long et mince. Il a un bolo; il aime jouer au bolo. C'est un champion de bolo.

Bolt, n. f. (Angl.: bolt). Boulon. J'ai taraudé trois bolts après le panneau.

Bolter, v. tr. et intr. (Angl.: to bolt: décamper, déguerpir). J'ai lâché un cri et le chien a bolté, a déguerpi. Boulonner: j'ai bolté un panneau.

Bombarbe, n. f. Guimbarde. Petit instrument sonore. Jouer de la bombarbe.

Bombarde, n. f. «Nom d'un jeu de l'orgue, l'un de ceux qui ont le tube en cône» (DT, t. 1, p. 953). «Grosse pièce d'artillerie. Instrument de musique. On appelle bombarde en Bretagne ce qu'on appelle ailleurs hautbois» (DHAF, t. 3, p. 48).

Bombe, n. f. Récipient métallique pansu muni d'un bec et d'une anse servant à faire bouillir de l'eau.

Bombée, n. f. Contenu d'une bombe.

Bôme, n. m. (Angl.: Boom: barrage). Barrage formé de billes de bois reliées entre elles au moyen de chaînes, afin d'empêcher le bois flottant de prendre une mauvaise direction. Bômé: muni d'un bôme. «Pièces de bois liées entre elles bout à bout et jetées en travers sur une rivière pour intercepter les billots» (L.-A. Martel, Notes sur le Saguenay, p. 26).

Bomme, n. m. f. (Angl.: bum). Clochard, fainéant, misérable. Être sur la bomme: sans le sou, ruiné. S'en aller sur la bomme: aller à la dérive, en parlant d'une personne ou d'un objet. C'est un ivrogne, il s'en va sur la bomme. Tes souliers s'en vont sur la bomme. Son commerce est sur la bomme. Bonhomme: le bomme Tremblay.

Bommer, v. tr. et intr. Nocer, fainéanter. Il passe son temps à bommer. Quêter: bommer une cigarette, un dîner. Vagabonder: il bomme depuis l'âge de dix ans.

Bom'per, v. tr. (Angl.: To bump: cogner). Lorsqu'il s'agit de combler un poste, l'aspirant le plus ancien, ayant préséance sur tous les autres, il peut les bom'per c'est-à-dire être choisi avant eux.

Bom'peur ou Pom'peur, n. m. (Angl.: Bumper). Pare-chocs.

Bon, bonne, m. et adj. Fort, robuste. Il y avait de bons hommes. Capable d'une vie sexuelle active: il était âgé mais il était encore bon. Être bon de: aimer, avoir un penchant pour. Elle est bonne des tartes, des histoires drôles. Il est bon des femmes. Pour de bon: sérieusement. L'hiver est pris pour de bon. Faire du bon: accorder un rabais. L'expression «être dans ses bonnes» signifie que quelqu'un est très bien disposé. Tu peux lui parler, il est dans ses bonnes. Rabelais utilise cette expression. «Nostre maistre est en ses bonnes» (RQL, 12, 574). «Il est en ses bonnes» (RQL, 47, 665).

Bonace ou Bonasse. Terme de marine. Mot qualifiant la mer calme. (DFSS, t. 1, p. 620). D'une bonté excessive, nous dirions: passablement «niaiseux».

Bonguienne. Patois dérivé vraisemblablement de «Bon Dieu» mais adouci par crainte de blasphémer. Un bonguienne de bon garçon. Bonguienne de bonguienne, arrêtez, les enfants, de faire du tapage.

Bonhomme, n. m. Mari. Je vais en parler à mon bonhomme. Dessin rudimentaire ayant une certaine forme humaine. Bonhomme de neige: sculpture rustique représentant un homme et faite avec de la neige malléable. Voir: «Bonhomme Sept-Heures».

Bonhomme Sept-Heures. Vient de «bone setter» qui signifie «rabouteur» ou «ramancheur». Ces médecins de fortune qui allaient ici et là pour replacer les os démis ne passaient pas inaperçus; car leurs interventions provoquaient des cris de douleur qui effrayaient les voisins surtout après la tombée de la nuit. Aussi pour calmer les enfants turbulents on les menaçait de faire appel au «bone setter», mots, qui prononcés à la québécoise ont donné «Bonhomme sept-heures». (Lire à ce sujet l'ouvrage de Louis Caron, *Le bonhomme sept heures*, Éditions du Seuil, 1978.)

Bonne, n. m. L'expression «Mettre son bonne» était utilisée au Petit Séminaire de Chicoutimi dans les années 40 et elle était reliée à différents jeux: balle au mur, tennis, billard, etc. «Mettre son bonne» signifiait: se placer sur la liste d'attente des joueurs éventuels. Si quelqu'un avait le malheur d'usurper le tour d'un joueur celui-ci lui disait: J'ai mis mon bonne avant toi. Il semble que le mot «bonne» soit la déformation du mot anglais «bound» qui signifie, limite, borne, frontière ou rang. En mettant son «bonne», quelqu'un établit que son tour de jouer, c'est-à-dire son rang, viendra après celui de tel autre joueur.

Bonne, n. f. Histoire drôle, incroyable: «Je vais vous en conter une bonne.»

Bonne-à-rien, n. f. Débauchée, prostituée. C'est une bonne-à-rien.

Bonneter, v. tr. Flatter, cajoler, gâter. Il bonnetait le boss pour avoir une augmentation de salaire. «Bonneter: saluer du bonnet» (DHAF, t. 3, p. 58). «Bonneter quelqu'un: le saluer, lui donner des marques de respect ou de courtoisie» (DFSS, t. 1, p. 627).

Bonn'ter, v. intr. Au jeu de balle: frapper légèrement la balle pour tromper l'adversaire et avoir le temps de courir au premier but.

Boquer, v. intr. (Angl.: to balk). S'arrêter, reculer, hésiter, régimber. Protester en refusant d'avancer, de travailler. C'est un boqué. Il boque toujours.

Bord, n. m. Pièce secondaire dans une maison. Petit bord-à-tuer: pièce où l'on entasse différents objets encombrants. Autre bord: Outre-mer (Europe). Il est allé de l'autre bord pendant la dernière guerre. D'un bord à l'autre: ici et là. Les quêteux logeaient d'un bord à l'autre. Côté, direction. Asseyez-vous de mon bord. Il a pris son bord: il a quitté sa famille. Il a pris le bord: il a pris le large, il a disparu. Être parti sur l'autre bord: être enceinte. Sa femme était partie sur l'autre bord. Terme de marine. «Extrémité supérieure de chaque côté du bordage d'un navire» (DR).

Bordée, n. f. Chute de neige. Il a tombé une bonne bordée de neige. Terme de marine: décharge des pièces de canon situées d'un côté du vaisseau. (DT, t. 1, p. 969).

Borné (e), adj. Niais, d'intelligence limitée. Il est trop borné pour comprendre que deux et deux font quatre.

Borner, v. pr. S'arrêter. Il n'est pas capable de se borner quand il commence à manger.

Borneur, n. m. (Angl.: burner, Brûleur). Bec de lampe. Coupé à ras le borneur: coupé très court. Il a coupé la queue de son cheval à ras le borneur.

Boss, n. m. (Angl.: Boss: patron). Patron, directeur, contre-maître. J'ai un très bon boss.

Bosser, v. tr. Diriger dans le sens péjoratif, contrôler avec beaucoup d'autorité, faire du dirigisme. Viens pas me bosser. Mêle-toi de tes affaires.

Boster, v. intr. (Angl.: To burst: éclater, crever, exploser). Arrête de manger: tu vas boster.

Botcher, v. tr. (Angl.: to botch: rafistoler, bousiller, saboter, cochonner). Exécuter quelque chose avec négligence, bousiller.

Botte, n. et adj. (Angl.: Butt: gros bout). Perspicace, difficile à rouler, difficile à battre, costaud. Fort dans un secteur donné. Tu ne pourras pas le battre aux cartes: il est botte. Prendre une botte: Satisfaire ses appétits sexuels. En anglais, «butt» peut signifier une charrette rustique, solide et pouvant porter une lourde charge (OED, vol. 1, p. 1216). Ce mot pourrait être à l'origine de «botte» dans le sens de fort, costaud, habile, imbattable.

Botte (en). En ruine. Cette maison tombe en botte.

Botte-à-l'oeil, n. f. Prendre une «botte à l'oeil» c'est s'imaginer qu'on fait l'amour avec une femme qu'on voit passer.

Bottine, n. f. Avoir les deux pieds dans la même bottine: ne pas être débrouillard.

Bouc, n. m. Barbiche, pinch. Il portait un bouc (parce que la barbiche ressemble à celle du bouc).

Boucane, n. f. Fumée.

Boucané (e), adj. Séché à la fumée. Viande boucanée; poisson boucané.

Boucaner, v. tr. et intr. Faire sécher à la fumée. Faire boucaner de la viande. Dégager de la fumée de façon anormale. La cheminée boucane.

Bouché (e), adj. Niais, possédant une intelligence limitée. Pour accentuer encore, on dira: Il ne comprend rien, il est bouché des deux bouttes.

Boucher, v. tr. «Confondre par une vive repartie» (DB). Je l'ai bouché; ça t'en bouche un coin!

Boucherie (faire). Tuer et dépecer des animaux: porcs, veaux, boeufs, volailles pour usage domestique. Au temps où les réfrigérateurs n'existaient pas, il fallait consommer la viande rapidement. Aussi, celui qui «faisait boucherie» offrait à ses voisins un «présent» c'est-à-dire une certaine quantité de viande récemment abattue. Comme chaque cultivateur agissait de même, les gens d'un secteur pouvaient consommer de la viande fraîche durant toute l'année. On envoyait souvent le «présent» dans une boîte à pain. Voir à ce sujet: FCPM, p. 129-132.

Bouchon, n. m. Obstacle, arrêt. Mettre un bouchon à une dette: en payer une bonne partie.

Boudin, n. m. Boucle de cheveux en spirale. Cette fillette a de beaux boudins.

Boudlégueur, n. m. (Angl.: Bootlegger). Contrebandier de boissons alcooliques.

Bouette, n. f. Mélange de farine (gru) et d'eau que l'on donne aux animaux pour les nourrir. Donner de la bouette aux cochons.

Bouffiole, n. f. Bulle de savon, de gomme balloune, etc. Les enfants ont mis de l'eau savonneuse dans un plat et ils s'amusent à faire des bouffioles en soufflant dans une pipe de plâtre. Voir les mots: «bouffer» et «bouffir» et leurs dérivés: bouffant, bouffe, bouffée, bouffi, indiquant un gonflement.

Bouffon, n. m. Souffre-douleur. Personne qui est l'objet de plaisanteries et de malices de l'entourage. Je ne veux pas qu'on fasse un bouffon avec moi.

Bouffonner, v. tr. Ridiculiser quelqu'un, s'en servir comme d'un souffre-douleur.

Bougrine, n. f. «Par-dessus, veston, vareuse». (DB et Gl.) il a mis sa bougrine. Entre aussi dans l'expression «vieille bougrine» pour qualifier une personne de caractère difficile.

Bouilli, n. m. Mets composé de différentes viandes et de différents légumes que l'on fait bouillir. C'est le «pot-pourri» français ou l'«olla podrida» espagnole. On a mangé un bon bouilli. Fais-nous cuire du bouilli.

Bouillie, n. f. «Aliment fait de lait ou d'un autre liquide et de farine bouillis» (DB). Ce mot s'emploie aussi dans un sens figuré et péjoratif pour qualifier un curieux mélange, un assemblage de choses bizarres difficiles à identifier ou à démêler. On dira, par exemple, d'un discours confus, sans suite, que c'est une «bouillie pour les chats».

Bouillotte, n. f. Mets, plat constitué de différentes choses qu'on met à bouillir.

Boule, n. f. Balle. Je vais jouer à la boule. Donne-moi la boule. Intelligence. Perdre la boule: devenir fou.

Boulé, n. m. (Angl.: Bull signifie taureau: et bully: homme fort; fier-à-bras). Brute, tyran, fendant, bravache. Homme de main d'un politicien. Homme que l'on engage pour mener le trouble. On peut lire: «Boulaye: baguette de bouleau. Signifie aussi verges de bouleau dans le passage suivant où un diable ordonne à un autre de châtier d'autres diables...» (DHAF, t. 3, p. 78).

Boume, n. m. (Angl.: Boom). Bruit retentissant; j'ai entendu un boume. Vague de prospérité; pendant la guerre, il y a eu un boume: les usines marchaient à pleine perche.

Bouquet, n. m. L'expression: «C'est le bouquet» signifie qu'on a atteint la limite du possible. Par exemple, si un enfant fait une chose inimaginable «un coup pendable», sa mère pourra s'écrier: «Ah! c'est le bouquet!» En France il existait une coutume consistant à placer un bouquet au faîte d'une maison en construction dont on venait de poser la charpente. On y ajoutait souvent un petit drapeau tricolore. Voir: FCPM, p. 121.

Bourdignon, n. m. Motte de terre gelée ou de neige durcie. Un chemin plein de bourdignons.

Bourgot, n. m. Porte-voix. Il annonçait l'assemblée en parlant dans un bourgot. Ferme ton bourgot: arrête de parler. Grosse voix: il a tout un bourgot.

Bourrasser, v. tr. et intr. Bousculer brusquement. Il bourrassait ses enfants. Arrête de bourrasser, ça m'ennuie. Au 16e siècle, ce mot signifiait «mordre en enlevant du poil» (DFSS, t. 1, p. 659).

Bourreau, n. m. Qui travaille beaucoup.

C'est un bourreau d'ouvrage.

Bourrée, n. f. Travail forcé et rapide. Donner une bonne bourrée avant le dîner, c'est-à-dire fournir une période intense de travail.

Bourrer, v. tr. et pron. Tromper, duper. «Essaie pas de nous bourrer, nous ne sommes pas des matelas.» Se bourrer la face ou la fraise: manger avec avidité et en abondance.

Bourrure, n. f. Rembourrement. Il a mis une bourrure à une chaise.

Bourzaille, n. f. (Angl.: bull's eye, oeil-de-boeuf). Bonbon à rayures rouges, de forme ronde, ressemblant à l'oeil d'un boeuf.

Bouscaud, n. m. Homme gros, court, trapu, grossier, lourdaud, fier-à-bras. Méfiez-vous c'est un bouscaud. Boeuf ou vache sans cornes.

Bout de cul, n. m. Adolescent qui joue à l'adulte ou adulte de petite taille qui se donne de l'importance. Au XVIe siècle le mot «boutecul» voulait dire moine convers, c'est-à-dire qui était employé aux travaux domestiques. (DFSS, t. 1, p. 666).

Bouteille, n. f. Biberon muni d'une tétine. Il a trois ans et il est encore à la bouteille. Elle a deux enfants à la bouteille. Boisson alcoolique. Il aime la bouteille: il est ivrogne.

Boutique, n. f. Atelier. Boutique à forge: lieu où un forgeron usine les métaux; Boutique à bois: là où un charpentier travaille.

Bouton, (Lacordaire). L'expression «casser son bouton» signifiait que quelqu'un prenait de nouveau de l'alcool après avoir promis d'observer l'abstinence. Ceux qui étaient enclins à prendre de la boisson pouvaient faire partie du Mouvement Lacordaire, si c'était un homme ou Sainte-Jeanne-d'Arc, s'il s'agissait d'une femme. On s'identifiait comme membre en arborant un bouton bleu et or. On disait de quelqu'un qui avait une rechute: «il a cassé son bouton».

Bouton, n. m. Il n'a pas inventé les boutons à quatre trous: il n'est pas très débrouillard.

Boutte, n.m. Bout. Se rendre au boutte, c'est-à-dire au bout de ses forces. Se lever le gros boutte devant: de mauvaise humeur. Être rendu à boutte: être exténué.

Box, n. m. (Angl.: Box: boîte). Sommier-caisse. Formé d'une caisse de bois à barres transversales garnies de ressorts et recouverte de tissu. Il a placé le matelas sur le box.

Boxeur, n. m. Sciotte. Jouer du boxeur: sciotter. Vient peut-être de «boxing-saw» parce que celui qui utilise un sciotte fait des mouvements qui ressemblent à ceux d'un boxeur en action.

Boyart, n. m. Bayart, brancard, civière. Ils ont transporté le malade sur un boyart.

Bran ou Bren. Voir: «Brin de scie».

Branchailles, n. f. pl. Branches d'arbres jonchant le sol. Nous marchions dans les branchailles.

Brancher, v. tr. et pr. Se fixer, se décider, s'orienter. Vas-tu finir par te brancher? Brancher un arbre. Le faire tomber de façon à ce que ses branches s'agrippent, au passage, et l'empêchent de tomber par terre.

Brandy, n. m. Genre de danse. Elle danse bien le brandy. Elle passe bien le brandy.

Brandy nose, n. m. (Angl.: brandy: cognac). Gros nez rouge qui, dans l'esprit des gens, peut être un signe d'ivrognerie chez le propriétaire de cet appendice. Il a tout un brandy nose.

Branle-cul, n. m. Voir: «Casse-cul».

Branleux (euse), adj. Souffrant de tremblements. Incompétent, incapable. C'est un maudit branleux.

Braque, adv. S'emploie comme adverbe pour appuyer davantage. Cet homme est fou braque (à lier). On se réfère probablement au chien de chasse «braque» qui perd toute contenance quand il s'élance sur sa proie.

Braquette, n. f. Broquette. Petit clou à tête.

Bras, n. m. Détroit, passage étroit. Un bras de rivière. Le petit-bras de la Baie. À tour de bras, loc. adv. De façon exagérée, inconsidérablement, de toute sa force. Ce jeune médecin prescrit des médicaments à tour de bras. Avoir le bras long: être puissant, avoir beaucoup d'influence.

Brâsse, n. f. Main (au jeu de cartes). C'est à vous la brâsse.

Brâsse-camarade, n. m. Activité intense. Il y avait du brâsse-camarade.

Brasse-corps (à), loc. adv. À bras-le-corps. Prendre quelqu'un à brasse-corps, par le milieu du corps, en entourant la personne de ses deux bras.

Brassée, n. f. Tout jeune enfant que l'on porte dans ses bras. Ma nièce est venue nous voir avec sa brassée.

Brâssée, n. f. Chaudronnée. Faire une brâssée de savon, de sirop d'érable.

Brassière, n. f. Soutien-gorge.

Brayage, n. m. Action de brayer.

Brayer, v. tr. «Broyer le lin pour en séparer la fibre de la tige» (DB).

Brayet, n. m. Costume de bain.

Break-down, n. m. (Angl.: To break down: abattre, démolir). Arrêt. Il y avait eu un break-down à la wood-room. Épuisement, fatigue extrême, état dépressif: Joseph a eu un break-down.

Breast (double), (Angl.: breast: poitrine). Paletot à double breast: de forme croisée, qui peut s'attacher à gauche ou à droite.

Bréce, n. f. (Angl.: brace: jambe de force). Pièce de bois, placée obliquement pour soutenir quelque chose: mur, etc.

Brécer, v. tr. Renforcer. Poser une pièce de bois pour renforcer quelque chose.

Brèche, n. f. Dent perdue, manquante. Il est laid depuis qu'il a une brèche en avant. Cet enfant a plusieurs brèches. Endroit par où les animaux peuvent passer dans une clôture en mauvais état. Les vaches ont passé par la brèche.

Bréquer, v. intr. (Angl.: To break: freiner). Freiner.

Bréques, n. m. pl. (Angl.: brake). Freins. Avoir de bons bréques. Ne pas avoir de bréques.

Bretter, v. intr. Perdre son temps à des bagatelles.

Bretteux (euse), adj. Qui perd son temps à des bagatelles.

Bricole, n. f. «Partie du harnais d'un cheval de carrosse qui passe sous les coussinets et qui s'attache de côté et d'autre aux boucles du poitrail. On le dit aussi des pièces de cuir attachées ensemble qui servent aux porteurs à porter des chaises» (DT, t. 2, p. 69).

Bricoles, n. f. pl. Bretelles pour tenir les pantalons. Attache tes bricoles.

Brimbale, n. f. Perche à contrepoids pour tirer l'eau d'un puits. Ensemble d'objets disparates réunis par un bricoleur. Il a une moyenne brimbale. «Le bâton, la barre, ou l'espèce de levier qui fait jouer la pompe» (DT, t. 2, p. 75).

Brin, n. m. Parcelle, petite quantité. Brin de paille, de pluie, de fil. Brin de scie: sciure de bois (bran de scie). Indique la fragilité: Maison construite un brin sur rien. On dit: c'est un beau brin de fille. Dans ce cas-ci on se réfère probablement au mot anglais «brand» qui fait référence à la qualité d'un produit, à une marque de commerce.

Brin de scie, n. m. Bran de scie, sciure de bois. «Poudre de bois qu'on scie» (DT, t. 2, p. 39). Voici ce que dit le DT à propos de bran. «Bran ou Bren, n. m. Excrément de l'homme, matière fécale. Ménage dérive ce mot de brance qui est un vieux mot gaulois, dont il est fait mention dans Pline, en parlant du son qui est encore à présent appelé brann (sic) par les Anglais, et il pense que le bran, qui signifie excrément de l'homme n'a été dit que par métaphore de l'excrément du blé...» (DT, t. 2, p. 38). «Bran: son. Prende bran pour farine: se tromper lourdement» (DFSS, t. 1, p. 679).

On appelait «bran de Judas» des taches de rousseur (DHAF, t. 3, P. 115). «Bren s'employait comme exclamation ou terme d'impatience...: Bren, ma plume, n'en parlez plus» (DHAF, t. 3, p. 115). Rabelais emploie ce mot en ce sens. Il fait dire à Pantagruel: «Et bren, bren... qu'est-ce que veult ce fol» (RPA, 6, 192).

Briqueler, v. tr. Briqueter: garnir de briques, poser des briques.

Briqueleur, n. m. Briqueteur.

Brise-fer, n. m. ou adj. Qui brise tout; personne maladroite. C'est un brise-fer.

Briseux, adj. Qui a tendance à être défectueux, à se détériorer. Mon char est briseux. Je suis toujours rendu au garage avec.

Brisque, n. f. «Jeu de cartes qui se joue entre deux personnes, comme le piquet» (DT, t. 2, p. 79). Jeu de cartes où l'on avait le droit de faire certains signes pour orienter son partenaire. Lorsqu'on jouait à un autre jeu de cartes, on avertissait l'adversaire qui trichait en lui disant: «Tu ne joues pas à la brisque.»

British, n. f. pl. Voir: «Peg-top».

Broche, n. f. Ligne téléphonique.

Broche-à-foin, n. f. Indique quelque chose de rudimentaire, d'improvisé. C'est une organisation de broche-à-foin, rudimentaire, artisanale, préparée à la dernière minute, sans plan directeur. – Pour faire une réparation temporaire, les fermiers utilisaient un bout de broche qui servait à lier les balles de foin. En anglais, un «hay-wire pilot» c'est un pilote de brousse qui se débrouille avec les moyens du bord.

Bronchite, adj. Maladie des bronches. Il est bronchite (bronchitique).

Broque, n. m. Fourche. Un broque à fumier, un broque à foin.

Brosse, n. f. On dit aussi «baloune». Partir sur la brosse ou sur la baloune signifie: s'enivrer. Être sur la brosse ou sur la baloune: être ivre. Prendre une brosse ou une baloune. Au XVIe siècle,

«breusse» ou «broisse» signifiait «vase» ou «tasse». (DHAF, t. 3, p. 121, 138). Or, à l'occasion d'une partie de cartes, les perdants devaient payer les consommations aux gagnants, qui prenaient alors une «breusse» comme on prend un «verre» de nos jours. Voici ce que dit Ernest Martin à ce sujet: «L'expression (prendre une brosse) est fréquente dans l'oeuvre de Rabelais... On dit encore couramment SE FAIRE BROSSER dans le sens de perdre aux cartes. Y a-t-il corrélation entre cette expression et PRENDRE UNE BROSSE? Ce n'est pas impossible si l'on songe que le perdant doit payer les consommations ou, comme disait Rabelais, les BREUSSES» (FCPM, p. 108-109). Voir: Rabelais: «Une breusse où ilz saulsoient» (RPA, 27, 281). «Jambons de troter, goubeletz de voler, breusses de tinter» (RGA, 5, 16).

Brosser, v. intr. Boire avec excès. Autrefois, «brosser» signifiait «courir à travers les broussailles». (DT, t. 2, p. 81; DHAF, t. 3, p. 140). Toutefois le sens moderne de «brosser», dans notre langage populaire, doit se chercher plutôt du côté de «breusse» après les explications fournies précédemment. (Voir «brosse»).

Brouch'te-brouch'te, adv. De façon malhabile, sans soin. Cet homme travaille bouch'te-brouch'te.

Broue, n. f. Mousse, écume. Un savon qui fait de la broue. Vantardise. Un «faiseux de broue» ou un «peteux de broue» c'est quelqu'un qui nargue, provoque, se vante. On dira: quand il est chaud (ivre) il fait de la broue, il pète de la broue. Il fait plus de broue qu'autre chose.

Brouille, n. f. Chicane, mésentente. Il a eu une brouille avec sa soeur.

Brouillon, adj. Indique des réactions rapides et sans contrôle. Un homme brouillon: qui travaille ou réagit rapidement. Cheval brouillon: qui, au moment où l'on ne s'en attend pas, «décolle» rapidement.

Brouteux (euse), adj. Fanfaron, vantard.

Brûlé, n. m. Étendue de forêt incendiée. Marcher dans un brûlé; ramasser des bleuets dans un brûlé. La paroisse N.-D. de Laterrière au SLSJ portait autrefois le nom de Grand Brûlé parce que ce coin de forêt avait été détruit par le feu en 1841.

Brûlot, n. m. Moustique dont la piqûre produit une sensation de brûlure. Vieille pipe qui a beaucoup servi. Incendiaire. Colborne, qui avait incendié plusieurs fermes au moment de la répression des Troubles de 1837-38 avait reçu le surnom de Vieux-Brûlot (L.-A. Bélisle, *Références biographiques*, 1978, vol. 2, p. 37). Autrefois: homme ardent, espèce de «boutte-feu». (DT, t. 2, p. 95).

Brûlotte, n. f. Incendie. La semaine dernière il y a eu une brûlotte tout près d'ici.

Brunante, n. f. Déclin du jour. Il est venu à la brunante. «Je ne crois pas avoir entendu BRUNANTE en France, mais nous disons couramment À LA BRUNE ou encore COMME IL COMMENÇAIT À FAIRE BRUN». (FCPM, p. 113).

Brunch, n. m. (De deux mots anglais: Breakfast: déjeuner et lunch: dîner). Repas pris tard dans l'avant-midi et qui tient lieu de déjeuner et de dîner.

Bûchage, n. m. Action ou art d'abattre des arbres. J'aime le bûchage; je connais le bûchage.

Bûche, n. f. Dormir comme une bûche: dormir profondément. Il n'a rien entendu: il dormait comme une bûche.

Bûché, n. m. Endroit désert où le bois a été abattu, bûché.

Bûcher, v. tr. et intr. Abattre des arbres. On dit: bûcher sur l'épinette, sur le sapin, sur le bouleau, etc. Dans ce temps-là on bûchait sur le bouleau. Travailler dur. Pour réussir dans notre commerce il a fallu bûcher. Pour arriver la première de sa classe, notre fille a dû bûcher.

Buck, n. m. (Angl.: buck: mâle du daim). Il a tué un vieux buck, c'est-à-dire un orignal mâle et âgé. Voir: «mox».

Bull-gang, n. f. (Angl.: Bull: taureau; gang: troupe) Équipe de journaliers, d'hommes sans métier travaillant dans une usine. Être dans la bull-gang.

Bull-shit, n. f. (Angl.: bull: boeuf; shit: excréments). Gâchis, travail mal fait. C'est un mauvais ouvrier, il ne fait que de la bull-shit.

Bunch, n. f. (Angl.: Bunch: groupe). Foule, groupe, masse. Toute la bunch assistait à cette assemblée.

Buns, n. f. (Angl.). On prononce: bonses. Brioches.

Business, n. f. (Angl.: Business: affaire). Commerce, industrie. Se partir une business.

Butin, n. m. Effets, marchandises: linge, vêtements, mobilier, objets de toutes sortes. Il a perdu tout son butin au moment de l'incendie.

Buttes. Par sauts, par buttes. (Voir: «sauts»).

C

Cabale, n. f. Propagande en faveur d'un parti politique. Il fait de la cabale.

Cabane à sucre, n. f. Construction rustique où l'on traite l'eau d'érable pour en faire du sirop ou du sucre.

Cabaner, v. pr. Se cabaner: s'enfermer pour un certain temps. Il s'est cabané pour l'hiver. On dit aussi «s'encabaner».

Cabarouette ou caberouette, n. m. Cabriolet, haquet, petite charrette longue à deux roues pour le transport des tonneaux. Voiture légère à deux roues. Voiture originale, dans un sens péjoratif. Il s'était fait tout un caberouette.

Cabette, n. f. (Angl.: Cup-board: armoire à vêtements). Petite armoire où les travailleurs déposent leurs vêtements propres pour revêtir leurs habits de travail et vice-versa.

Cabinets, n. m. pl. Salle de bain, salle de toilette, cabinet d'aisance. Je suis allé aux cabinets.

Caboche, n. f. Tête. Rentre-toi ça dans la caboche. «La tête de l'homme... Ce mot est vieux (1771) et populaire» (DT, t. 2, p. 131).

Cabochon (ne), adj. Individu qui comprend difficilement. Maladroit, «dur de comprenure», qui ne comprend «ni d'un bout ni de l'autre».

Cabouze ou Caboose. Voir: «Cambuse».

Caca, n. m. «Ordure. On le dit aux petits enfants. Il faut aller faire caca. Ne mangez pas de cela, c'est caca. Il vient du latin cacare» (DT, t. 2, p. 133).

Cacasser, v. intr. Jacasser, babiller, bavarder, d'une manière fatigante.

Cache, n. f. Enveloppe. Mets la lettre dans la cache.

Cachement, n. m. Le fait de se cacher. Il a fait de la prison après la fin de la guerre. Il fallait qu'il paie son cachement pendant la guerre. «Manière dont une personne est cachée» (DT, t. 2, p. 134). «Action de cacher» (DHAF, t. 3, p. 172).

Cache-oreiller, n. m. Dessus d'oreiller.

Cacher, v. tr. Couvrir dans un lit. Cache-toi chaudement. Se couvrir de couvertures.

Cachette, n. f. Cache-cache. Jeu où un enfant cherche les autres qui sont cachés. Quand il était jeune, il aimait beaucoup jouer à la cachette. Agir à la cachette: en cachette.

Cachous, n. m. pl. (Angl.: cashew). Noix de cajou.

Cadavre, n. m. Homme grand et très maigre. C'est un grand cadavre.

Cadran, n. m. Réveille-matin. N'oublie pas de monter ton cadran; son cadran n'a pas sonné. Horloge de grande dimension. Le cadran de l'hôtel-de-ville est arrêté. Ce mot vient du latin «quadrans» qui est la quatrième partie d'un tout. D'où les expressions «moins quart», «et quart» lorsqu'on indique l'heure. Le cadran désigne le «cercle divisé en heures et en minutes sur lequel se déplacent les aiguilles d'une montre...» (DR).

Caduc, n. f. Aqueduc, robinet. Prends l'eau dans la caduc. Ferme la caduc. J'ai une bonne caduc.

Cafière, n. f. Cafetière.

Cageux, n. m. Petit radeau fait de troncs d'arbres. (DB).

Cahot, n. m. Trou dans un chemin qui provoque des soubresauts.

Câille, adj. Blanc tacheté de noir ou de fauve (tirant sur le roux). Une vache câille. (Près d'Alma au LSJ il y a un rapide appelé, la «Vache-câille»). Au Canada et au Québec le parti libéral s'identifie au «rouge» et le parti conservateur au «bleu». D'ordinaire un clan familial demeurait traditionnellement attaché à un parti. Il y avait cependant des exceptions: ceux qui changeaient de parti au besoin et qu'on appelait les «caîlles». Voir: EGV, p. 104.

Caîller, v. intr. S'endormir, avoir sommeil. Tu commences à cailler; tu ferais mieux d'aller te coucher.

Caîlles, n. f. pl. Lait caillé. Manger des caîlles avec de la «castonade».

Caîllette, n. f. Présure, substance qui provoque la coagulation du lait. Vache de couleur caîlle.

Caillouton, n. m. Nom d'un rang pierreux de Saint-Alexis de Grande-Baie. Ce mot vient de «cailloteux» ou «caillouteux» qui signifie: rempli de pierres. (Gl. p. 166). (Voir: «Toponymie»).

Calant (e), adj. Trop lourd pour bien flotter. La chaloupe est calante; le radeau est calant.

Calbrette, n. m. Type de poêle d'autrefois. Il y avait un gros calbrette au milieu de la cuisine. Ce mot viendrait d'une marque de commerce anglaise ayant cette consonance.

Calcul, n. m. Avis, opinion. D'après mon calcul, je crois que...

Calculer, v. tr. Penser, croire. (On dit aussi «carculer»). Évaluer, estimer. Calculez-vous être capable de venir à la messe de minuit? Calculez-vous que les chemins sont passables? Je calcule que je pourrai y aller la semaine prochaine.

Cale, n. f. Plomb attaché à une ligne et servant à faire descendre un hameçon au fond de l'eau.

Calé (e), adj. Chauve. Il est calé; il a la tête comme une fesse. Instruit. Il est calé: il a fait son cours classique. Enfoncé. Sa voiture était calée dans le fossé.

Caler, v. tr. Perdre. Il a calé de l'argent dans ce contrat; Boire jusqu'au fond: caler un flacon de whisky.

Caler, v. tr. «Terme de marine. Baisser les voiles. Caler signifie aussi, ôter la première peau des noix vertes. On ne sait

où Furetière (1684) a pris le mot caler en ce sens. On dit bien écaler des noix mais pour caler on ne le trouve nulle part» (DT, t. 2, p. 173).

Câler, v. tr. (to call: appeler). Appeler: il a câlé un orignal. Diriger une danse: câler un set carré. Demander à quelqu'un de venir travailler. Être câlé pour travailler au moulin Price.

Caler, v. tr. et intr. Enfoncer; caler sa calotte jusqu'aux oreilles; Perdre: caler de l'argent dans une entreprise; Avaler: caler un verre de bière; Enfoncer: caler dans la neige; Devenir chauve: il commence à caler.

Call down, n. m. (Angl.: To call down: faire descendre). Donner un call down à quelqu'un: le réprimander, lui dire des bêtises... le faire descendre de son piédestal, en quelque sorte.

Câlleur, n. m. Animateur pendant un «set carré» (danse ancienne).

Calotte, n. f. Casquette avec une palette (visière).

Calotte, n. f. Emblême identifiant autrefois le tabac à pipe Old Chum, qui portait une calotte. Fumer de la calotte.

Caltor ou Coltar. (Angl.: Coal: charbon; tar: goudron). Goudron de houille (charbon de terre); liquide obtenu par la distillation du charbon.

Câlu, n. m. Calus, masse de peau durcie, durillon produit par le frottement. Cal, espèce de soudure qui réunit les fragments d'un os. Il s'est fait un câlu.

Caluron, n. m. Casquette, calotte, béret.

Calvaire, n. m. S'emploie dans l'expression: du «bois de Calvaire». Cet homme n'est pas du bois de Calvaire: c'est un dur. «Le père et la mère du nouveau prêtre, dont on disait qu'ils étaient «du bois de calvaire» pour illustrer leurs vertus» (EGV, p. 167).

Calvette, n. f. (Angl.: Culvert: caniveau). Tranchée ou rigole pratiquée sous une voie ferrée et traversée par un ponceau. Le ponceau lui-même.

Cambuse, n. f. (Hollandais: Kabuys: cuisine de navire marchand. Terme de marine; endroit où l'on distribue les rations à l'équipage. Dict. Littré). Abri rudimentaire, entrepôt, petite construction. Il demeure dans une cambuse avec sa famille. Aux États-Unis, on nomme CABOOSE, le dernier wagon d'un train que nous appelons VANNE, CABOUSSE ou FOURGON DE QUEUE. Ce wagon termine le train de marchandises et sert à l'équipage: conducteur et serre-freins. – En Abitibi, on donnait autrefois le nom de «cabouze» à une voiture de transport servant durant l'hiver. Voici comment Jean-Paul Fillion décrit ce véhicule: «une petite cabane en bois avec porte et fenêtres, montée sur une grosse sleigh double tirée par deux chevaux; minuscule poêle à bois en plein milieu, fanal à l'huile au plafond, des bancs le long des murs, le cabouze pouvait loger bien entassés, douze, quinze passagers en plus des sacs à malle» (Voir Jean-Paul Fillion, Saint-André-Avellin, Le premier côté du monde, p. 204).

Camp. Sacrer son camp: s'en aller. Si t'es pas content tu peux sacrer ton camp.

Campe, n. m. (Angl.: Camp: campement). Camp de bûcherons ordinairement en bois rond. Je revenais au campe à huit heures du soir.

Campé. Être bien campé signifie: avoir une belle maison, beaucoup d'argent et une bonne réputation.

Canadien (ne), n. m. et f. «Français établi ou né en Canada» (DT, t. 2, p. 198).

Canadien, (fromage). n. m. On dit actuellement «cheddar» mais les personnes âgées et même les jeunes demandent du «fromage canadien».

Canceller, v. tr. Annuler. «Barrer une obligation, un acte pour les rendre nuls, en passant la plume de haut en bas, ou de travers, sur les signatures: ce qui fait une espèce de chassis que les Latins nomment «cancelli». Ce mot ne se dit qu'en style de Palais» (DT, t. 2, p. 203).

Candy, n. m. Bonbon. Il mange du candy. En arabe «candi» signifie sucre de canne. En français «candir» veut dire: faire fondre du sucre jusqu'à ce qu'il soit purifié et cristallisé.

Caneçons, n. m. pl. Caleçons. Porter des caneçons de laine ou de coton ouaté. (DT, t. 2, p. 169).

Cani (e), adj. Moisi; qui commence à pourrir. Ça sent le cani.

Canir, v. intr. Moisir.

Canisse, n. f. (Angl.: canister). Bidon. Transporter des canisses de lait. Ramener des canisses de petit-lait pour soigner les veaux. C'est de plus un ancien mot français qui signifie «sorte de panier» (DHAF, t. 3, p. 210). On trouve aussi «canise» n. f. «toile, sorte de vêtement. Cotte d'armes» (DHAF, t. 3, p. 210).

Canne, n. f. (Angl.: can: boîte). Boîte de conserve, bocal. Une canne de bines, de tomates.

Cannelle, n. f. Bobine de fil, de laine. Jambes maigres et longues: baisse tes cannelles.

Cant, n. m. (Vieux français: Cant: côté). Partie la plus étroite d'une pièce de bois, d'une brique. Placer un madrier sur le cant, une brique sur le cant. «On disait autrefois «de cant» pour «de côté» opposé à plat» (DHAF, t. 3, p. 214).

Cantaloupe, n. f. Cantaloup. Il aime les cantaloupes bien mûres.

Canté (e), adj. De travers, penché, écrasé, incliné. Couché. Il a sauté par-dessus un arbre canté.

Canter, v. tr. et pr. Incliner, pencher. Canter des javelles de bois. C'est-à-dire abattre plusieurs arbres de suite avant de les ébrancher. Se canter: se coucher. J'étais fatigué: je me suis canté. Boire d'un trait: canter un verre de bière.

Canton, n. m. Division territoriale établie dans les domaines de la Couronne. D'après Ernest Gagnon, le mot «Canton» fut employé pour la première fois en 1862 pour traduire «township» par Antoine

Gérin-Lajoie dans son ouvrage Jean Rivard, vol. II des Soirées Canadiennes. (BRH, vol. 3, n° 7, 1897, p. 107). (Voir: «Township».)

Cap, n. m. (Angl.: Cap: bonnet, capuchon, chapeau). Cap de bouteille: bouchon métallique. Bout de soulier: des bottines avec des caps d'acier. Fusil à cap: jouet d'enfant qui fait beaucoup de bruit mais qui est sans danger.

Capable, adj. et n. Fort, robuste. C'est un homme capable. Histoire surprenante, incroyable: il nous en a sorti une capable. Rabelais parle d'une «escuelle bien capable et profonde» (RGA, 20, 60).

Caper, v. tr. (Angl.: To keep in: retenir à la maison, mettre un élève en retenue). Surprendre un élève qui désobéit. Le maître a capé un écolier. Un tel s'est fait caper. «Prendre, saisir: amours, tu m'as si fort capé» (DHAF, t. 3, p. 218).

Capine, n. f. Capuchon que portent les femmes, les religieuses, et qui descend jusque sur les épaules. Expression: porter la capine: faire partie d'une communauté religieuse de femmes.

Capot, n. m. En avoir plein son capot: être surchargé. Faire capot: Expression utilisée au jeu de cartes appelé «Quatre-sept». Celui, qui durant une brasse n'a aucune levée, fait un «capot». Ce n'est pas un acte glorieux mais c'est beaucoup moins déshonorant que de «faire une chienne». (Voir: «chienne»). «Faire capot» s'emploie aussi pour indiquer un résultat nul ou minable. Il a essayé de se partir un commerce, mais il a fait capot.

Capote, n. f. Condom. Protecteur sanitaire.

Carcan, n. m. Collier de métal ou de bois qu'on passe au cou des bovins pour en assurer le contrôle, pour les empêcher, par exemple, de traverser les clôtures; pour arrêter un veau d'aller trouver sa mère.

Carcasse, n. f. Monture, cadre d'un sciotte.

Carculer, v. tr. et intr. Pour «calculer».

Carême. Fêter Pâques avant le carême. (Voir: «Pâques».)

Caribou, n. m. Boisson domestique fait d'un mélange de vin et de whisky.

Carpiche, n. f. Culbute. Prendre une carpiche: tomber, culbuter, glisser, perdre le pied. Ce mot vient vraisemblablement du latin «capra», chèvre. En effet, les chèvres de montagnes sont renommées pour leurs prouesses tant pour gravir les rochers les plus abrupts que pour les descendre.

Carré, n. m. Structure. Avoir un bon carré de maison. Adv. À la verticale. Une montagne coupée carré. Dans un jardin: petit morceau de terre de forme rectangulaire et surélevé dans lequel on sème des légumes ou des fruits: Un carré d'oignons, de rhubarbe, etc.

Carreauté (e), adj. À carreaux. Un tapis carreauté; une froque carreautée.

Carrége, n. m. (Angl.: carriage: voiture). Voiture d'enfant. Il est photographié dans son carrége. Charriot mobile sur rails servant à présenter les billes à la grand'scie dans une scierie.

Carriole, n. f. Traîneau d'hiver avec siège posé sur patins bas. C'est une voiture d'un certain luxe servant à transporter des voyageurs. Le banc, assez large pour deux personnes est réservé aux voyageurs tandis qu'un autre banc surélevé et sans dossier sert au charretier. (Voir: «Peau de carriole».)

Carte, n. f. Perdre la carte. Perdre la mémoire, ne plus savoir ce que l'on fait... Car un marin qui n'a plus de carte ne peut s'orienter.

Cas. loc. adv. En tout cas: Quoi qu'il arrive, à tout événement. En tout cas, je pourrai dire que j'ai fait mon possible.

Casaner, v. pr. Se renfermer. Il est comme un ours, il se casane pour l'hiver.

Casaque, n. f. Tourner casaque: faillir, subir un échec, en arriver à aucun résultat tangible, changer de parti. Casaque, désignait le manteau des mousquetaires. Tourner casaque revient à cette autre expression: tourner son capot de bord qui signifie: changer d'idée «comme on change de chemise». «Sorte de manteau». (DHAF, t. 3, p. 259). Rabelais parle de «Manteaulx... juppes, cazaquins» (RQL, 52, 680).

Cash, n. m. (Angl.: Cash: argent comptant). Argent comptant. Avoir du cash. Payer cash. Prendre cash: croire naïvement.

Casque, n. m. Tête. Je lui ai chauffé le casque: je l'ai réprimandé vertement.

Casse-cul ou **Branle-cul**, n. m. On dit aussi «tobaggan». Sorte de luge avec une seule lisse, faite d'un ski ou d'une douelle de quart (planche de baril) sur laquelle sont clouées une bûche et une traverse servant de siège et d'appui pour les mains. Ce véhicule rudimentaire atteint une grande vitesse et il est soumis aux hasards des descentes, d'où son nom.

Casser, v. tr. intr. et pr. Rompre des fréquentations: elle a cassé avec son ami. Épuiser: J'ai travaillé avec lui et je l'ai cassé. Casser chantier: mettre fin aux opérations forestières. Être cassé: sans force ou sans argent. Se casser un bras ou une jambe: avoir une fracture. Casser un dix piastres: remettre de petites coupures. L'expression «à tout casser» indique l'intensité et peut se traduire par: étonnant, peu commun, remarquable, exceptionnel, extraordinaire. Une chaleur à tout casser (torride); Un coffre d'outils à tout casser (bien fourni). L'expression: se casser une jambe signifiait qu'une femme venait d'accoucher. C'était une façon de déguiser un mot tabou que les «jeunes oreilles» ne devaient pas entendre.

Casseux (euse)-de-veillée (ou «de parté»). Personne qui n'est pas sociable, qui est solitaire, sort rarement et se couche de bonne heure.

Câssevel (le), adj. Cassant, fragile, frêle, faible de santé. Un vase en cristal est câssevel. Depuis son accident, elle est câssevelle. (Angl.: «Casual: subject to chance or accident, frail, uncertain, precarius... use of «casual» for «fragile»

censured by Littré» (OED, vol. 2). «Casuel, elle: fragile... Depuis quelque temps l'usage s'est introduit de donner à «casuel» le sens de «fragile»: la porcelaine est casuelle. Mais rien, ni dans l'étymologie, ni dans l'emploi ancien, ne justifie cette acception qui doit être évitée» (D. Lit. vol. 1, p. 1512).

Cassot, n. m. Contenant rustique, fabriqué avec de l'écorce de bouleau et servant à mettre de l'eau, des bleuets, des framboises, etc. Cassot de crème à la glace: cornet de crème glacée. On utilise l'expression: «Donne-z-y cassot» pour encourager quelqu'un à faire un dernier effort.

Cassure, n. f. Fracture. Restez fumer c'est pas une cassure: ne partez pas tout de suite; vous n'avez pas de raison grave pour nous quitter subitement.

Castonade, n. f. Cassonade. Sucre brun qui n'est raffiné qu'une fois.

Castor, n. m. (Angl.: Castor oil). Huile de castor: huile de ricin.

Catalogne, n. f. Couverture de lit, faite au métier avec des retailles de coton, de laine, etc.

Catcher, v. tr. et intr. (Angl.: to catch: attraper, prendre). Attraper une balle à la volée, au bond; Saisir, comprendre: il a catché ce que je lui ai expliqué.

Catéchisse, n. m. Catéchisme. Il marche au catéchisse; il assiste à une révision en profondeur du catéchisme en vue d'être admis à la communion solennelle.

Catherine ou **«catrine»**, n. f. Bassine, vase de nuit. Chaudière avec un couvercle. Au XVIe siècle «catin» est le diminutif de catherine qui signifie une «sorte de bassin» (DFSS, t. 2, p. 127).

Catholique, adj. Régulier, correct, normal, conforme aux règles établies. Ce que tu fais là ce n'est pas catholique. Faire souffrir un chien comme ça, c'est pas catholique.

Catin, n. f. Poupée pour amuser les enfants; Fourreau dont on recouvre un doigt malade. «Nom de femme. Diminutif de

Catherine. Mot enfantin que les petites filles en plusieurs endroits donnent à leurs poupées... J'ai une belle catin. Je vais habiller ma catin» (DT, t. 2, p. 325).

Catinage, n. m. Jeu à la poupée. Choses enfantines, enfantillage. Autrefois, le fait de pousser un carrosse d'enfant était considéré, pour un homme, comme du «catinage», quelque chose d'indigne de lui.

Catiner, v. intr. Jouer à la poupée.

Catrine ou Catherine, n. f. Une tradition veut que la paroisse Sainte-Catherine près de Tadoussac tire son nom de «catrine», une scie à refendre (DB) qui se trouvait à cet endroit. Une autre tradition fait remonter ce nom à la présence d'une paroissienne originale appelée Catherine. Il y a peut-être place pour une autre possibilité. Le DB montre la photo d'une «catrine», une scie circulaire munie de longues dents crochues. Or le DFSS parle de la «roue de sainte Catherine» armée de pointes de fer qui aurait servi au martyre de cette sainte en l'an 307. (T. 2, p. 126.) La scie aurait fait penser à la roue et la roue, à la sainte.

Cause. C'est pas à cause: en considérant la chose attentivement, en y réfléchissant... C'est pas à cause, si tu pouvais venir cela ferait mon affaire. À cause? Pourquoi? À cause que t'as fait ça? À cause que tu restes planté là? Tu n'aimes pas l'hiver? À cause?

Causette, n. f. Conversation de routine, improvisée, entre amis. Nous avons fait un brin de causette.

Cavalier, n. m. Amoureux. Jeune homme qui courtise une jeune fille. Martine est sortie avec son cavalier. On dit aussi: elle est sortie avec son «ami de garçon». Quand il s'agit d'un homme on dira: Jean est sorti avec sa «blonde» (même si elle est brune) ou avec son «amie de fille».

Cave-de-dehors, n. f. Réduit souterrain creusé ordinairement dans une butte et à une certaine distance de la maison. On y conserve les légumes au frais. La cave ordinaire était un réduit souterrain creusé sous la maison. On y avait accès par la «porte-de-cave» située dans la cuisine et qu'on levait au moyen d'un organeau.

Cavreau, n. m. Cave à légumes.

Cédule, n. f. Calendrier, horaire, programme. Donne-moi ta cédule.

Ceinture fléchée, n. f. Ceinture tissée avec des fils de différentes couleurs et dont le dessin imite des pointes de flèches.

Ceinturer, v. tr. Raidir, bander: ceinturer un godin de sciotte. Encercler: ceinturer une maison.

Cemiquière, n. m. Cimetière.

Cenelle, n. f. Fruit rouge de l'aubépine.

Cenellier, n. m. Aubépine.

Cenne, n. f. (Angl.: Cent). Un sou. Toujours employé au féminin. Je n'ai pas une cenne sur moi. Dans ce temps-là, l'argent valait 100 cennes dans la piastre.

Cent, n. m. «Un cent de pommes» (DT, t. 2, p. 360). Rabelais: "Un cent de huytres" (RQL, 6, 555).

Centaine, n. f. Endroit exact, bon bout, bon côté, solution d'un problème. On utilise les expressions: chercher la centaine; trouver la centaine. Exemple: une personne aux prises avec un rouleau de fil entremêlé dira: je cherche la centaine. Lorsqu'il aura trouvé le bout du fil, il dira: j'ai trouvé la centaine. «Brin de fil ou de soie par où tous les fils d'un écheveau sont liés ensemble et par où on doit commencer à le dévider» (DT, t. 2, p. 360).

Centrifuge, n. m. Écrémeuse. Appareil permettant de séparer la crème du lait au moyen de la force centrifuge. Son père a acheté un centrifuge; Veux-tu passer le lait au centrifuge?

Ce qu'il y a. La raison est que. Ce qu'il y a c'est qu'à ce moment j'étais un peu jeune.

Ceré, n. m. (Angl.: Surrey). Voiture à quatre roues, à deux sièges avec ou sans toit et pouvant contenir quatre personnes. (ACD, p. 1219). Il était arrivé en fumant le cigare assis à l'arrière d'un gros ceré.

Certain, adv. Certainement. Ça leur donnait certain une récompense.

C'est-bon!. Exclamation, qui signifie: je suis heureux que cela t'arrive, tu l'as mérité. Exemple: un étourdi s'amuse à jouer avec sa montre au-dessus d'un cours d'eau: il l'échappe et la perd. Sa mère, qui lui a défendu d'agir ainsi, dira: «C'est-bon» tu n'avais qu'à m'écouter.

Ceu. Seul. Laisse-les donc tout ceu.

Ceusses, pr. dém. m. pl. Ceux. Les ceusses qui veulent venir, qu'ils lèvent la main. Albert Dauzat dit que «ceusses est signalé et condamné en 1751» (DGHF, p. 93).

Chabayer, v. intr. Bégayer, avoir des hésitations et des répétitions saccadées, des difficultés à articuler les mots. Quand il était chaud (ivre) il chabayait.

Chacun. Voir: Tout-chacun.

Chaîne, n. f. Tirer sur la chaîne: actionner la chasse d'eau. Autrefois, l'eau servant à nettoyer le «bol de toilettes» était contenue dans une boîte placée à quelques pieds au-dessus du «bol» pour permettre l'écoulement de l'eau par gravité. Pour faire évacuer l'eau, on actionnait une chaîne, d'où l'expression «tirer sur la chaîne».

Chaîne-à-billots, n. f. Grosse chaîne servant à retenir les billots sur une time (team).

Chalac, n. m. (Angl.: shellac, laque). Laque, matière résineuse d'un rouge brun qui exsude de certains arbres d'Extrême-Orient. Par extension, vernis chimique transparent, coloré.

Chalaquer, v. tr. Enduire de chalac.

Chaloupe, n. f. Trimer la chaloupe à quelqu'un: le mettre au pas, à la raison, lui dire ce qu'on pense de lui.

Chambranler, v. intr. Chanceler, tituber, vaciller, osciller, branler, ne pas être d'aplomb.

Champelure, n. f. Robinet, chantepleure.

Chancre, n. m. Dépôt blanchâtre couvrant la langue.

Change, n. m. Menue monnaie, petites coupures. Avez-vous du change pour cinq piastres?

Change pour change. Expression. Échanger quelque chose «change pour change» c'est faire l'échange de deux objets sans demander autre chose en surplus, en «retour».

Changement de. Mettre son soulier changement de pied; Mettre son gant changement de main: c'est-à-dire au mauvais pied ou à la mauvaise main.

Chantier, n. m. (Angl.: Shanty: hutte, cabane en bois rond, baraque). Exploitation forestière. Faire chantier. Aller aux chantiers. Aller dans les chantiers. Homme de chantier (bûcheron). «Chantier» est un vieux mot français qui peut signifier «une grosse pièce de bois qui sert de chevalet à un charpentier» ou encore «un magasin, ou des lieux où les marchands de bois empilent ou serrent leur bois pour le vendre aux particuliers» (DT, t. 2, p. 435 et 436).

Chapeau, n. m. Passer le chapeau: recueillir des aumônes. Faire le tour du chapeau: Pour un joueur de hockey, compter trois buts dans la même partie. Chapeau de castor: haut de forme. Travailler du chapeau, faire du chapeau: être perdu, perdre la mémoire.

Chapeau dur, n. m. Chapeau de feutre de forme ronde et très dur, qu'on ne peut modifier. On dit aussi «coco».

Chapeau mou, n. m. Chapeau de feutre qu'on peut modifier à volonté.

Chapitre, n. m. Semonce, réprimande, injures. Donner, conter un chapitre. Il a désobéi et son père lui a donné tout un chapitre.

Chaque, pr. indéf. Chacun, chacune. Ces livres coûtent deux piastres chaque.

Char, n. m. Automobile: il a un beau char. En avoir un char pi une barge: en avoir beaucoup.

Char à boeufs, n. m. Wagon de dernière classe où prenaient place les hommes de chantier. Ils pouvaient y dormir dans des lits de fortune appelés des «beds à boeufs».

Charbon, n. m. Huile de charbon. Pétrole servant à alimenter une lampe.

Charge, n. f. Grande quantité. Prendre une charge de lièvres. Chargeur. Appareil destiné à fournir de l'énergie à un accumulateur, une batterie. Il a mis la batterie de son camion sur la charge. Son char a passé la nuit sur la charge.

Chargeant (e), adj. et n. Qui charge ses comptes à tarif élevé. Il est trop chargeant: j'achète mes provisions ailleurs. Indigeste: Je ne mange pas de viande le soir: c'est trop chargeant. J'ai été malade: ta tourtière était chargeante. Pesant (DFSS, t. 2, p. 199).

Charger, v. tr. et intr. Empiler dans une voiture. Charger des billots, des marchandises. Viens m'aider à charger. Réclamer, demander. Il m'a chargé 50 $ pour ce travail. Bourrer sa pipe de tabac. Veux-tu charger? J'ai du bon tabac de La Baie (Saint-Paul).

Charley horse, n. m. Crampe, spasme.

Charnière, n. f. Charnier. On met les morts dans la charnière durant l'hiver.

Charogne, n. f. Personne qui a de gros défauts, qui est malhonnête, infidèle, ivrogne, etc.

Charretier, n. m. Celui qui conduit une voiture à traction animale. Par extension: chauffeur de taxi.

Chars, n. m. pl. Train. Les gros chars: train servant au transport des voyageurs et des marchandises. Les petits chars: tramways. Ce n'est pas les chars: cela ne vaut rien; Il n'a pas vu les chars: il est ignorant, niais. Une personne fâchée

et «mal-enguelée» dira: «Mange un char de m...» ou encore «Tu peux en manger un char...» sans préciser; mais tout le monde comprend que la situation commence à se gâter.

Chasse-galerie, n. f. Ronde nocturne des sorciers et des loups-garous. Fait partie du folklore québécois.

Chassepareille, n. f. Salsepareille.

Chassepinte, n. f. (Angl.: saucepan). Casserole.

Châssis, n. m. Fenêtre. Regarder par le châssis; fermer le châssis; Du bois de châssis. «Ouvrage de menuiserie divisé en plusieurs carreaux qu'on garnit de verre, ou de papier pour empêcher que le vent n'entre par les fenêtres». (DT, t. 2, p. 479).

Châssis doubles, n. m. pl. Fenêtres extérieures pour garantir du froid. Verres correcteurs, lunettes. Mets tes châssis doubles pour lire cette lettre.

Chat sauvage, n. m. Raton laveur. Un «capot de chat» est un paletot confectionné avec des peaux de raton laveur.

Château, n. m. Chanteau. Support en forme d'arc d'une chaise berçeuse. Il a brisé un château de sa chaise. Autrefois, ce mot avait d'autres sens: «morceau coupé d'un grand pain...» ou encore «partie qu'on coupe en entamant le pain bénit...» (DT, t. 2, p. 433). Rabelais: «Ils nous donnèrent de leurs chanteaulx» (RCL, 31, 845). Quartier de lune. Rabelais: «Le dernier chanteau de ceste lune» (RQL, Ancien prologue, p. 736). Voir aussi: DFSS, t. 2, p. 188. La première tranche de pain a la forme d'un croissant de lune; Ainsi en est-il des supports arqués d'une chaise. ... Mon grand-père maternel parlait d'un «château» pour désigner un morceau de pain bénit qu'il rapportait de l'église.

Chatte, n. f. Lâcher la queue de la chatte: être parrain ou marraine pour la première fois. Voir aussi: «Queue de la chatte».

Chatter, v. intr. L'origine de ce verbe est difficile à établir. Ce mot peut venir de la façon douce et caressante qu'utilisent les chats pour se faire aimer ou encore du verbe anglais «to chat» qui signifie: causer, bavarder. Dans le milieu collégial «chatter» voulait dire: entretenir une amitié particulière avec une personne du même sexe que soi. – Dans les pensionnats pour garçons, afin d'éviter les «amitiés particulières» entre «grands» et «petits», on divisait les élèves en deux catégories, les regroupant dans deux secteurs ayant des administrations indépendantes. Dans ces saintes maisons où le parfum des vertus rivalisait avec l'odeur de l'encens, la femme était un fruit très rare et hautement toxique. Or il arrivait qu'un «grand» s'extasiait devant le visage angélique d'un «petit» et cherchait à le rencontrer. On disait alors que ce «grand» avait un «chat» et qu'il «chattait» lorsqu'il s'entretenait avec lui. On appelait cela du «chattage». Mais la surveillance était telle qu'il était difficile de passer à travers les mailles du filet. Aussi, «grands» et «petits» n'allaient ordinairement pas plus loin que le «chattage». Pour Dionne «chatter» signifie: aimer un confrère plus que les autres, (p. 138) et dans le Glossaire ce mot peut vouloir dire «se lier d'amitié sensible avec une personne du même sexe que soi» (Gl. p. 193).

Chatteux, adj. Terme de collège. Rusé, diplomate. Élève qui se montre gentil avec un professeur ou une personne en autorité pour obtenir de bonnes notes ou des faveurs.

Chaud (e), adj. Ivre: Être ben chaud; Misère: Manger ça chaud. Il a mangé ça chaud en 1940. Je ne suis pas chaud des soirées: Je les déteste.

Chaudasse, adj. Légèrement ivre. En vieux français «chaudasse» signifie «amoureuse». «L'autre était chaud, ressemblait à la mère qui estait chaudasse» (DHAF, t. 3, p. 424).

Chaudette, adj. Un peu ivre; éméché.

Chausser, v. tr. Pourvoir une voiture de pneus. Je suis bien chaussé; mon char est bien chaussé en avant et en arrière. Je suis mal chaussé: mes «tires» sont comme des fesses.

Chausson, n. m. Chaussette, demi-bas; Homme mal dégrossi, sans éducation. C'est un chausson.

Chaux, n. f. Être blême, blanc comme de la chaux.

Chavirer, v. intr. Devenir fou, perdre la raison. Tu pars en voyage durant cette tempête? Chavires-tu? Pendant un sermon sur l'enfer, le bonhomme a chaviré. On a dû le placer.

Checké (e), adj. Endimanché, habillé proprement. Il est arrivé bien checké sur «son 36», une vraie carte de mode.

Checker, (Angl.: to check: vérifier, contrôler). Vérifier, comparer, pointer, enregistrer. J'ai fait checker mes bagages.

Checkeur, n. m. Vérificateur. Pointeur de listes.

Chedevrer, v. intr. Bricoler. Faire des «chefs-d'oeuvre» c'est-à-dire de menus objets en bois, de petites sculptures ou des objets mécaniques en miniatures.

Chedevreux (euse), adj. Ingénieux, qui aime bricoler, réparer, construire des choses de petite taille.

Chemin, n. m. Battre un chemin; le fouler pour aider les voitures à circuler. Donner du chemin à une lame de sciotte: en éloigner les dents pour que le «trait de scie» soit plus large et que, par conséquent, la lame puisse circuler plus allègrement dans son va-et-vient. Être dans le chemin: être devenu pauvre. Mettre dans le chemin: réduire à la pauvreté. Faire du chemin: améliorer son sort.

Chemise, n. f. Être en «queue de chemise»: sans pantalon; sans autre vêtement qu'une chemise.

Chenu (e), adj. (On prononce ch'nu). Pauvre, misérable, d'apparence chétive. Le repas était chenu. La maison est chenue. Il est chenu: avare.

Cher, chère, adj. On entend souvent au SLSJ, l'expression «Mon cher» «Ma chère» Oui, ma chère! j'y vais tout de suite. Non, mon cher! tu ne peux pas faire ça.

Chèrant (e), adj. Qui vend cher. Ce marchand est chèrant. Cette coiffeuse est chèrante.

Cherche-la-chicane, n. m. Batailleur, qui aime se quereller en paroles ou avec les poings. C'est un cherche-la-chicane. On entend parfois: «sac-à-chicane».

Cheser. Pour «sécher». Se faire cheser les cheveux.

Cheseuse, n. f. Sécheuse. Mets le linge dans la cheseuse.

Chesterfield, n. m. Sofa, divan avec bras et dossier.

Chétif, adj. (on prononce «chéti»). Maladif: c'est un enfant chéti. Mauvais, fourbe. Il est chéti; je ne ferai plus jamais affaire avec lui (DFSS, t. 2, p. 247).

Cheux, cheulx. Chez, dans, en. Ils ne sont pas cheux eux. «Cheulx le roi. Le peuple prononce encore ainsi, dans plusieurs endroits de la Normandie» (DHAF, t. 3, p. 453).

Cheval, n. m. Manger comme un cheval: avoir un bon appétit. Remède de cheval: Remède très fort, capable de tuer un cheval.

Cheveux, n. m. pl. Le bois était planté comme des cheveux sur la tête.

Chevreux, n. m. Chevreuil. Rabelais emploie ce mot qu'il écrit de différentes façons: Chevreux (RCL, 14, 783; RCL, 14, 784). Chevreulx (RCL, 39, 865). Chevreuilz (RCL, 39, 867). «À l'époque de Malherbe (1555-1628) on ne pouvait dire ni des chevreux – cette forme ancienne était morte – ni des chevreuils – la forme nouvelle n'était pas encore familière» (Voir: BGHF, p. 194).

Chez-eux, n. m. Foyer. Ce sont de pauvres diables; ils n'ont pas de chez-eux.

Chez-nous, n. m. Foyer. J'avais hâte d'avoir un chez-nous.

Chez-vous, n. m. Foyer. Vous avez un beau chez-vous.

Chiâler, v. intr. Se plaindre, pleurer, critiquer, passer des remarques désobligeantes. Il passe son temps à chiâler contre ses parents.

Chiard, n. m. Fricassée, hachis de boeuf bouilli et de pommes de terre; Confusion. Cette réunion fut un véritable chiard, un gâchis.

Chiasse, n. f. Mélange de pommes de terre hachées et de restes de viande. Terme de mépris. On a encore de la chiasse pour le souper. Dans le Dict. de Trévoux (t. 2, p. 531) on donne à «chiasse» la signification suivante: écume de métaux, excréments de mouches ou de vers; personne méprisable: être la chiasse du genre humain. Voir: «hâchis», «fricassée».

Chicanage, n. m. Chicane, bataille, dispute. Je n'aime pas le chicanage.

Chicot, n. m. Reste d'un arbre coupé assez près du sol; Reste d'une dent encore dans la gencive. Personne très maigre.

Chicoter, v. tr. et intr. Tracasser, inquiéter, agacer. Il passait son temps à me chicoter. «Contester sur des bagatelles, sur des choses de peu d'importance» (DT, t. 2, p. 533). «Contester sur des choses de peu de conséquence. Proprement découper en petits morceaux; de chicot pris dans l'acception propre et subsistante» (DHAF, t. 3, p. 480).

Chie-maringouins, n. m. Oiseau; engoulevent. On lui attribue à tort la tâche de donner naissance aux maringouins.

Chien, n. m. Avoir du chien: avoir beaucoup d'énergie, être vigoureux, endurant: son père avait du chien. Boisson alcoolique artisanale: il fait du chien dans sa cave. Un froid à couper un chien en deux: un très grand froid. Son chien est mort: il a perdu toute influence, tout pouvoir. Promettre à quelqu'un un chien de sa chienne: promettre de se venger de lui.

Chien-de-poche, n. m. Qui suit quelqu'un comme un chien suit son maître.

Chien-en-culotte (chie-en-culotte), n. m. Morveux, poltron, trop jeune.

Chien-fou, n. m. Énervé. Quand il est arrivé il était comme un chien-fou, il ne tenait pas en place. Fâché, enragé, dangereux. J'avais peur, c'était un vrai chien-fou.

Chiennage, n. m. Transport des billots à l'aide d'une chienne, c'est-à-dire d'un traîneau sans lisses.

Chienne, n. f. Il aura un chien de ma chienne: je vais me venger de lui. Il avait la chienne: il avait peur. Vêtement qu'on met par-dessus ses habits pour les protéger. Traîneau sans lisses pour transporter des billots. Faire une chienne: expression employée dans le jeu de cartes appelé le «quatre-sept». Celui qui, au cours d'une brâsse, réussit à faire une levée mais ne récolte pas un point fait «une chienne». Cela est considéré comme le suprême déshonneur. Autrefois, la victime pouvait s'attendre à ce que l'on souligne l'événement de différentes façons. On lui accrochait, à son insu, une chienne de carton dans le dos; on pouvait aussi lui expédier, par la poste, une véritable chienne… morte. On raconte qu'un étranger se trouvant au Saguenay fut très surpris d'entendre un compagnon de travail lui donner ce conseil: «Fourre la chienne dans la truie». Il lui conseillait tout simplement de faire brûler un vieux vêtement dans un poêle de fortune. On donne aussi le nom de «chienne» à un siège rustique utilisé surtout dans les chantiers. Être habillé comme la chienne à Jacques: porter des vêtements bizarres, mal agencés.

Chienne, adj. Faible, rudimentaire, peu important. Un texte ben chienne (mal rédigé); une maison ben chienne (peu confortable); une chaise ben chienne (rustique).

Chienner, v. intr. Hâler des billots à l'aide d'une chienne (un traîneau sans lisses).

Chienneter, v. intr. (Angl.: To shift: changer de place). Indique les mouvements d'une gare de triage. Le train chiennetait à cet endroit.

Chienneux (euse), adj. Qui fait souvent des «chiennes» au jeu de «quatre-sept».

Chigner, v. intr. Pleurnicher. Cet enfant chigne toute la journée.

Chignon, n. m. Tête. Avoir dans le chignon: avoir une idée fixe, être déterminé. J'ai essayé de le dissuader mais il l'avait dans le chignon. Rentre-toi ça dans le chignon: essaie de comprendre.

Chinois, n. m. et adj. Asiatique. Au SLSJ, on donnait le nom de chinois à tous ceux qui ont les yeux bridés qu'ils soient japonais, coréens, etc. Avec l'arrivée de nombreux immigrants, on commence cependant à faire une distinction. «Chinois constipé». On associait souvent ces deux mots, en pensant probablement au riz qui est la nourriture de base des Chinois et qui, pour nous, est un astringent. Voir: Pâté chinois. Chinois, n. m. Sas, tamis, passoire. Plat percé de petits trous. Une religieuse chinoise, de passage dans un couvent de sa communauté à Chicoutimi, fut très étonnée d'entendre une soeur demander: «Passe-moi le chinois.»

Chiotte, n. f. Latrines, lieux d'aisance. Petite construction d'aspect minable. Il demeure dans une chiotte.

Chipoterie, n. f. Réunion d'objets disparates. Bagatelles, choses de peu d'importance. C'est de la chipoterie. Au diable toute la chipoterie.

Chipper (tchippeur), n. m. pl. (Angl.: to chip: tailler par éclats). Instrument permettant de réduire une bille de bois de quatre pieds (une «pitoune») en copeaux. Cet instrument était aussi appelé un «cochon». On disait: travailler sur les cochons.

Chips (prononcer «Tchips»), n. pl. Copeaux.

Chique, n. f. Boule de tabac imbibé de salive que l'on mâche. Le «tabac à chique» est un mélange solide de tabac aromatisé enduit de sucre et d'essence. Envoyer une chique: faire une remarque blessante, décocher une pointe. Allusion au chiqueur qui crache au loin un dégoûtant mélange de salive et de tabac mâché.

Chiquer la guenille. Agacer, dire des choses désagréables.

Chiquette, n. f. Chiquet: petite partie. Être à la chiquette: être réduit à la pauvreté.

Chocatif, adj. L'expression «C'est chocatif» qui signifie: C'est blessant, c'est choquant, est assez récente. Ce néologisme régional s'emploie avec hésitation et avec le sourire puisqu'on a l'impression de surprendre l'interlocuteur. En d'autres mots, l'utilisation du mot «chocatif» est elle-même chocative. Au XVIe siècle, on disait d'un médicament qu'il était «ingrossatif» quand il faisait grossir. (DFSS, t. 4, p. 635).

Chômer de: Manquer de. Va chez le boulanger, on va chômer de pain.

Chopine, n. f. «Petite mesure de liqueurs qui contient la moitié d'une pinte» (DT, t. 2, p. 554).

Chose. Pour interpeller un homme ou une femme dont on ignore le nom, on dira: Hé! Monsieur Chose, venez ici; Hé! Madame Chose, faites attention.

Chotte, n. f. (Angl.: Shot: boulet, projectile). Repartie comique: envoyer une chotte durant une conversation. Aventure bizarre, drôle: lorsque je travaillais à tel endroit, il m'était arrivé une chotte. Histoire drôle: je vais vous conter une chotte. Unité: cela coûte cinq piastres la chotte. On utilise le mot chotte surtout pour les boissons alcooliques. Une «chotte» signifie: une consommation. Dose, portion de médicament, de boisson: donne-moi une petite chotte de whisky.

Chouennage, n. m. Action de celui qui chouenne.

Chouenner, v. intr. Tenir des propos comiques ou sérieux mais sans intérêt, dans le but de faire passer le temps. Il a chouenné durant toute la veillée.

Chouennes, n. f. pl. Propos de celui qui chouenne.

Chouenneux (euse), adj. Qui aime raconter des chouennes, parler pour ne rien dire, dans le but de faire passer le temps.

Chouette, n. f. et adj. Terme de tendresse. Viens me voir ma chouette. Beau: comme c'est chouette.

Chousse, n. f. Pour «souche». Le pied d'un arbre abattu, accompagné de ses racines. On dit: un «garde-chousses». Voir ce mot.

Choux, n. m. pl. Jeter ses choux gras: se départir de choses qu'on pourrait encore utiliser. On dira: c'est une gaspilleuse: elle jette ses choux gras. Dans Rabelais, «faire ses chous gras» signifie «s'enrichir». «Si tu sçavoys comment je fis mes chous gras de la croysade, tu seroys tout esbahy» (RPA, 17, 245). (Voir: «Poulette grasse»).

Chrômé (e), adj. ou n. Mot récent qui signifie: être bien habillé, en grande tenue; on disait autrefois: être sur son trente-six.

Chromo, n. m. Image rudimentaire. Peinture mal réussie. Femme laide. As-tu vu sa soeur? C'est un moyen chromo.

Chuinée, n. f. Cheminée.

Chum, n. m. (Angl.: Chum: copain). Copain, ami. C'est un de mes chums. Autrefois, le «chum» c'était l'ami d'une jeune fille, son «ami de garçon», son prétendant, son soupirant, son «futur». Aujourd'hui, probablement à cause de l'instabilité du couple, le «chum» est devenu tout aussi bien le mari que l'ami ou le «compagnon». Une femme en désignant son mari dira: «Je vais en parler à mon «chum» ce soir.»

Chut! Onomatopée. «Terme dont on se sert pour imposer le silence» (DT, t. 2, p. 581). Ce mot vient vraisemblablement du verbe anglais «To shut» prononcé à la française et qui veut dire «fermer».

Cinq-cennes. De peu de valeur. Ces assiettes-là ne valent pas cinq-cennes; elles se brisent rien qu'à les regarder. Cette montre ne vaut pas cinq-cennes; elle est toujours arrêtée.

Cinq-Dix-Quinze, n. m. Bazar, où l'on vend un peu de tout à prix abordable: papeterie, jouets, lingerie, quincaillerie, friandises, cosmétiques, ustensiles, etc. Le nom «Cinq-Dix-Quinze» indique un prix qui convient aux plus démunis. Va me chercher une brosse à dents au cinq-dix-quinze.

Cinq-minutes, n. f. pl. Toilette, salle de bain. Terme de collège. Durant la période de cinq minutes précédant une activité assez longue: cours, étude, sommeil etc. les élèves étaient invités à passer par la salle de bain. Cet espace de temps en est venu à désigner un lieu. On allait aux cinq-minutes; on demandait la permission pour aller aux cinq-minutes.

Cipâte, n. m. (Angl.: sea-pie: pâté au poisson). Grosse tarte faite avec de petits fruits surtout avec des bleuets ou des framboises. Elle a fait un cipâte aux framboises. Au SLSJ, les cipâtes sont à base de fruits et se servent comme dessert. Comme plat de résistance on a la tourtière, le pâté de viande et le pâté au saumon.

Ciré, n. m. Imperméable, capot ciré. Il a mis son ciré. Mot utilisé par Yves Thériault dans le «loup-chef» où il écrit: «J'avais un vieil ami à moi qui trappait dans les *cirés* de la Péribonka» (Vidéo-Presse, Vol. IX, N° 6, fév. 1980, p. 6-9.) Ce mot n'est pas courant au SLSJ. Il vient vraisemblablement de l'espagnol «sierra» signifiant «chaîne de montagnes en dents de scie» et qui, en anglais, se prononce à peu près «si-er-ré»; ce mot, en français, aurait donné «ciré». Voir: ACD, p. 1124; WSOD, p. 676. Le contexte de l'article d'Yves Thériault invite à voir comme synonyme de «cirés» le mot «montagnes». Cependant voici une autre définition formulée à l'aide de renseignements fournis par un homme originaire du Lac-Saint-Jean. Un «ciré» serait une descente d'eau, rapide et uniforme, lisse, sans vagues et sans bouillons, de couleur sombre tel un «capot ciré» où l'eau semble glisser comme sur ce vêtement. Un «ciré» est différent d'une chute. Il ne descend pas de façon abrupte mais décrit un angle obtus et s'engouffre souvent entre deux parois rocheuses qui se rapprochent comme dans le cas d'un «cran serré». (Voir: «cran»). Au mot «ciré», le DB donne l'exemple suivant: Cela glisse comme sur toile cirée.

Cisâiller, v. tr. Couper maladroitement ou avec de mauvais ciseaux.

Clabord, n. m. (Angl.: Clapboard). Planche à rainures qui s'accrochent les unes aux autres. Sa maison est finie en clabord.

Clair (e), adj. (Angl.: Clear: net, sans tache). Complètement payé. Ma propriété est claire de dettes. Ma maison est claire.

Clairance, n. f. (Angl.: Clearance: dédouanage). Congé: Il a eu sa clairance: Quittance: La banque m'a donné ma clairance.

Clairer, v. tr. (Angl.: to clear, dégager). Congédier définitivement. S'oppose à «slacker»: congédier temporairement. Éteindre une dette. J'ai clairé ma dette en deux ans. Somme d'argent reçue après que toutes les dépenses sont payées. J'ai clairé mille piastres dans mon hiver.

Clajeux, n. m. Iris des champs des marais. Thé additionné de certaine substance chimique et qui était censé avoir la propriété d'amortir les ardeurs sexuelles.

Clam, n. f. (Angl.: clam: palourde). Mollusque comestible, moule, palourde. Morve, humeur visqueuse qui découle des narines et qui a la consistance et la couleur d'une huître. Il a envoyé une clam sur le trottoir.

Clanche, adj. Qui a les flancs creux par défaut de nourriture. Maigre. Mon cheval est clanche.

Claque, n. f. Taloche. Donner une claque sur la gueule de quelqu'un. À la claque: vite, rapidement. Cultiver la terre à la claque; Faire la cuisine à la claque. Chaussure de caoutchouc qu'on met par-dessus la chaussure ordinaire pour se garantir de l'eau, de la boue, etc. (Voir: «face-à-claque».) L'expression «d'une claque» ou «d'une seule claque» veut dire: d'un seul coup, ensemble, rapidement. J'ai rempli une chaudière de bleuets d'une claque (rapidement). J'ai parcouru trois milles d'une claque (rapidement). Il a rencontré trois de ses cousins d'une claque (ensemble). Il a abattu trois perdrix d'une seule claque (d'un seul coup).

Claquer, v. tr. et intr. Faire: il a claqué un somme (il a dormi longtemps). Mourir: s'il continue, il va claquer. Manger vite et beaucoup: il a claqué un repas.

Classe, n. f. Être de première classe: être très bien, à son aise, installé confortablement. Êtes-vous bien assis? – Je suis de première classe. C'est un remède de première classe: très efficace.

Clé de poêle, n. f. Mornouche. Ustensile servant à enlever et à replacer les rondelles (ronds) de poêle.

Clé de tuyau, n. f. Dispositif servant à contrôler la fumée que laisse échapper un poêle à l'intérieur d'un tuyau.

Clef à la main. Expression signifiant «complètement terminée». Je vais te payer quand la maison sera finie «la clef à la main».

Cliner, v. tr. (Angl.: To clean: nettoyer). Nettoyer. Il a cliné la cuisine. On dit aussi «clean up» dans le sens de «nettoyage complet», de «grand ménage».

Cling, n. m. (Angl.: to cling, adhérer, coller, s'attacher). Prison militaire. Il a fait deux jours de cling.

Clinique, n. f. (Angl.: clinic, session d'enseignement). Conférence pratique, cours. Donner une clinique documentaire sur la façon d'utiliser la bibliothèque.

Cliper, v. tr. (Angl.: To clip: tondre). Couper les cheveux très courts. Je te l'avais clipé.

Clipeur, n. m. (Angl.: Clipper: tondeuse). Tondeuse, machine à couper les cheveux.

Cloche, n. f. Être sauvé par la cloche: de justesse, par un heureux hasard, comme le lutteur ou le boxeur abasourdi qui échappe à son adversaire grâce au son de la cloche qui met fin au combat.

Clochette à vache, n. f. Sonnette qu'on met au cou des bestiaux pour pouvoir les repérer.

Cloporte, n. m. Appellation humoristique désignant la personne assignée à la surveillance des portes dans une communauté religieuse. Ce jeu de mot fait référence au véritable cloporte, un crustacé qu'on retrouve «sous les pierres et dans les lieux sombres et humides». (D Lar.).

Cloque, n. f. Boursoufle apparaissant sur la peau à la suite d'une brûlure; ampoule.

Clos, n. m. et adj. Espace entouré d'une clôture où l'on garde les animaux. Un clos à cochons. Fermé, espace clôturé. Mon terrain est bien clos. Prendre le clos; s'écarter brusquement de la route. C'était très glissant et j'ai pris le clos.

Closettes, n. f. pl. (Angl.: Water-closet). Latrines. Il est allé aux closettes. «Closet, n. m. Terme de pêche de mer. C'est une espèce de parc, mais plus petit que le haut parc» (DT, t. 2, p. 648).

Clôture, n. f. L'expression «sauter la clôture» indique l'infidélité. Sa femme saute la clôture.

Coat, n. m. (Angl.: Coat: habit). Veston d'habit, paletot. Tu peux ôter ton coat et resper souper.

Cochon, n. m. Le mot «cochon» apparaît dans plusieurs expressions: Travailler en cochon: très fort. Manger comme un cochon: abondamment et de façon malpropre. Faire du sang de cochon: être nerveux, préoccupé. Être cochon: traître, avare, malpropre. Donner un coup de cochon: un coup bas, sournois. On appelle aussi «cochon» une tirelire et l'on donne souvent à cette dernière la forme d'un cochon. La relation est facile à établir. On nourrit un cochon pour s'en régaler à l'automne et l'on place ses économies dans une tire-lire dans le but de s'en servir quand le montant est appréciable. Pour comprendre la relation qui existe entre cochon, avare et tirelire il suffit de se rappeler que, pendant qu'on l'engraisse, le cochon reçoit sans donner; ainsi fait l'avare. Voir: «Chipper».

Cochonner, v. tr. Mal travailler. Si tu l'engages, il va cochonner ta jobbe. Jouer un sale tour. Il s'est fait cochonner par son meilleur ami.

Cochonnerie, n. f. Aliment de mauvaise qualité. Grande malpropreté. Actions, propos déshonnêtes. Déchets, détritus, rebuts. Une grande quantité: des patates, il y en a une cochonnerie cette année.

Coco, n. m. Chapeau de feutre dur. On dit aussi: un chapeau dur. Tête: il l'avait dans le coco.

Cocotte, n. f. Cône, bourgeon, pomme de pin. On dit aussi une «quedette».

Codinde, n. m. (Coq d'Inde). Manger chaud comme un codinde. Être rouge comme un codinde. Crier comme un codinde. Habitant de la Malbaie: c'est un codinde. Un «loup» est un habitant de Baie-Saint-Paul.

Coeur, n. m. À coeur de: pendant la totalité de. À coeur de jour: du matin au soir. À coeur d'année: continuellement. Avoir le coeur sur la main: être très généreux. L'expression «Pour en avoir le coeur net» signifie: Pour être parfaitement rassuré; Pour ne plus avoir le moindre doute. Pour en avoir le coeur net, je me suis rendu au spectacle pour voir si X... chante aussi bien qu'on le dit.

Coeur-jan (à). À jeun, à coeur à jeun. Prendre un remède à coeur-jan, c'est le prendre avant toute nourriture ou tout breuvage.

Coff, n. f. (Angl.: cuff). Revers de pantalon. S'emploie ordinairement au pluriel. Faire des coffs à un pantalon.

Coffre, n. m. Valise d'une automobile: Mets-le dans le coffre. Étui en bois ayant des compartiments et servant aux écoliers pour mettre crayons, effaces, aiguise-crayons, etc. Un coffre à un étage, à deux ou à trois étages. Thorax: Il a du coffre: il est fort, il est bien bâti. Elle a du coffre: elle chante avec force. Le «coffre» d'une automobile fait référence au «coffre» du carrosse d'autrefois dans lequel les voyageurs pouvaient placer des objets personnels et qui servait aussi de siège (DB). Au temps de Maupassant, le «coffre» se disait de l'habitacle d'une diligence où prenaient place les voyageurs. (Voir: «Yvette» et «La bête de maît' Belhomme».)

Coffrer, v. tr. et intr. Gondoler, travailler, en parlant du bois. Le bois de sa cloison a coffré, est coffré; Mettre les menottes à un prisonnier. Il s'est fait coffré; on l'a coffré.

Cogner, v. tr. et intr. Cogner des clous; cogner des piquets: sommeiller en faisant des mouvements de haut en bas et de bas en haut avec la tête; Le coeur me cogne: palpite. Produire un effet violent: prendre de l'alcool à jeun, ça cogne.

Coin, n. m. Morceau de bois ou de métal taillé en biseau et permettant de fendre des bûches: frapper sur un coin avec une masse. Hache servant à couper l'extrémité d'un arbre: on «toppait» les arbres avec un coin. Angle de deux rues: je demeure au coin, là-bas; ma maison fait le coin. Être maigre comme un coin: très maigre. Entrer un coin: confondre quelqu'un. «Coin à fendre du bois» (DHAF, t. 4, p. 89).

Côle-crème, n. m. (Angl.: Coal cream). Crème de beauté. Mets-toi du côle-crème dans la figure.

Coliques cordées, n. f. pl. Crise d'appendicite. «Corder» signifie: lier avec des cordes ou faire une corde avec de la filasse. Corder du tabac veut dire: tordre des feuilles de tabac. Par ailleurs «se corder» est un terme de jardinage. Les racines des raves se cordent ou sont cordées quand elles se durcissent et forment une espèce de corde. (DT, t. 2). Quand survient une crise aiguë d'appendicite, c'est comme si l'intestin se durcissait, se tordait, tel un câble, provoquant ainsi une douleur intense. Ou encore on peut imaginer que l'intestin a des noeuds. En effet, le mot «cordé» veut aussi dire «qui est à noeuds. On disait eschelle (sic) cordée pour échelle de corde à noeuds» (DHAF).

Collant (e), adj. Embarrassant, importun. Il est collant: il est toujours ici, on ne peut s'en débarrasser. Humide, en parlant de la température. C'est collant ce matin; le temps est collant.

Collant-mouches, n. m. Bande translucide d'environ un pouce de largeur et de 24 pouces de longueur enduite de colle et utilisée pour capturer les mouches. Le collant-mouches était vendu, enroulé dans une petite boîte de carton. Au moment de l'usage, on le déroulait pour le fixer au plafond de la cuisine où se rassemblaient les mouches attirées par la nourriture. Le contenant restait fixé au bout du «collant-mouches». On pouvait voir parfois 4 ou 5 de ces bandes torsadées dans la cuisine.

Colle, n. f. (Angl.: to cull: mettre à part). Bille de bois éliminée parce qu'elle a des défauts, qu'elle est inférieure aux normes établies. Rebut. Du bois de colle. C'est une colle. Question embêtante: poser une colle à quelqu'un.

Collé, part. passé. Signifie «accumulé» en parlant d'argent. Il ne fait pas pitié, il en a de collé.

Coller, v. tr. Mesurer, juger la valeur du bois abattu.

Colletailler, v. pron. Se chamailler, se colleter, lutter à bras-le-corps.

Colleter, v. intr. Lutter. Je colletais quand j'étais jeune. «Prendre quelqu'un au collet pour le jeter par terre» (DT, t. 2, p. 688).

Colleteur, n. m. Lutteur.

Colleur, n. m. Mesureur, celui qui élimine les billes indésirables et qui retient les autres.

Colombage, n. m. Pièce de bois appelée aussi un 2 par 4 ou un 2 par 3 à cause de sa dimension en pouces. «Cloison de charpente, vrai sens de ce mot encore en usage, comme terme de charpenterie» (DHAF, t. 4, p. 106). «Mot employé dans la charpente au lieu de colonnade pour signifier un rang de colonnes ou de solives dans une cloison ou une muraille» (DB).

Colombier, n. m. Voir: «Coulombier».

Colon (ne), adj. Rustre, sans éducation. (Voir aussi «gigon»).

Colouer, v. tr. Clouer.

Combine, n. f. De connivence. J'étais de combine avec lui. Combinaison; sous-vêtement comprenant un ensemble: camisole et caleçon. J'ai mis mes «combines».

Comble, n. m. Toit d'une maison. Ma maison avait un comble plat.

Comme ça, adj. Enceinte. Elle est comme ça. Expression utilisée pour éviter de prononcer un mot tabou.

Comme de fait, loc. adv. En effet. Comme de fait, il arrive pendant que j'étais là. Rabelais emploie «de faict». «De faict il estait jà vieulx (RTL, 10, 362). «De faict il ne régna que deux ans». (RTL, 10, 363).

Commencé. Voir: «arriver».

Comment, adv. Combien. Comment ça vaut?

Commère, n. f. Homme ou femme qui aime les «commérages» c'est-à-dire les bavardages intempestifs. Celui-là, c'est une vraie commère.

Commission, n. f. Commission des liqueurs (aujourd'hui: Société des alcools). Magasin de l'État où l'on vend des liqueurs alcooliques. Aller à la commission; passer par la commission.

Commun (e), adj. Simple, peu compliqué, facilement accessible, en parlant d'une personne. William Price était un homme commun, comme nous autres. En arrivant, il fallait qu'il nous donne la main. On fait une distinction entre «commun» et «commune». Un homme commun, c'est un homme simple, peu compliqué. Une femme commune, c'est une femme facile, de mauvaises moeurs.

Compagnée, n. f. Compagnie. Il travaille pour la compagnée Price. Vaugelas, en 1647, condamne ce mot mais affirme qu'il est très utilisé. (VRLF, p. 335).

Compérage, n. m. Cérémonie de baptême d'un enfant.

Compère, n. m. Parrain au baptême d'un enfant.

Comprenure, n. f. Compréhension, intelligence. Il est dur de comprenure: il n'est pas très intelligent. «Il n'a pas la comprenoire (sic) facile, s'emploie couramment dans le Châtelleraudais et les régions voisines» (FCPM, p. 129).

Compte. Faire son compte: s'y prendre. Je ne sais comment il a pu faire son compte pour heurter ce poteau. À la fin du compte: à la fin, comme conclusion. Partir à son compte: débuter en affaires, être son propre patron, diriger une entreprise. Faire un compte: acheter à crédit. Sa femme lui a fait un compte au magasin. On dit aussi «monter un compte».

Concession, n. f. et adj. Endroit éloigné du village, d'un centre urbain. Il demeure dans les concessions. Sens péjoratif. Synonyme de «colon» ou de «pas dégrossi». Ce mot signifie que quelqu'un manque d'éducation, qu'il a des manières frustes, qu'il ne sait pas vivre. On dira par exemple: Un tel est tellement «concession» qu'il mange avec ses mains; qu'il s'essuie le nez avec sa manche de chemise et qu'il parle à pleine tête (très fort).

Conduisable, n. f. Qu'on peut conduire, diriger. Cette auto n'est pas conduisable. Cet homme n'est pas conduisable.

Conduite, n. f. Avoir une grand'conduite. Aimer se mêler des affaires des autres. On dit aussi: avoir un grand «gouvernement» ou un «grand talent».

Confesse, n. f. Confession. Oublie pas d'aller à la confesse. Ce mot était utilisé en ce sens au XVIᵉ siècle. «Il y a la confesse générale des dimanches». (Calvin). «Aller dévotement à la confesse» (Ph. de Marnix). «Pour la confesse» (DFSS, t. 2, p. 428).

Confesser, v. pr. Haïr quelqu'un à s'en confesser: le détester beaucoup.

Confitures, n. f. pl. S'emploie toujours au pluriel au SLSJ. J'ai mangé des confitures aux fraises, aux framboises, aux bleuets.

Confortable, n. m. Édredon, courte-pointe.

Connaissant (e), adj. Savant, renseigné. C'est un homme pas mal connaissant.

Consentant (être). Consentir, acquiescer. Je suis consentant à travailler avec lui. Il va y aller si sa femme est consentante. «Formule d'un usage général chez les paysans de mon pays» (FCPM, p. 124).

Considérer, v. tr. Estimer. Considérer quelqu'un: l'avoir en haute estime.

Consomption, n. f. et adj. Phtisie pulmonaire; tuberculose. Il est mort de consomption; Il est mort consomption. «Maladie de langueur, espèce de phtisie fort ordinaire en Angleterre qui consume et dessèche le poumon, les entrailles et cause enfin la mort... On croit qu'elle est causée par la vapeur du charbon de mine qu'on brûle en ce pays» (DT, t. 2, p. 836).

Constable, n. m. (Angl.: Constable: gardien de la paix). Policier, agent de police.

Consulte, n. f. Consultation, action de consulter un médecin, un avocat, un notaire ou autre pour obtenir son avis. Il a eu une consulte chez son notaire.

Contrairer, v. tr. Contredire: veux-tu arrêter de me contrairer.

Contraireux (euse), adj. Qui aime le contraire, contrarier, dire ou faire le contraire.

Contrat-de-mariage, n. m. Quelque chose de compliqué. Quand on a de la misère à trouver la solution d'un problème, on dit: «c'est difficile à comprendre; c'est un véritable contrat de mariage.»

Contre, prép. En avoir contre quelqu'un: le détester. J'en avais contre lui.

Contre-porte, n. m. Porte extérieure.

Contrition, n. f. Avoir la face en contrition: avoir l'air songeur, préoccupé.

Convenable, adj. Gentil, poli, bien élevé. Tu verras que mes parents sont des gens convenables.

Convertible, n. m. Automobile décapotable. Il s'est acheté une convertible.

Convint, part. passé. Convenu. Il était convint. On avait convint de...

Cook, n. m. (Angl.: Cook: cuisinier). Cuisinier, surtout dans les chantiers.

Cookerie, n. f. Cuisine, dans un chantier.

Copeurse, n. m. (Angl.: Coppers: petite monnaie de cuivre de peu de valeur). Voyou, robineux, clochard.

Coppe, n. f. (Angl.: copper: cuivre). Sou de cuivre. Je n'ai pas une coppe. «Kop n. m. c'est la plus petite mesure dont les détailleurs se servent à Amsterdam pour la vente des grains» (DT, t. 5, p. 358). Coppe (Angl.: Cup: tasse). Tasse pour boire sculptée dans une «loupe», excroissance d'un arbre. La coppe s'attachait à la ceinture.

Coq-l'oeil, n. m. (Angl.: cock-eyed). Loucheur.

Coquerelle, n. f. Blatte, cafard, cancrelat. Il a fait geler les coquerelles. Rabelais: «Bonne année de cacquerolles et hanetons de requeste». (RTL 2, 334).

Coqueron, n. m. Petite chambre, placard dérobé, dans une maison et destiné à recevoir toutes sortes de vêtements, chaussures, etc.

Corbeau, n. m. À la naissance d'un enfant. Voir: «corneille».

Corde, n. f. Donner de la corde à quelqu'un: lui donner de la liberté d'action, de la latitude. Se mettre la corde au cou signifie se marier. Ça fait deux ans qu'il s'est mis la corde au cou.

Corde à linge, n. f. Corde tendue sur laquelle on fait sécher le linge; Passer la nuit sur la corde à linge: ne pas dormir, fêter, danser, prendre un verre.

Corde de bois, n. f. Il est intéressant de lire ce que dit le Dictionnaire de Trévoux à ce sujet. «C'est une certaine mesure de bois à brûler qui se faisait autrefois avec une corde. Aujourd'hui (1771) on la mesure entre deux membrures de quatre piés (sic) de haut éloignées l'une de l'autre de huit pieds (sic). Le mot de corde est le mot usité parmi les marchands de bois. J'ai vendu, diront-ils, cent cordes de bois cette semaine; j'ai bien deux mille cordes de bois dans mon chantier» (DT, t. 2, p. 910).

Cordeaux, n. m. pl. Guides, rênes pour conduire un cheval. Le charretier tenait les cordeaux. Diriger: c'est sa femme qui tient les cordeaux.

Cordée, n. f. Pile de bois.

Cordon, n. m. Le quart d'une corde de bois.

Cornailler, v. tr. et pr. Frapper avec les cornes. Le boeuf cornaille la clôture. Les vaches se cornaillent.

Corne-en-cul, n. m. Boisson alcoolique de fabrication domestique et contenant un fort pourcentage d'alcool. Rabelais: «Je le voy jà, en esprit prophétique ung autre Acthéon cornant, cornu, cornencul» (RCL, 36, 860).

Corneille, n. f. Bébé. «Parce qu'il pleure toujours, ou crie comme une corneille. Puis, chez nous, c'est le corbeau qui, au lieu de la cigogne ailleurs, apporte les bébés donc les corneilles». (Marius Barbeau, in Mémoires de la Société Royale du Canada, sect. I, 1917, p. 206). Religieux parce qu'il était vêtu de noir. «Il n'y a point de pays au monde où il y ait tant de corneilles qu'en Angleterre. L'humidité de son terroir engendre quantité de vers dont ces oiseaux se nourrissent» (DT, t. 2, p. 920).

Cornichon, n. m. Niais. Tu es un beau cornichon sans vinaigre.

Corn starch, n. m. (Angl.: Corn: maïs; starch: fécule). Amidon, fécule de maïs. Une boîte de corn starch.

Corporance, n. f. Corpulence, grandeur et grosseur d'une personne. Il a une bonne corporance; il est gros et grand. Le DT donne «corporence» et attribue ce mot à Madame de Noyer qui «a employé ce mot pour corpulence» (DT, t. 2, p. 927).

Corps, n. m. Sous-vêtement, gilet, camisole de laine, de coton, etc. qu'on porte directement sur la peau. Un Québécois demande à une vendeuse parisienne: «Vendez-vous des corps?» Et cette dernière de répondre: «Monsieur n'est pas content du sien?». En 1771, cette Française aurait compris; car à cette époque le mot «corps» pouvait signifier un habit couvrant le corps du cou à la ceinture. (DT, t. 2, p. 929). Aller veiller un corps ou «à un corps»; aller prier à un corps: visiter un défunt. Corps mort: tronc d'arbre abattu et en train de pourrir. Avoir mal dans le corps: avoir la diarrhée, ressentir une douleur intense dans la région du ventre. Avoir dans le corps, indique un travail épuisant. J'ai trois hivers dans le corps: j'ai travaillé dur pendant trois hivers. Rabelais utilise «corps mors» dans le sens de cadavre: «Les corps mors de leurs parens» (RTL, 52, 510). «Le gué couvert de corps mors». (RGA, 36, 108). «Cullebuter entre les corps mors» (RGA, 44, 129).

Corps-d'âbre, n. m. Tronc d'arbre renversé.

Corps-sans-âme, n. m. Personne mue par l'ambition, qui se fiche du bonheur d'autrui. C'est un corps-sans-âme: il fait travailler ses employés comme des animaux.

Correct, adj.et adv. À l'aise. Tu sembles mal assis. Non, je suis correct. Correctement. Rabelais: «Sembloient bons lourdaulx et parloient correct» (RCL, 19, 801).

Corser, v. pr. Accélérer, mettre de la pression. Je me corsais en bûchant à ce moment-là.

Côssé (e), adj. En gros tricot ou en étoffe à côtes. Il porte des mitaines côssées. Ce mot vient probablement de la déformation de «côtelé».

Cossin, n. m. Coussin. Au SLSJ, on n'utilise pas le mot «cossin» dans le sens de «cochonnerie» comme c'est le cas ailleurs.

Côteux (euse), adj. Endroit où il y a des côtes, montagneux.

Côteyer, v. tr. Côtoyer. Aller le long de... La chaloupe côteyait le long du rivage.

Coti (e), adj. Pourri, atteint de pourriture, séché en parlant du bois. Cet arbre est coti.

Coton, (ne), adj. et n. Endurant, dur au travail. Ce bûcheron est coton. Cette femme est cotonne: elle n'est jamais fatiguée. – C'est un moyen coton. Autrefois, «coton» signifiait une pièce de bois servant à fortifier un mât. (DT, t. 2, p. 948). Coton, désigne aussi la tige d'une plante sans les feuilles. Quand la plante n'a plus que le «coton» sa vie est en danger. Ainsi en est-il de celui qui est épuisé: il est «au coton». On dit aussi: «Donne-z-y au coton!» pour inviter quelqu'un à se rendre jusqu'à la limite de ses forces. «Avec le sens de tige (coton) est un bon mot d'un usage courant: un coton de chou...» (FCPM, p. 125).

Coton à fromage, n. m. Tissu léger et poreux dont on se servait pour protéger les meules de fromage.

Coton de la queue, n. m. Coccyx. Je me suis frappé le coton de la queue après la table.

Cotteur, n. m. (Angl.: cutter). Voiture d'hiver légère, à devant étroit, à un seul siège, sur patins élevés. (Angl.: To cut: couper). Borne continue, ordinairement en béton, qui longe une rue, un chemin, un trottoir et qui les sépare des terrains avoisinants.

Cou, n. m. Le cercle du cou: la clavicule.

Cou, n. m. Voir «corde».

Coucher, v. tr. et intr. Donner le couvert. J'ai couché un mendiant. Rester. La voiture a couché dehors. Va te coucher! Laisse-moi la paix. Mentionner, inscrire: coucher quelqu'un sur son testament. Mettre, transférer: tu coucheras ces 25 $ sur mon compte. (DT, t. 2, p. 954).

Couchette, n. m. Aimer la couchette: avoir des appétits sexuels très développés.

Cou don, n. m. Écoute donc... «Cou don» précède ordinairement une demande d'explication. Cou don, comment se fait-il que ta femme n'est plus chez toi? Es-tu divorcé?

Coudre, n. m. Coudrier, arbre qui porte des noisettes. Île-aux-Coudres. (DFSS, t. 2, p. 580; DT, t. 2, p. 956).

Couenne, n. f. Peau de cochon raclée: utiliser une couenne de lard pour s'éclairer. Gazon: mettre de la couenne près de la maison. Avoir la couenne dure: être insensible. Chauffer la couenne à quelqu'un: le réprimander vertement.

Couette, n. f. Tresse, natte de cheveux. Avoir les cheveux couettés, formant de petites queues.

Couillon (ne), n. et adj. Poltron, peureux. C'est un couillon, une couillonne. Cheval couillon: paresseux, qui n'obéit pas.

Couincheux (euse), adj. Hargneux, de mauvaise humeur. S'emploie surtout en parlant d'un cheval ou d'une jument dont il faut se méfier.

Coulant (e), adj. Qui glisse facilement. Le chemin est coulant. Le trottoir est coulant, glissant. Attention! c'est très coulant.

Coulé, part. adj. Ancré. Le bateau était coulé à Bagotville.

Coulée, n. f. Ravin, descente, terrain en pente. On bûchait dans une coulée, la Coulée-des-Gaudreault.

Couler, v. tr. Manquer, échouer, ne pas réussir un examen. Il a coulé son examen de chimie.

Couleuvre, n. f. Les petites filles dansaient bien le Charleston. Elles étaient souples comme des couleuvres.

Coulombier, n. m. (ou «Colombier»). Dalle servant à chasser les tourtes. Ce mot m'a été indiqué par M. Horace Dallaire de l'Anse-Saint-Jean (en 1983 il avait 91 ans). Autrefois on faisait la chasse aux tourtes qui abondaient au Saguenay-Lac-Saint-Jean. C'était une espèce de pigeon plus petit que la perdrix blanche. Pour les capturer on construisait une dalle d'environ quatre pouces de largeur et de dix pieds de longueur. On plaçait du grain dans la dalle et un chasseur se plaçait au bout de cette dalle attendant l'arrivée des tourtes. Lorsque plusieurs tourtes étaient en train de manger du grain, le chasseur tirait un coup de fusil dans la dalle tuant ainsi, toutes celles qui s'y trouvaient. Un chasseur, d'un seul coup, en avait tué 90, me disait M. Horace Dallaire. – «Bâtiment en forme de tour pour nourrir les pigeons... On attire les pigeons étrangers au colombier, quand on y met quelque saline, ou autre drogue qu'aiment les pigeons» (DT, t. 2, p. 694).

Coup, n. m. Avoir un coup dans la tête: être en état d'ébriété. Prendre un coup: aimer les boissons alcooliques. Ne pas manquer le coup: arriver tel que prévu: ça n'a pas manqué le coup, il m'a téléphoné. Un coup (que): quand, après, dès que: un coup que j'ai été marié, j'ai bâti ma maison. Un coup mouvé... Le «coup» d'un manche de hache réfère à la qualité de sa facture. Le manche de hache qui a du coup est taillé de telle façon que le bûcheron évite des blessures et travaille avec adresse. Coup d'argent: transaction payante. Faire un coup d'argent. Coup d'eau: indisposition survenant après avoir bu trop d'eau, surtout de l'eau froide quand on a eu trop chaud. Coup d'eau: signifie aussi inondation. Coup de cochon: action lâche et déloyale. Coup de coeur, coup de collier: surcroît d'effort. Coup de main: aide passagère et gratuite. Coup de mort: situation qui entraîne la mort. Coup de poche: randonnée d'un quêteux demandant des aumônes. Coup, mauvais coup: action répréhensible.

Coupant, adj. Au plus coupant: au plus vite, immédiatement. Tu vas y aller au plus coupant.

Coupe-gorge, n. m. Personne à qui on ne peut se fier, qui est capable de trahison à tout moment.

Coupe-vent, n. m. (Angl.: wind-breaker). Veston offrant une bonne protection contre le froid et le vent.

Coupe-vitre, n. m. (Angl.: Glass-cutter). Grésoir, tournette. Outil servant à grésiller c'est-à-dire à rogner les bords du verre à vitre.

Couraillage, n. m. Action de courir de côté et d'autre, de mener une vie dissolue, de désordre.

Courailler, v. tr. et intr. Être léger, instable, frivole: il est âgé mais il couraille encore les maisons de jeu. — Mener une vie dissolue: c'est une bonne femme mais son mari couraille.

Courailleux (euse), n. m. et f. Débauché, personne de mauvaise vie.

Coureux (euse), adj. Qui court les mauvais lieux.

Courir sur:. Sur le point d'atteindre: il court sur ses 30 ans.

Court, adj. Expression: «C'est ben court» veut dire: en résumé ou «Pour faire une histoire courte». C'est ben court, j'étais hors de moi-même. C'est ben court je ne suis pas capable de lui voir la face.

Court (de), loc. adv. Être de court d'argent: en manquer; Être attaché de court: ne pas avoir de marge de manoeuvre; Prendre de court: surprendre, prendre à l'improviste.

Couru. Fini, achevé. Je suis arrivé à sept heures et le souper était couru. Très populaire: restaurant couru; chanteur couru.

Coûtamment, n. m. Coût de quelque chose. Si je faisais refaire mon toit ce serait un gros coûtamment.

Coutellerie, n. f. Service de couteaux, fourchettes, et cuillères assorties. Ménagère: elle a sorti sa coutellerie en argent pour le réveillon de Noël.

Couverte, n. f. Couverture de lit. Passer quelque chose sous la couverte: effectuer une transaction illégale pour éviter de payer un impôt, une taxe. On dit aussi: passer une chose en dessous de la table. Il a passé la vente de sa maison en dessous de la table. Voir: «table». «Terme de marine, du Levant qui signifie pont ou tillac. On dit qu'un vaisseau porte couverte quand il est ponté» (DT, t. 2, p. 1008). Au XVIe siècle, on employait «couverte» dans le sens de «couverture de lit». J. D'auton parle de «couvertes de leurs lictz» et Des Périers écrit «nappes et couvertes de lict». (DFSS, t. 2, p. 617). «Couverte (et même une COUVARTE) désigne aussi chez nous une couverture de lit» (FCPM, p. 122).

Couvre-pieds, n. m. Courte-pointe; couverture de lit piquée.

Couvre-tout, n. m. (Angl.: overall: vêtement protecteur). Sarrau, vêtement dont on recouvre ses habits pour les protéger.

Cove-field, n. m. (Angl.: cove: anse). Anse-au-Foulon, à Québec.

Crac, n. m. D'un crac: très vite, dans un instant. Il a fait ça d'un crac.

Craché, (e) (tout), part. Avoir une grande ressemblance avec quelqu'un. C'est son grand-père tout craché. «On dit populairement d'un enfant qui ressemble fort à son père, que c'est le père tout craché» (DT, t. 2, p. 1012).

Cracher, v. tr. Donner; contribuer à... Il a craché cinq piastres. Il a craché épais: sa participation financière a été importante. Ajouter. Il aime tellement la boisson qu'il crache dedans pour s'en faire plus (davantage). Se cracher dans les mains: faire un effort suprême. Il était fatigué mais il s'est craché dans les mains et il a terminé son travail.

Crachoir, n. m. Passer le crachoir à quelqu'un: lui donner l'occasion de parler. Prendre le crachoir: prendre la parole.

Crainque, n. f. (Angl.: crane). Grue mécanique.

Crainquer, v. tr. (Angl.: to crank: tourner une manivelle). Tourner une manivelle pour faire démarrer un moteur; Exciter quelqu'un, l'irriter, le faire «monter sur ses grands chevaux»: il a réussi à crainquer Joseph.

Crampant (e), adj. Très drôle, tellement drôle qu'on en a le souffle coupé comme celui qui est paralysé par des crampes. Il y avait une comédie à la T.V. J'ai tellement ri que j'en avais les larmes aux yeux; c'était crampant.

Crampé, v. tr. (Angl.: cramped: engourdi). Paralysé temporairement. Il est crampé. Immobilisé en parlant d'un véhicule qui est incapable de repartir.

Cramper, v. tr. (Angl.: to cramp: tourner). Tourner, diriger. Crampe tes roues.

Cran, n. m. Rocher nu à fleur de terre. Un cran serré: chemin passant entre deux élévations montagneuses très rapprochées.

Crapaud, n. m. Proverbe: Dans sa peau mourra le crapaud, signifie qu'on ne peut changer le comportement naturel de quelqu'un. Ce qui revient à cet autre proverbe: Chassez le naturel, il revient au galop.

Craqué (e), adj. Fendu: mon vase à fleurs est craqué. Niais, imbécile: j'avais affaire à un craqué. Repassée et plissée en forme de tuyau: une jupe craquée.

Crasse, adj. Canaille, malhonnête, enjôleur, ignoble. Il est crasse.

Crayable, adj. Digne d'être cru. C'est crayable; c'est pas crayable. Au XVIᵉ siècle, on disait «créable». (DFSS, t. 2, p. 629) et «incréable» (DFSS, t. 4, p. 600). Rabelais: «Qui fust quasi chose incréable» (RPA, 13, 225).

Crayage, n. m. Le fait de croire les dires de quelqu'un.

Créature, n. f. Femme en général. Embarquez dans le char, les créatures. «Se dit quelque fois par mépris d'une femme de mauvaise vie. Cet homme a une créature qui le ruine» (DT, t. 3, p. 3). Il y avait autrefois un chant célèbre intitulé: «Le Credo du paysan», de F. S. Borel et G. Goublier. Or, dans le refrain, on dit: Dieu tout-puissant qui fit la créature, je crois en ta grandeur, je crois en ta bonté; Un homme âgé me faisait remarquer que les gens de son époque étaient convaincus que le mot «créature» employé à cette occasion signifiait l'ensemble des femmes et non les êtres créés... Aussi les hommes chantaient-ils à tue-tête un si bel hommage rendu à la moitié du genre humain... Nos ancêtres étaient plus féministes qu'on ne le croit...

Crèche, n. f. Être dans la crèche: jouir de faveurs accordées par le parti politique au pouvoir.

Cremage, n. m. Sucre liquide dont on recouvre un gâteau, etc.

Crème, n. f. Bâton de crème: bonbon ayant la forme d'un bâton mesurant quelques pouces, recouvert d'un papier transparent et muni parfois d'une bague.

Cremer, v. tr. Recouvrir un gâteau de crème, de «cremage» (glaçage).

Cremeur, n. m. Mouton de Perse. Un casque de cremeur, en cremeur.

Crère, craire, v. tr. Croire. Voir: «Ben crère». «D'une manière générale la prononciation par è était jadis à la fois populaire et courtisane... Après la Révolution, CRAIRE, etc. finirent par devenir ridicules» (Voir: BGHF, p. 81).

Créter, v. tr. (Angl.: To crate). Emballer dans une caisse à claire-voie. Il a crété le mobilier de salon.

Cretons, n. m. pl. Rillettes. Viande de porc hachée en petits morceaux et cuite dans la graisse. Va chercher un bol de cretons. On dit aussi «cortons». «Petits morceaux de graisse de porc, frits dans la poêle». (DT, t. 3, p. 9). «Creton, n. m. Espèce de mets... fait de graisse de cochon. Il est encore connu dans quelques provinces». (DHAF, t. 4, p. 383).

Crevant (e), adj. Fatigant. C'est un travail crevant. Comique: cet enfant est crevant.

Crevé, adj. Qui a une hernie. Son père était crevé.

Crève-faim, n. m. Affamé, mendiant, pauvre. C'est un crève-faim, il est toujours à la dernière cenne.

Crever, v. pron. Se crever: contracter une hernie. Mon père est tombé sur une souche et il s'est crevé. Travailler très fort: il s'est crevé à travailler dans les chantiers. Crever de faim: être affamé.

Cri ou Qu'ri, v. tr. Quérir, chercher. Va cri la chaudière. Si tu ne veux pas venir je vais aller te cri. «Qu'ri... se dit tout autant en Poitou et en Touraine qu'au Canada».

(FCPM, p. 119).

Criard, n. m. Klaxon d'automobile: il a pesé sur le criard pour avertir les enfants: ils ont sauté dans le fosset. Sifflet à vapeur utilisé dans une usine pour avertir les ouvriers qu'il est temps de commencer ou de terminer le travail.

Cric, n. m. Personne irascible, violente, exigeante, indisciplinée. Cet enfant est un vrai cric. Il est malin comme un cric.

Cric-crac, n. m. Crécelle. Instrument de bois produisant un bruit et qui remplace la cloche pour avertir les fidèles que l'office va commencer. Le terme «cric-crac» est une onomatopée imitant les crépitements de la crécelle.

Criée, n. f. Appel, annonce que l'on faisait autrefois à la porte de l'église devant les paroissiens réunis; ordinairement dans le but de vendre quelque chose au profit des âmes du purgatoire.

Crique, n. m. (Angl.: creek: ruisseau, petit cours d'eau, crique, anse). Petite rivière, fissure dans un rocher. Dent d'enfant: il a déjà une crique.

Croche, adj. et n. Malhonnête. Qui n'est pas droit: une pipe croche. Bille de bois crochue: quand le colleur trouvait un croche il le mettait de côté. Chemin tortueux: j'ai eu un accident dans un croche.

Crochet, n. m. Crochet à billot: crochet muni d'une poignée et permettant de soulever un billot en le griffant par un bout. Crochet de bottines: petit crochet permettant de faire entrer le bouton dans la boutonnière. Tirer au crochet: participer à une épreuve de force en parlant de deux adversaires qui se tiennent par le majeur.

Crocheter, v. tr. et pron. Accrocher. Tirer au moyen d'un crochet et d'une chaîne. On va crocheter votre char et l'amener au garage. Aborder, rencontrer, trouver. Joseph a crocheté une fille pour la soirée. Il s'est crocheté une fille pour danser.

Crochir, v. tr. Courber, rendre crochu: crochir un clou. Être fausse: mon égoïne est crochie.

Croisailler, v. pr. Se croiser, s'enchevêtrer,

s'entremêler. Les arbres se croisaillaient.

Croix, n. f. L'expression «Faire une croix» sur quelque chose signifie l'oublier, comme on oublie les morts sur la tombe desquels on pose une croix. On dira: Ton porte-monnaie est tombé dans le Saguenay? Eh bien! tu peux faire une croix dessus, tu ne le verras plus.

Crokers, n. f. (Angl.: Craker: biscuit croquant). Biscuit qui fait un bruit sec sous la dent, craquelin. Veux-tu une crokers?

Croquant, n. m. Cartilage ou autres parties d'un animal qui résiste à la dent. Veux-tu manger un morceau de croquant?

Croquignole, n. f. Pâtisserie cuite dans la graisse, beigne. Rabelais parle de «croquignolles savoureuses» (RCL, 33 bis, 849).

Crosser, v. tr. et pr. Masturber. Se masturber.

Crottes, n. f. pl. Fromage en crottes: fromage en grains.

Croûte, n. f. Neige durcie à la surface. Marcher sur la croûte. Pain dur: il n'aime pas manger la croûte. Avoir des croûtes à manger: avoir longtemps à attendre avant d'obtenir quelque chose. Il a encore des croûtes à manger avant de devenir contremaître. Slappe: planche sciée d'un côté et qui conserve l'écorce de l'arbre de l'autre côté.

Crow-bar, n. m. (Angl.: Crow-bar: pince à levier). Barre de fer servant de levier pour soulever un fardeau.

Cuillère à pot, n. f. Louche, cuillère large et profonde avec laquelle on prend le bouillon dans la marmite pour tremper la soupe.

Cuir, n. m. Chair, peau. Il est gras à plein cuir.

Cuir patente, n. m. (Angl.: patent leather: cuir verni). Cuir verni et très luisant.

Cuisage, n. m. Cuisson.

Cuisine d'été, n. f. Pièce attenante à une maison et où l'on cuisine et sert les repas durant l'été. On «condamne» cette pièce durant l'hiver.

Cuissière, n. f. Partie du pantalon qui recouvre la jambe et la cuisse.

Cul, n. m. Deux culs dans la même chemise: deux complices. On se permet parfois de faire de la poésie. Ainsi on dira d'un raté: il est mort comme il a vécu: un doigt dans l'oeil et l'autre dans le c... On appelle un «petit bout de cul» un adolescent ou un adulte de petite taille qui se donnent de l'importance. C'est un terme de mépris. Dans le DFSS, «boutecul» signifie «frère convers». (t. 1, p. 666). Débouler «cul par su tête» c'est faire une culbute. Rabelais: «Faisant la roue, cul sus teste» (RQL, 32, 628).

Culottes, n. f. pl. À pleines culottes: beaucoup, facilement, à volonté: avoir de l'ouvrage à pleines culottes. Faire dans ses culottes être craintif, avoir très peur. En voyant le boss, il fait dans ses culottes. Prendre les culottes à terre; prendre par surprise. Porter les culottes: détenir l'autorité: c'est sa femme qui porte les culottes.

Curve, n. f. (Angl.) Angle, courbe, coude. L'auto a capoté dans la curve. À cet endroit le chemin fait une curve.

Cute, (se prononce «quioute»), adj. (Angl.) Cute: gentil, coquet). Coquet, mignon, bien mis. Cette petite est cute; elle a l'air cute.

D

D'abord que, loc. adv. Puisque: d'abord que ça fait votre affaire; Pourvu que: d'abord que tu seras sage, tu peux demeurer dans le salon.

Dalot, n. m. Canal destiné à l'écoulement des eaux ménagères; Tuyau de descente évacuant les eaux pluviales; Gosier, gorge. Il s'est rincé le dalot: il a bu plus qu'il ne fallait. Terme de marine: ouverture pratiquée dans la muraille d'un navire et servant à l'écoulement des eaux. (DB). Voir: Rince dalot.

Dam, n. f. (Angl.: Dam: digue, barrage). Digue, barrage. Passer par la Dam-en-terre (près d'Alma). «Dans la langue flamande, signifie une levée de terre, une sorte de digue pour retenir les eaux... Il entre dans la composition d'un grand nombre de noms géographiques ou de villes des Pays-Bas. Ce mot désigne presque toujours un lieu situé sur une de ces digues: Rotterdam, Amsterdam...» (DT, t. 3, p. 92).

Danger, n. m. Il n'y a pas de «saint danger»: absolument pas, certainement pas. Vas-tu traverser le Parc des Laurentides en hiver? – Il n'y a pas de saint danger.

Dangereux, adv. Très, beaucoup, dangereusement. J'étais fier (content) dangereux: j'étais très content.

Danse carrée, n. f. Quadrille.

Darder (se), v. pr. Se jeter, se précipiter. Il s'est dardé sur moi. Il s'est dardé dans l'eau.

Date, (on prononce «déte») n. f. Rendez-vous. Il est sur son trente-six, il a une date.

D'avance, adj. et adv. Vif, rapide, expéditif: il est d'avance pour ramasser des bleuets. – D'abord, avant tout: je vous le dirai d'avance pour que vous puissiez vous préparer.

Débagager, v. intr. Débarrasser, déménager, déguerpir. Débagagez au plus vite. Ce mot serait inconnu en France. (FCPM, p. 128).

Débandé (e), adj. Tombant, pendant. Avoir la gueule débandée: avoir la lèvre inférieure pendante.

Débarbouillette, n. f. Débarbouilloire. Petite serviette pour se laver le visage. «Nous serions même bien avisés d'emprunter aux Canadiens le joli mot de débarbouillette pour désigner l'objet que nous appelons gauchement un gant de toilette». (Voir: BGHF, p. 121).

Débarque, n. f. Dégringolade. Prendre une débarque: faire une chute-surprise, se faire déloger. Notre député s'est fait battre aux élections; il a fait une moyenne débarque. – J'ai glissé sur le trottoir; j'ai pris une débarque.

Débarquer, v. tr. Descendre. Tu es mieux de débarquer de la table!

Débarrer, v. tr. Ouvrir une serrure, une porte fermée à clef.

Débattement, n. m. Palpitation, battement violent et déréglé du coeur. Il a eu des débattements de coeur. «Battement, agitation: un débattement d'ayles» (DFSS, t. 2, p. 715).

Débaucher, v. tr. Convaincre. Essaie donc de le débaucher pour qu'il vienne nous visiter.

Débiscaillé (e), adj. Déformé, bossué, fatigué. Depuis qu'il a été opéré, il est tout débiscaillé.

Débouler, v. intr. Dégringoler, rouler de haut en bas: il a déboulé. Mettre un enfant au monde: sa femme a déboulé hier.

Débourrer, v. intr. Grandir. Cet enfant n'est plus reconnaissable: depuis un an, il débourre.

Déboutonner, v. pr. Se montrer généreux dans une circonstance spéciale. Il s'est déboutonné: il lui a donné dix piastres à sa fête. Rabelais: «Ils beurent ventre déboutonné» (RPA, 20, 259).

Débrager, v. pron. S'agiter, se démener, gesticuler fortement. Arrête de te débrager, ils vont penser que tu es malade.

Débrancher, v. tr. Libérer un arbre accroché aux autres arbres par ses branches. Débrancher une épinette.

Débroussaillage n. m. Débroussaillement.

Décacher, v. tr. et pr. Sortir de sa cachette: il vient de se décacher. Enlever ce qui recouvre: elle a décaché son bébé; il s'est décaché en dormant; décacher des tomates quand le soleil se montre.

Décapoter, v. pr. Enlever son paletot. Décapotez-vous et restez souper.

Décarêmer (se), v. pr. Se dédommager par un bon repas après avoir été soumis à l'abstinence du carême ou, en général, à une abstinence quelconque. Prendre une «brosse» après s'être privé de boisson alcoolique durant tout le carême.

Déchaîné (e), n. m. et f. Crier comme un déchaîné, comme un diable déchaîné.

Décharge, n. f. Rivière recevant l'eau d'un lac. Éjaculation.

Déchargement, n. m. Décharge. Acte indiquant la non-responsabilité d'un individu. Exonération.

Décharger, v. intr. Éjaculer.

Dèche, n. f. Gêne, misère. Il est tombé dans la dèche.

Déchirage, n. m. Action de déchirer, du papier, des tissus. Arrêtez le déchirage de vos cahiers de devoirs, les enfants!

Décis, n. m. Être en décis de: avoir l'idée de; avoir l'intention de; songer à. Il est en décis de vendre sa voiture.

Déclotcher, v. intr. ou pr. (Angl.: To declutch: débrayer). Avoir un comportement violent et soudain. En entendant cela, il a déclotché et s'est fâché ben noir. Faire preuve d'une générosité inhabituelle.

J'étais surpris de lui voir donner vingt piastres à la quête; je pensais qu'il n'avait pas de change. Il s'est vraiment déclotché.

Décoller, v. tr. et intr. Aller très vite: un cheval qui décolle. Partir: il ne décolle pas. Le moulin n'avait pas décollé. Décoller de: quitter, laisser; décoller de la maison. Faire partir, actionner: décoller un moteur.

Décompter, v. tr. Compter pour mourant. Cette homme est décompté.

Déconfort, n. m. Pauvreté, difficulté, grande misère. «Desconfort: peine, embarras, chagrin» (DHAF, t. 5, p. 104). «Desconfort: affliction, douleur, découragement, malheur» (DFSS, t. 3, p. 51).

Décrasser, v. pr. Se débrouiller, être rapide dans sa façon de travailler: c'est un jeune homme qui se décrasse. Décrasse-toi! dépêche-toi. Envoye! décrasse. Voir: «Descrotter».

Décrocher, v. tr. Rallier à sa cause: décrocher quelqu'un qui était indécis. Les libéraux ont réussi à le décrocher.

Décrochir, v. tr. Redresser: décrochir un clou, une barre de fer.

Décroûter, v. tr. Enlever la saleté, la crasse, la croûte. En arrivant des chantiers, j'en avais plusieurs rangs à décroûter.

Dedans, adv. En prison: il est dedans; mettre quelqu'un dedans. En bon état: il n'est pas dedans aujourd'hui, il a l'air fatigué.

Défâcher, v. pr. Revenir à sa bonne humeur après s'être fâché. «S'il se fâche, il aura la peine de se défâcher. Il aura deux peines, de se fâcher et de se défâcher» (DT, t. 3, p. 161).

Défaite, n. f. Prétexte, fausse raison qu'on donne pour se tirer d'embarras: il s'est donné une défaite pour ne pas assister à cette soirée.

Définitivement, adv. Certainement, assurément, indiscutablement, décidément, nettement.

Défoncé (e), adj. Comblé, riche. Quand j'ai commencé à gagner des bons salaires, je me pensais défoncé. Être à découvert, c'est-à-dire ne pas avoir assez d'argent dans un compte de banque pour payer ce que l'on doit: il est défoncé.

Défrayer, v. pr. Se récompenser. En arrivant des chantiers, je me suis défrayé.

Défunt (e), n. et adj. Mort. Le défunt Joseph aimait la chasse; la défunte Maria aimait conter des histoires.

Défuntisé (e), adj. Mort, détruit, détérioré, réduit à néant. Mon cheval est défuntisé. Mon habit est défuntisé. Ma maison est défuntisée.

Défuntiser, v. tr. Détruire, détériorer gravement. Cet enfant a défuntisé son petit camion.

Dégacer, v. tr. Reposer, faire diversion. Je vais aller pêcher, cela va me dégacer du travail de bureau.

Dégalfeter, v. tr. Enlever le calfeutrage, ce qui sert à boucher les fentes. Dégalfeté: être très affamé. Cet homme mange trop; on dirait qu'il est dégalfeté.

Dégelé (e), adj. La rivière est dégelée, la glace est fondue. Il est dégelé: il commence à parler, à sourire, en parlant d'un homme gêné.

Dégelée, n. f. Volée de coups ou de paroles de blâme. Il lui a donné une dégelée. Il a eu une dégelée en arrivant.

Dégnaiser, v. tr. et pr. Déniaiser, rendre moins niais. Se dégnaiser.

Dégommer, v. tr. Faire perdre à quelqu'un le rang ou le poste qu'il occupe. Cet officier vient d'être dégommé. Le président est dégommé.

Dégouttière, n. f. Eau de pluie tombant d'une gouttière, d'un toit, d'un plafond. Il était couché sous les dégouttières. Il a fait son cours sous les dégouttières: il est ignorant.

Dégrader, v. tr. Arrêter en chemin: il a été dégradé par la tempête. Laisser en arrière, dépasser: au bout de deux heures je l'ai dégradé.

Dégrafer, v. tr. Rallier quelqu'un à sa cause: après avoir parlementé avec lui on a réussi à le dégrafer. Avoir toujours la bouche ouverte par infirmité: être dégrafé.

Dégréer, v. tr. et pr. Enlever ses vêtements de dessus: chapeau, paletot, bottes. Vous pouvez vous dégréer. Dégréez-vous. Débarrasser une maison, un terrain. Dégréer une maison de ses meubles. Dégréer un terrain de ses arbres. Voler: ce voleur a dégréé son voisin: il a pris tous ses meubles. «Terme de marine: ôter les agrès» (DT, t. 3, p. 182).

Dehors (en), loc. adv. Hors du lieu où habite quelqu'un. Mon mari travaille en dehors. Il est en dehors.

Déjouquer, v. tr. intr. et pr. Déjucher, quitter le juchoir. Je vais le déjouquer. Veux-tu bien te déjouquer.

Délicher, v. pr. Réaction de celui qui se passe la langue sur les lèvres en voyant ou en entendant parler de quelque chose de délicieux. Quand il a vu le gâteau au chocolat, il s'est mis à se délicher. On trouve dans le DHAF, t. 5, p. 37, le verbe «délécher» qui signifie «lécher».

Délignée, n. f. Lignée, race, descendance, arbre généalogique. J'aimerais connaître ta délignée.

Délurer, v. tr. Déniaiser, rendre moins niais. Son voyage en Europe l'a déluré.

Démancher, v. tr. Démonter, enlever, déplacer, réduire en pièces détachées. Démancher un moteur, une faucheuse, un radiateur, une machine à écrire, etc. Perturber: la mort de son épouse l'a démanché. «Ôter le manche de quelque instrument ou ustensile» (DT, t. 3, p. 202).

Démanchure, n. f. Luxation, déboîtement d'un os.

Demande (grande), n. f. Faire la grand'demande c'est faire une demande officielle pour obtenir la main d'une jeune fille.

Démanger, v. intr. Éprouver une démangeaison. Ça me démange dans le dos.

Démantibuler, v. tr. Briser, détruire. La voiture a heurté la bicyclette et l'a démantibulée.

Démariable, adj. C'est un cas démariable, c'est-à-dire où il existe des raisons justifiant une annulation de mariage.

Démariage, n. m. «Dissolution du mariage» (DHAF, t. 5, p. 48).

Demeure (à), loc. adv. On prononce «admeure». Complètement, entièrement, tout à fait. Le poêle n'est pas mort (éteint) ad-meure. Le billot n'était pas scié ad-meure.

Demiard, n. m. Une demi-chopine: un demiard de crème.

Démon (ne), n. et adj. Insupportable, turbulent, tapageur, difficile: cet enfant est un petit démon. Entreprenant, débrouillard, hardi: il est démon, elle est démonne: les deux réussissent bien dans le commerce.

Dénerver, v. pr. Se calmer. Veux-tu bien te dénerver! te dexciter!

Dénicheter, v. tr. Dénicher. Défaire un nid. Il a déniché des merles, des guêpes, des hirondelles.

Dent, n. f. Ne pas avoir assez de nourriture pour se mettre dans le creux de la grosse dent: en avoir très peu. Avoir une dent contre quelqu'un: avoir du ressentiment, de la haine, vouloir le mordre.

Dents, n. f. pl. Donner une soupe aux dents à quelqu'un: le frapper au visage, lui casser les dents, le malmener. Se faire servir dans les dents: exiger une grande attention.

Dépâmer, v. tr. Faire revenir à la raison. Attends un instant, je vais te dépâmer.

Déparler, v. intr. Parler en divaguant, déraisonner, prononcer un discours sans suite, délirer.

Dépeindre, v. tr. Peindre, dessiner. Il est habile pour dépeindre des personnes, des animaux.

Dépeint (e), adj. Où l'on a enlevé la peinture. Le mur était dépeint.

Dépeinturer, v. tr. Enlever la peinture.

Dépense, n. f. Lieu où l'on place les provisions et certains objets destinés à la table. Va porter le pain dans la dépense. «Lieu proche de la cuisine où l'on serre les provisions de la table et ce qui y sert ordinairement» (DT, t. 3, p. 236). Être de dépense: dépensier, dépensière. Sa femme est de dépense: elle pourrait manger une terre en bois deboutte. (Voir: FCPM, p. 129.)

Déplanter, v. tr. Faire tomber violemment: il a déplanté une corneille d'un seul coup de fusil. Prendre la place de quelqu'un: il a déplanté son patron.

Dépocher, v. tr. Voler, dépouiller, détrousser, escroquer, soutirer de l'argent. Il s'est fait dépocher pendant qu'il dormait. «Dépocher: donner, départir» (DHAF, t. 5, p. 70).

Dépôt, n. m. Magasin général et centralisé permettant d'approvisionner les bûcherons distribués ici et là dans les campes d'un arrondissement donné. Centre administratif offrant divers services.

Déquerré (e), adj. Qui n'est plus à l'équerre, qui est croche, de travers. On dira d'un homme ivre qui s'en vient en «gambettant»: il est tout déquerré ce matin. Une grange penchée comme la tour de Pise est déquerrée.

Dérangement de corps, n. m. Diarrhée. Mon garçon a eu un gros dérangement de corps. Le GR donne «dérangement du corps» (t. 3, p. 385); Le D. Lit. parle de «dérangement de corps»; c'est ce qui se dit au SLSJ.

Déraper, v. intr. Glisser en parlant d'un véhicule ou d'une personne. «Se dit de l'ancre qui quitte le fond où elle était mouillée» (DT, t. 3, p. 248).

Dérèler, v. intr. Dérailler, sortir des rails: le train a dérèlé à Chambord. Divaguer: quand il a pris un verre de trop il dérèle.

Dérougir, v. intr. Ne pas dérougir signifie: ne pas cesser. Le magasin est toujours plein de clients: ça ne dérougit pas. Ne pas dessoûler; ne pas cesser de boire.

Il n'a pas dérougi depuis une semaine; il est toujours paf.

Désâmer (se), v. pr. Crier très fort, avec conviction ou donner beaucoup d'explications sans obtenir de résultat. Elle se désâme depuis une heure à lui expliquer cela mais il ne veut rien comprendre.

Descendable, adj. Qu'on peut descendre: la côte est glacée, elle n'est pas descendable. Qu'on peut franchir: il fait tempête, ce n'est pas descendable à Québec.

Descendant (en), loc. adv. Et moins. Les hommes de six pieds en descendant peuvent être embauchés.

Descendre, v. tr. Revenir. Il est descendu des chantiers la semaine dernière. «Aller par terre dans le sens du courant du fleuve Saint-Laurent» (DB). Mais, en pratique «descendre» signifie «venir de» sans qu'on s'occupe du sens du courant. On dira tout aussi bien: il est descendu de Grande-Baie à Chicoutimi que de Chicoutimi à Grande-Baie. Descendre quelqu'un, c'est signaler ses défauts, lui «dire des bêtises» c'est le descendre de son piédestal.

Descroter, Expédier, faire ou dire rapidement. «Nos prestres ne pourront hardiment mettre en équipage pour descroter force messes». (Ph. de Marnix) (DFSS, t. 3, p. 59). (Voir: «Décrasser».)

Déshonneur, n. m. Honte. Tu me fais déshonneur: tu me fais honte.

Dessein (sans), loc, adj. et nom. Il est sans dessein: sans initiative, niais, maladroit. C'est un sans dessein. Voir: «Sans-dessein».

Dessoûler, v. tr. et pr. Tirer quelqu'un de l'ivresse. Se dessoûler: revenir à un état normal après l'ivresse.

Dessous, n. m. Solage, fondation d'une maison. Cette maison a un bon dessous; elle n'a pas de dessous. En dessous loc. adv. Arriver en dessous: s'endetter; je me suis aperçu que j'arrivais en dessous.

Détacher, v. intr. Libérer la gorge au moment d'une grippe. Ce sirop le fait détacher.

Détarauder, v. tr. Desserrer, enlever un écrou.

Détasser, v. tr. Faire cesser l'encombrement. Améliorer l'espace d'un lieu.

Dételé (e), adj. Qui n'a plus de voiture et de cheval pour voyager. Désemparé: quand un homme perd sa femme, il est dételé.

Dételer, v. tr. intr. et pr. Appauvrir, enlever certaines choses à quelqu'un. Quand un maquignon recevait un bon cheval en échange d'un «piton» il dételait son adversaire. Abandonner, interrompre, cesser de travailler: il a bûché pendant deux heures et il a dû dételer; il a été obligé de dételer: il faisait trop froid. Travailler fort: il se dételle pour faire vivre sa famille.

Dételleux, n. m. Charretier qui dételle son cheval. Hier soir, nous avons eu un dételleux. On appelle aussi un «dételleux» quelqu'un qui manque de persévérance. Lui, c'est un dételleux; il dételle vite.

Détèmer, v. tr. (Angl.: time: temps). Déranger la synchronisation de certains organes mécaniques. Détèmer un moteur. Ma montre est détèmée: elle ne donne plus l'heure exacte.

Déterré, n. m. Cadavre. Il était blême comme un déterré.

Déteurdre, v. tr. intr. et pr. Tordre, tourner à l'envers: il s'est déteurd le bras.

Déteurse, n. f. Entorse. Il s'est donné une déteurse. Rabelais: «Les voyes et destorses (détours)» (RGA, 34, 103).

Deusses, n. f. Employé pour «deux» au féminin. Avez-vous des haches? J'en ai deusses. On emploie ce mot seul et pour plaisanter mais pas avec le mot qu'il détermine. As-tu des boîtes? – Réponse: J'en ai deusses... Autrement on répondrait: j'ai deux boîtes. (Voir: BGHF, p. 300).

Deux, adj. num. «Ni un ni deux». L'expression «Ne faire ni un ni deux» signifie ne pas retarder, agir immédiatement. À la lutte, on compte jusqu'à trois avant le début du combat.

Deux-cennes, n. m. Pièce de monnaie d'une valeur d'un «penny» mesurant près d'un pouce et quart de diamètre qui valait deux sous, au Canada. Il avait acheté du bonbon avec un deux-cennes.

Dévalage, n. m. Dévalement. Ravin, pente. Sa voiture a pris le dévalage.

Devant, n. m. Seins: elle avait le devant à l'air. Parties sexuelles de l'homme: il se cachait le devant.

Déviarger, v. tr. Enlever la virginité. Détruire, débâtir: j'ai déviargé ma valise.

Dévirage, n. m. Action de tourner et retourner en sens contraire.

Devirer, v. tr. intr. et pr. Se retourner, tourner en sens contraire. Il s'est deviré pour le regarder. Il a deviré la statue pour qu'on la voie mieux. Il a crié et le cheval a deviré. Terme de marine. «On dit qu'un câble devire de dessus le cabestan, quand, au lieu d'avancer, il recule» (DT, t. 3, p. 298).

Deviron, n. m. Détour d'un chemin, d'une rivière. Il a été frappé dans le deviron.

Dévisser, v. tr. Manière de lever un haltère. On le soulève lentement en relevant le corps à mesure que l'haltère s'élève. À la fin, le corps est à la verticale et l'haltère est au bout du bras.

Dexciter, v. pr. Se calmer. Veux-tu te dexciter! te dénerver! T'as l'air d'un chien-fou.

Diabète, n. f. Autrefois et encore aujourd'hui chez certaines personnes âgées, au SLSJ, on emploie «diabète» au féminin. On dira: son père faisait de «la» diabète.

Diable, n. m. Ce mot occupe une bonne place dans notre langage populaire. S'il exprime surtout de la méchanceté, il prend parfois une allure de gentillesse. On parlera d'un «bon diable» ou d'un «bon petit diable». Voici quelques exemples: Ça parle au diable! Je ne trouve plus ma pipe: c'est curieux. Parler au diable; agir d'une façon surprenante. Être en beau diable: être furieux. Se vendre au diable: crier, se débattre. Aller au diable: aller au loin. Avoir le diable dans le corps: être rusé, malin, vigoureux. Que le diable t'emporte! éloigne-toi, laisse-moi la paix. Le diable s'en mêle: tout se ligue contre moi. Faire le diable: faire beaucoup de bruit. Le diable est aux vaches: il y a du remue-ménage. Ce n'est pas diable: ce n'est pas merveilleux. Le diable est pris: c'est la bagarre. Rhubarbe de diable: non comestible. Le diable l'emportait, le charriait: il allait très vite. Cet enfant invente le diable: il fait des coups pendables. Tirer le diable par la queue: avoir de la misère. Heure du diable: heure avancée. (Voir: «Heure»). Pour l'expression «aller au diable au vert» voir: «Vauvert».

Difficile, adj. Gourmet, fine bouche. Cet enfant est difficile à table. Il ne veut manger que du dessert.

Digérable, adj. Digestible. Le pain trop frais n'est pas digérable.

Diguedou, adj. Gai, dispos, joyeux, en forme. J'avais pris un petit coup et je me sentais diguedou.

Dimanche, n. m. Le trou du dimanche: la trachée-artère, tube conduisant aux poumons. J'ai avalé de travers, par le trou du dimanche, c'est-à-dire que la nourriture ou le breuvage s'est engagé du côté du poumon plutôt que du côté de l'estomac, a pris le chemin de la trachée-artère plutôt que de l'oesophage. Trou du dimanche. (Voir: «Trou».)

Dire, n. Voici quelques exemples un peu curieux où entre le mot «dire». «C'est ben pour dire» s'emploie en sous-entendant certains mots ou dans le sens de «cela prouve que». C'est ben pour dire, quand on change de situation, on change aussi d'idée (cela prouve que). C'est ben pour dire (qu'on peut se tromper): je croyais que c'était un honnête homme et c'était un voyou. C'est ben pour dire, quand on est né pour un petit pain on meurt avec (cela prouve que). Dans le temps de le dire: rapidement; il a fait ça dans le temps de le dire. Juste pour dire: très peu. Donne-moi-z-en juste pour dire (que j'en ai). Pour ne rien dire de trop: sans critiquer. Pour ne rien dire de trop, je crois qu'il est un peu paresseux. Avoir pour son dire: croire. J'ai pour mon dire que les bons comptes font les bons amis. Pour dire comme on dit: comme dit le proverbe. Pour dire comme on dit, pierre qui roule n'amasse pas moússe. Y a pas à dire: c'est un bon garçon. On ne peut pas dire le contraire: c'est un bon garçon.

Direct, adv. et adj. Directement. Je lui ai dit de me l'envoyer direct. Secours direct: allocation versée par le gouvernement aux nécessiteux. Vivre sur le secours direct (durant la crise économique de 1929). Aujourd'hui on dit plutôt: vivre sur le Bien-Être social ou sur le B.S.

Direction, n. f. Mode d'emploi d'un produit, d'un médicament etc. La direction est indiquée sur la bouteille, sur la boîte.

Discarter, v. tr. (Angl.: to discard: mettre de côté). Se défaire d'une certaine carte. Il a discarté son 9 de pique.

Discharge, n. f. (Angl.: Discharge: libération). Congé, licenciement. Il a eu sa discharge de l'armée.

Discompte, n. f. Escompte, remise. J'ai une discompte quand j'achète de la marchandise à ce magasin.

Discord, n. m. Dispute, mésentente, querelle. Il y a du discord dans cette famille; les deux frères ont eu un discord. (Voir: VRLF, p. 496).

Dish, n. f. (Angl.: Dish). Grand plat. Mettez cela dans la dish.

Dispatcher, v. tr. (Angl.: To dispatch: envoyer). Acheminer les trains dans la bonne direction.

Dispatcheur, n. m. Régulateur. Fonctionnaire chargé d'acheminer les trains à l'endroit voulu.

Dispendieux (euse), adj. Coûteux, euse. Cette maison est très dispendieuse.

Disputage, n. m. Le fait de réprimander. Je n'aime pas ce disputage des enfants.

Disputer, v. tr. Réprimander. Je déteste me faire disputer.

Distiller, v. intr. Suppurer, rendre du pus. Ma plaie distillait.

Division, n. f. Cloison, mur qui sépare les pièces d'un logis, d'une maison: chez mon oncle, les divisions sont en bois. Élèves d'une année scolaire: une classe à plusieurs divisions.

Djam, n. f. (Angl.: Jam). Gelée, confiture épaisse à base de fraises. Embâcle, ensemble de billots qui, au cours de leur descente sur une rivière, s'accrochent à un obstacle et s'y entassent pêle-mêle.

Djammer, v. intr. S'ammonceler. Les billots sont djammés. Incapables d'évacuer ses selles: il est djammé (constipé). Obstrué, arrêté, bloqué: le tuyau est djammé dans le coude. On dit aussi de quelqu'un qui est constipé qu'il est «bloqué dans le coude».

Djo, n. m. (Angl.: Jo, joes: amoureux). Sein.

Djoke, Voir: «Joke».

Djomper, v. intr. (Angl.: To jump: sauter, bondir). Quitter un endroit sans autorisation.

Djompeur, n. m. Personne qui quitte son emploi sans autorisation. Vêtement de dessus pour femme.

Dodicher, v. tr. Dorloter, caresser. Il est gâté: sa mère passe son temps à le dodicher.

Doigt, n. m. Très petite quantité, représentant l'épaisseur d'un doigt. On mesure en «pieds» et en «pouces»; pourquoi pas en «doigts»? Veux-tu du gin? oui, mais seulement un doigt. Assez souvent, un farceur dira: donne-moi deux doigts de whisky, en montrant l'index et l'annulaire écartés de 4 ou 5 pouces, ce qui donne un grand verre. Se faire cogner les doigts: se faire punir. Doigts de dame: pâtisserie taillée par bandes étroites. Ne pas faire l'oeuvre de ses dix doigts: être paresseux. Se faire prendre les doigts: se faire prendre au piège. Avoir les doigts croches: être enclin à voler. Rabelais: «À deux doigtz près de la mort» (RQL, 24, 607). «Quatre doigts de lard sus le ventre» (RQL, 41, 651).

Dommage, Beau dommage! Certainement. Est-ce que je peux y aller avec vous autres? Beau dommage! on a de la place en masse.

Dompe, n. f. (Angl.: dump: tas de déchets). Dépotoir. Va jeter ça à la dompe, dans la dompe.

Domper, v. tr. et pr. (Angl.: To dump: déverser, décharger). Renverser. Je l'ai dompé dans le fosset. Il s'est dompé dans la coulée avec sa charge de bois.

Donné, adj. Tout à coup. À un moment donné, j'ai vu du feu dans la chambre.

Donner, v. pr. «Se donner», se dit d'une personne qui lègue ses biens contre certains avantages. Par exemple, un père «se donne» à son fils à condition que ce dernier le loge et le nourrisse jusqu'à sa mort.

Donneux, adj. Donneur. Ce n'est pas un donneux: il est avare, chiche.

Dope, n. f. (Angl.: Dope: drogue). Drogue, narcotique. Il a donné de la dope à son cheval.

Dopé (e), adj. et n. Qui utilise des narcotiques; personne ou animal à qui on a donné un narcotique.

Dos, n. m. Être toujours sur le dos de quelqu'un: le harceler continuellement en paroles ou en actes. À dos. loc. adv. Se mettre quelqu'un à dos, s'en faire un adversaire.

Dos (à), «Avoir un homme à dos: avoir un ennemi qui cherche tous les moyens de nuire». (DT, t. 3, p. 438).

Dose, n. f. Maladie vénérienne. Attraper une dose: contracter une telle maladie. L'expression anglaise «To give some one a dose» est l'équivalent français de «plomber» c'est-à-dire transmettre à quelqu'un une maladie vénérienne. On compare à l'oxyde de plomb les plaques

que laisse ce genre de maladie. Voir: HSND, t. 3; RLF, t. 7, p. 499; D. Lit. t. 5, p. 2033; GLLF, t. 5; ACD, p. 361.

Dosé (e), n. et adj. Atteint de maladie vénérienne. Ce mot s'employait surtout quand il s'agissait d'une femme. C'est une dosée; elle est dosée. Il a rencontré une dosée.

Dotcher, v. intr. (Angl.: To dodge: s'esquiver). Faire une escapade en parlant d'un écolier; fumer en cachette; prendre une mauvaise direction en parlant d'une balle: la balle a dotché.

Douelle, n. f. Planche arquée, détachée d'un tonneau et servant de patin à un véhicule-jouet appelé «casse-cul» à cause de sa rusticité. Une douelle de quart. «Douelle: petite planche servant à fabriquer des tonneaux» (DT, t. 3, p. 447). «Douelle, en quelques provinces, signifie douve (planche) de tonneau» (DHAF, t. 5, p 247).

Doutance, n. f. Doute, soupçon, vague appréhension. J'avais une certaine doutance. «Vieux mot (1771). Doute, crainte». (DT, t. 3, p. 450). Doute. «Que vive foy m'oste toute doutance» (Marg. de Navarre). (DFSS, t. 3, p. 264). Rabelais parle de l'«oubliance sempiternelle». (RTL, 1, 332).

Doux-temps, n. m. Température relativement douce qui suit un grand froid. On a eu du doux-temps après Noël.

Drab, adj. (Angl.: drab: terne, morne, gris). Gris brun.

Draft, n. f. (Angl.: Draft: détachement de troupes). Morceau détaché d'un ensemble. Ramener une draft de billots, un ensemble de billots détachés de ceux qui flottent sur une rivière.

Draft-chain, n. f. (Angl.: To draft: mobiliser). Chaîne qui sert de frein et qui permet de retenir une charge de billots au moment d'une descente dans un endroit abrupt.

Draught, n. f. (Angl.: Beer on draught: bière retirée directement du tonneau). Prendre une draught.

Drave, n. f. (Angl.: To drive: conduire). Flottage du bois sur un cours d'eau. Des «draveurs» en dirigent la marche jusqu'à une scierie ou un moulin à papier. «La Drave est une grande rivière de la Pannonie» (DT, t. 3, p. 464). «Elle marque la frontière entre Yougoslavie et Autriche. Navigable sur 105 km» (DR). «Le Danube, dans lequel se lance le (sic) Drave» (DFSS, t. 3, p. 274).

Draver, v. intr. Conduire, diriger à destination du bois flottant. Je dravais sur la rivière Shipshaw.

Draveur, n. m. Ouvrier forestier, muni d'une longue gaffe, et dont le travail consiste à diriger, vers une usine, le bois flottant sur un cours d'eau accidenté.

Drette, adj. Droit, directement, exactement. Chemin ben drette. C'est drette là.

Drille, n. f. (Angl.: Drill). Exercice militaire. Il faisait de la drille. «Drille» n. m. est un vieux mot français signifiant «soldat». On disait «un pauvre drille» pour qualifier un méchant soldat. (DT, t. 3, p. 467).

Drille, n. f. (Angl.: hand-drill: perçeuse). Foreuse.

Driller v. intr. Utiliser une foreuse, diriger l'entraînement de soldats.

Drôle, adj. Beaucoup: il aimait ça, c'était pas drôle. Surprenant, curieux, qui s'explique mal: tu n'es pas capable de marcher jusque-là dira quelqu'un. Réponse: c'est encore drôle: regarde-moi faire. J'ai pris du cognac et ça fait drôle, c'est-à-dire ça produit un curieux effet. Triste: il lui en est arrivé une drôle:

on lui a volé sa voiture. Important, grave; son cas est drôlement compliqué.

Drôlerie, n. f. Farce, bouffonnerie. Arrête tes drôleries, je suis fatigué.

Drôleté, n. f. Drôlerie (DB). Paroles ou gestes bouffons utilisés pour susciter le rire. Sois sérieux, arrête tes drôletés.

Drum, n. m. (Angl.: drum: tambour, caisse, tonneau de fer). Dans une usine à papier, immense contenant cylindrique qui tourne lentement et dans lequel on introduit des billes de bois pour en enlever l'écorce. Fût, baril: un drum de gazoline, d'huile à chauffage. Tambour, caisse, dans un orchestre.

Dull, adj. (Angl.: Dull: ennuyeux, ennuyant). Ennuyant, dépourvu d'intérêt. À cet endroit il n'y avait pas grand-chose: c'était dull à mort.

Dumb-bell, n. m. (Angl.: dumb: muet; bell: cloche). Haltère. Il pratique avec des dumb-bells.

Dur, n. m. Foie de cochon, de veau, de boeuf. Il aime le dur, il mange du dur. (Voir: «mou»).

Dur (e), adj. Difficile: les temps sont durs. Dur d'entretien: difficile à engraisser. J'ai un cheval qui est dur d'entretien. Dur à cuire: qui a un caractère difficile; qui est rude dans ses manières; violent. Avoir la tête dure: avoir de la difficulté à étudier. Faire dur: être original, ne pas avoir froid aux yeux. Joseph fait dur depuis qu'il est maire: il s'est acheté une nouvelle voiture et il parle en termes.

E

Eau, n. f. Il était chargé sous l'eau: il avait une charge capable de le faire enfoncer dans l'eau. Avoir un fardeau trop lourd pour ses capacités. Tomber de l'eau: uriner. J'ai été tomber de l'eau. Être tout en eau: transpirer beaucoup. «Se dit en style populaire pour urine. Faire de l'eau, lâcher de l'eau, retenir son eau» (DT, t. 3, p. 511).

Eau de vaisselle, n. f. Soupe très claire.

Ébouriffler, v. tr. Ébouriffer. Mettre les cheveux en désordre. Elle est arrivée les cheveux tout ébourifflés.

Écarter, v. tr. et pr. S'égarer, perdre son chemin: il s'est écarté. Perdre: il a écarté sa hache. Rabelais: «Car le vent les avait esquartées par les buissons de la vallée» (RTL, 17, 389).

Écartiller, v. tr. et pr. S'éloigner les jambes l'une de l'autre. Dépenser plus que ne le permettent ses moyens. Depuis qu'il travaille il s'écartille un peu fort.

Échalote, n. f. Personne grande et mince. C'est une échalote. Il est grand comme une échalote.

Échange, n. m. Dans un échange, surtout quand il s'agissait de chevaux, on disait «change pour change» quand personne ne donnait de «retour». Voir: «Retour.»

Échappe, n. f. Écharde. Se planter une «échappe» dans une main.

Échappé (e), n. m. ou f. Enfant né hors du mariage; illégitime. Sa troisième était une échappée. «Se dit d'un cheval engendré d'un étalon et d'une cavale qui sont de différente race et de différent pays» (DT, t. 3, p. 533).

Écharogner, v. tr. Déchiqueter, couper maladroitement: écharogner un morceau de fromage. Il lui a écharogné la tête: il lui a fait une mauvaise coupe de cheveux.

Écharognure, n. f. Chose coupée d'une façon maladroite. Il lui a fait une moyenne écharognure.

Échauffaison, n. f. Éruption de la peau pouvant résulter du contact avec un vêtement trop rude.

Échetonner, v. tr. Enlever les pousses superflues (des rejetons). Cueillir les j'tons (rejetons) des plants de tabac. Échetonner le tabac (voir: «j'tons»).

Échiffer, v. tr. Réduire en pièces des étoffes usagées pour les rééutiliser en les filant de nouveau. Peigner de la laine. Défaire un drap de laine en ses composantes.

Échiffes, n. f. pl. Effiloches. Morceau d'étoffe, de laine usée qu'on défait, qu'on réduit en pièces pour la filer de nouveau.

Échousser, v. tr. Essoucher, arracher les souches.

Écoipeau, n. m. Copeau. (Pluriel: des écoipeaux).

École, Voir: «maison d'école».

École à queue, n. f. École, hangar à bois et latrines s'alignant, accrochés l'un à l'autre et formant un tout. Le hangar et les latrines étant plus petits et placés à l'arrière de l'école, on comprend l'image. D'autres y ont vu une suite de wagons et ont appelé de telles écoles des «petits trains».

Écornifler, v. intr. Regarder avec curiosité, chercher à voir ce qui se passe chez les voisins, à entendre ce qui se dit où l'on n'a pas affaire. Chercher à surprendre un secret.

Écornifleux (euse), n. m. et f. Indiscret qui se glisse chez les gens pour voir ce qu'ils font, pour entendre ce qu'ils disent.

Écorre ou **Écore**, n. m. Accore. Rive escarpée d'une rivière. Couper du bois dans un écorre. Monter ou descendre un écorre. Eschare, escarre. Croûte noirâtre qui se forme sur la peau. Mon cheval a un écorre.

Écourtiché (e), adj. Qui porte des habits écourtés. Elle est arrivée écourtichée, en mini-jupe.

Écrapoutir, v. tr. et pr. Écraser, aplatir; s'écraser, s'aplatir. Ceci se produit quand un objet malléable heurte violemment une surface rigide. Écrapoutir une pomme sur une table. Écrapoutir une banane sur le trottoir en marchant dessus. Par ailleurs, une citrouille peut s'écrapoutir sur la véranda en tombant du deuxième étage.

Écréancher, v. tr. Disjoindre, disloquer. Cette table est écréanchée, il faudrait la solidifier.

Écriveux (euse), adj. Qui écrit beaucoup. «Mot factice de Mademoiselle de Villeroy parlant d'elle-même». (DHAF, t. 5, p. 282). S'emploie souvent négativement: «Vous savez, je ne suis pas écriveuse; prenez pas de remarque.»

Écureux, n. m. Écureuil. Rabelais: «Escurieux, belettes, martres ou hermines». (RQL 35, 635). «Saultoit... comme un escurieux» (RGA, 23, 73).

Écuyer, n. m. En lisant des textes anciens, on se rend compte que le mot «écuyer» est utilisé comme titre et qu'il sert au Québec à toutes les sauces. Déjà, en 1897, Benjamin Sulte nous dit que «le titre d'écuyer a été plus d'une fois, depuis trente ans, l'objet de débats dans la presse canadienne». Plus loin le même auteur précise. «La vérité est, dit-il, que le mot est français, que les Anglais l'ont emprunté à la vieille France et que, depuis Champlain, nous en faisons usage, comme le démontrent surabondamment toutes nos archives nationales. On appliquait ce titre aux gouverneurs, petits et grands, aux seigneurs, aux officiers civils et militaires, mais pas aux médecins ni aux notaires. Sous le régime français, il n'y avait pas d'avocats dans la colonie» (BRH, vol. 3, no 7, 1897, p. 107-109). Pour sa part, Pierre-Georges

Roy écrit: «On a bien discuté autrefois sur l'origine du titre «écuyer» qu'on donne à peu près à tout le monde dans notre pays» (BRH, vol. 7, n° 6, 1901, p. 183-185).

Efface, n. f. Gomme à effacer. S'effacer: s'en aller. Efface! Va-t-en!

Effet, n. m. Sensation agréable. J'aime le gin pour l'effet, non pour le goût. Indique la gentillesse, la complaisance: si c'est un effet de votre bonté, j'aimerais que vous m'écriviez. Faire effet: donner de bons résultats: ce remède a fait effet; ces paroles ont fait effet; sa présence a fait effet. Donner de l'effet à une balle: lui imprimer un certain mouvement.

Effets, n. m. pl. Marchandises: il prend ses effets à l'épicerie du coin. Payer en effets: avec de la marchandise.

Effieller, v. tr. et pr. Rendre malade à force de travailler. Il s'est effiellé en travaillant aux foins. Il a effiellé son garçon.

Effilante, n. f. Petit éclat détaché d'un morceau de bois. Il s'est planté une effilante dans le pied.

Effourché (e), adj. Avoir les jambes très écartées. On trouve dans le DT; «Affourché adj. Monté sur une voiture, sur un animal, jambe deça, jambe delà, comme un homme est à cheval» (DT, t. 1, p. 145).

Efoiré ou Effoiré (e), adj. Étendu mollement et disgracieusement. Il était éfoiré sur le divan. «Esfoiré: mou, sans fermeté» (DFSS, t. 3, p. 636).

Égarouillé (e), adj. Écarquillé, hagard. Il avait les yeux égarouillés.

Égommer, «Esgommer: dépouiller de la gomme» (DFSS, t. 3, p. 638).

Égommeur, n. m. (On dit aussi «pic-bois»). Dans un moulin à papier, instrument servant à enlever la gomme sur les billes de bois.

Égrémir, v. tr. et pr. Réduire en petits morceaux. Égrémiller. Égrémir du pain pour le mettre dans une soupe, dans du lait. J'avais tellement mal partout que je pensais que mes os allaient s'égrémir, se séparer en petits morceaux.

Éjarrer, v. tr. et pr. Écarter les jambes, faire le grand écart. Dépenser plus que ne le permettent ses moyens. À Noël, il s'est éjarré: il a acheté des cadeaux à tous les enfants de l'immeuble.

Éla, n. m. Cri de surprise. En voyant le désastre, il a poussé des élas (de hauts cris de surprise). Rabelais: «Nous sommes au-dessus de éla, hors toute la gamme» (RQL, 19, 594). «Dans l'ancienne musique, le ton de éla était le plus élevé de tous» (Idem, Note 8). Faire des élas, ou pousser des élas signifie: jeter les hauts cris.

Élevage, n. m. Enfance. Il est né à Saint-Gédéon mais il a fait son élevage à Saint-Prime (il a passé son enfance à Saint-Prime).

Élève, n. f. Élevage. Faire l'élève d'un cochon. En élève, loc. adv. En adoption. Avoir deux filles en élève, deux filles adoptives.

Élonger, v. pr. S'étendre, s'étirer, s'allonger. Il s'est élongé dans un fauteuil.

Embarquer, v. tr. intr. et pr. (Monter dans une barque, un navire). Abuser de: c'était un garçon naïf, ils l'ont embarqué. Être dans une situation difficile, risquée: il est embarqué. Se placer dans une telle situation: s'embarquer. Conduire en prison: on l'a pris sur le fait et on l'a embarqué. Monter à bord ou sur: embarquer en autobus, en train, sur une clôture, un cheval, une corde de bois. Se joindre à: si vous vous décidez, j'embarque.

Embarras, n. m. Clôture rudimentaire faite d'une accumulation de troncs d'arbres et de branches entremêlés pour empêcher les animaux de passer.

Embarrer, v. tr. Enfermer à clef. «Vieux mot. Enfermer entre des barres» (DT, t. 3, p. 643).

Embelle, n. f. Voir: «Ambelle».

Emberlificoter, v. tr. Entortiller, embarrasser, au propre et au figuré. Il s'est fait emberlificoter par ses belles paroles. Il

s'est emberlificoté dans ses explications, dans la corde à linge.

Embobiner, v. tr. Berner, tromper. Il s'est laissé embobiner par un beau parleur. On trouve dans le DT: «Embobeliner: tromper, enjôler, engager par de belles paroles à faire quelque chose d'injuste» (DT, t. 3, p. 646).

Éméché (e), adj. Hébété par des boissons enivrantes; être près de l'ivresse. Il est arrivé passablement éméché.

Émites, Voir: «Imites» (pour limites).

Emmalicer, v. pr. Devenir coléreux. Il était doux quand il était jeune mais à vieillir, il s'est emmalicé. Au XVIe siècle «s'emmalicer» signifiait «devenir méchant», et «emmalicé» était synonyme de «méchant, pervers» (DFSS, T. 3, p. 346).

Emmanchure, n. f. Voir: «Amanchure».

Émoucher, v. pr. Envoyer, chasser les mouches. Il avait à peine le temps de s'émoucher. «Esmoucher: chasser les mouches». (Rabelais) (DFSS, t. 3, p. 655). «L'ours... faisait son principal métier d'être bon émoucheur». (La Fontaine, *Fables*, VIII, 10). Rabelais utilise aussi «esmoucheter» (RPA, 15, 234).

Empaquetage, n. m. Emballage. On déménageait; il a donc fallu s'occuper de l'empaquetage.

Empaqueter, v. tr. Emballer, mettre dans des boîtes pour fin de transport.

Empigeonné (e), Ensorcelé, troublé dans son corps et dans son esprit, séduit, captivé d'une façon irrésistible par suite d'un mauvais sort qu'on a jeté.

Empigeonner, v. tr. Jeter un sort à quelqu'un, l'ensorceler.

Emplacement, n. m. Petite superficie de terrain qui s'oppose à terre ou à ferme. Un citadin demeure sur un emplacement et un cultivateur sur une terre ou une ferme.

Emplacitaire, n. m. Propriétaire d'une habitation construite sur un emplacement détaché d'une ferme. S'oppose à cultivateur.

Emplâtre, n. f. Personne apathique, lente, incapable. Cet homme-là, c'est une belle emplâtre.

Emplir, v. tr. Raconter des histoires invraisemblables pour épater. Viens pas essayer de m'emplir. Mettre enceinte.

Empocher, v. tr. Mettre dans sa poche. Encaisser avec empressement. Il a empoché mille piastres.

Encabaner, v. tr. et pr. Renfermer, rester chez soi. Il l'a encabané pour l'hiver. Il s'est encabané pour une longue période. Voir: «cabaner».

Encadrer, v. tr. Apaiser, modérer les ardeurs. Ces enfants sont très malcommodes, il faudrait les encadrer pour avoir la paix, c'est-à-dire les placer dans un cadre comme on le fait pour une image.

Encanner, v. tr. Mettre des conserves en boîtes. Encanner des pois, des tomates.

Encaver, v. tr. Creuser, entailler, enfoncer. Il a encavé son marteau dans le cadre de la porte.

Encontre, n. f. Aller à l'encontre: dire ou faire le contraire. Je ne veux pas aller à l'encontre de mon père.

Encourager, v. tr. Acheter les produits de quelqu'un. Il encourage un marchand du voisinage.

Endorer, v. tr. et intr. (Angl.: Door: porte). Passer rapidement par une porte. Se dit d'une personne ou d'un animal qui est forcé de sortir vite, d'un chien qu'on chasse. J'ai lâché un cri et le chien a endoré la porte. Le chat a eu peur et il a endoré.

Endormitoire, n. m. Sommeil. Après dix heures du soir l'endormitoire me pogne; il faut que je me couche.

Endos, n. m. Revers d'un chèque, etc. Écrivez votre nom à l'endos. Détester: avoir quelqu'un à l'endos. Elle m'avait à l'endos.

Enfarge, n. f. Entrave. Mettre des enfarges à une vache pour l'empêcher de s'éloigner. Au premier essai elle «s'enfarge» et demeure sur place.

Enfarger, v. pr. Empêtrer, entraver, embarrasser. Il s'est enfargé dans le tapis. L'orateur s'est enfargé dans une phrase trop longue.

Enferrer, v. pr. S'embrouiller, se perdre dans ses propos. Il s'est enferré pendant son discours.

Enfiler, v. tr. Avaler rapidement: enfiler deux verres de whisky; Mettre un vêtement à la hâte: enfiler un gilet; une robe; Glisser d'une façon inattendue: il a enfilé dans un trou.

Enfirouaper, v. tr. (Angl.: In fur wrapped: enveloppé dans la fourrure). Tromper, attraper, berner, duper. Enrubanner quelque chose dans le but de tromper. Équivaut à l'expression «faire patte de velours». Il s'est fait enfirouaper en signant ce contrat.

Enfle, n. f. Enflure. Avoir de l'enfle à une jambe, à un bras, à une main.

Enfourner, v. tr. et intr. Manger avec appétit, gloutonnement. Il a enfourné son souper dans le temps de le dire. Accumuler de l'argent ou des biens de toutes sortes. Thésauriser. Depuis dix ans qu'il enfourne: il doit être riche. «Mettre le pain (ou la pâtisserie) dans le four pour le (la) cuire» (DT, t. 3, p. 711).

Engagé, adj. Qui est au service d'un patron qui lui verse des «gages», un salaire. Ce cultivateur a un homme engagé.

Engagère, adj. Engagée. Cette grande dame a trois filles engagères (engagées).

Engeance, n. f. Personne peu débrouillarde. C'est une vraie engeance; je fais plus de travail quand je suis seul que lorsqu'il est ici. J'ai jamais vu une engeance pareille; il faut tout lui dire quoi faire et comment le faire. «Espèce particulière qui vient d'une même race. Se dit figurément des hommes méchants» (DT, t. 3, p. 714).

Engendré, part. Être bien «engendré» se dit de quelqu'un qui a un bon gendre. Joseph est bien engendré: sa fille est bien mariée.

Engendrer, v. pr. «Prendre pour gendre» (DHAF, t. 5, p. 373).

Engueulé (e) **(mal),** loc. adj. Être mal engueulé: n'avoir que des paroles grossières à répéter.

Engueulement, n. m. Embouchure, ouverture, entrée. Il se trouvait à l'engueulement de la rivière.

Enjarber, v. tr. et intr. Engerber. Entasser l'un sur l'autre, mettre en tas. Prendre plus que sa part. Il voulait tout enjarber et ne rien laisser à ses voisins. «Engerber: lier le blé... Mettre les javelles en gerbes... Mettre des gerbes sur le tas, les ranger dans une grange» (DT, t. 3, p. 715).

Ennimant, adj. Animant, qui donne la vie, la force, le courage. Intéressant. C'est ennimant de travailler ici.

Ennuyant (e), adj. Qui provoque l'ennui, qui importune. C'est une ville ennuyante. C'est un film ennuyant.

Ennuyeux (euse), adj. C'est un homme ennuyeux: qui est porté à souffrir de l'ennui, qui est prédisposé à l'ennui.

En quoi, loc. adv. C'est normal. Une jeune fille dira: «J'ai 12 ans et je n'ai pas encore d'ami sérieux.» On lui répondra: «C'est en quoi! Tu es bien trop jeune.»

Ensuite (d'), adv. L'année d'ensuite: l'année suivante.

Ensuite de, loc. prép. Après, à la suite de. Ensuite de ça, que voulez-vous acheter?

Enterré (e), adj. En avoir beaucoup. Vous êtes enterrés dans le bois. Vous êtes enterrés dans l'argent.

Enterrer, v. tr. Vivre plus vieux que... Il a une bonne santé: il va nous enterrer. Sa mère avait du chien (était robuste) elle l'a enterré. Couvrir: enterrer de neige; enterrer les autres de sa voix.

En-tête, n. f. Ce qui est écrit en haut (en tête) d'une lettre ou d'un écrit quelconque.

Enteur, prép. Entre, vers, aux environs de. Passe enteur deux. J'irai enteur-ci jeudi. «Entor» est un vieux mot français signi-

fiant: autour, à l'entour. (DT, t. 3, p. 747). On trouve aussi «entour» (DFSS, t. 3, p. 496).

Enteurse, n. f. Entorse. Se donner une enteurse à un pied. Se faire une enteurse.

Entommer, v. tr. Entamer: commencer à prendre une partie d'une chose (DB). Rabelais: «Sans entommer la chair» (RTL 33, 450). «Jetées dans la braze sans estre entommées» (RQL, 56, 693).

Entommure, n. f. Partie d'une chose entommée. «Anatomizer la cervelle et en faire des entommeures» (RQL, 66, 724).

Entre-ci, loc. prép. D'ici à. Je vous verrai entre-ci quatre heures; entre-ci vendredi.

Entreprendre, v. tr. Taquiner continuellement. Utiliser quelqu'un comme son souffre-douleur. Ils m'avaient entrepris, alors je me suis fâché noir.

Entretint, part. passé. Entretenu. Je l'ai entretint pendant deux heures.

Envers, prép. Avec. Il a son parapluie envers lui. On dit aussi: vers lui.

Envoyer, v. pr. Se risquer. Il s'est envoyé à l'eau malgré la tempête. S'agiter, se trémousser, s'activer démesurément. Je trouve qu'il s'envoie un peu fort. Se donner de l'importance. Quand il y a du monde, elle s'envoie pas mal fort.

Épelan, n. m. Éperlan (sorte de poisson). «Le peuple dit éplan à Paris et ce poisson se pêche à l'embouchure de la Seine» (DHAF, t. 6, p. 52).

Épingle à couches ou **Épingle à ressort,** n. f. Épingle de sûreté, épingle de nourrice.

Épingle à linge, n. f. Pince à linge.

Épinglette, n. f. Personne maigre. C'était une vraie épinglette: il était raide maigre.

Épitaphe, n. f. Monument funéraire. Il écrivit ceci sur son épitaphe...

Éplucher, v. tr. Écorcer: éplucher un arbre.

Épluchette, n. f. Réunion de jeunes gens pour éplucher du blé d'Inde, c'est-à-dire lui enlever sa pelure, le décortiquer. Celui qui trouve un épi roux a le droit d'embrasser sa voisine.

Épocher, v. tr. Castrer, émasculer, enlever les testicules. Épocher un homme, un cheval. Veut dire aussi: se faire vider ses poches, se faire voler son argent, être ruiné.

Époiler, v. tr. Épiler, arracher le poil. Étriller.

Épouvante, n. f. Grande hâte; allure vertigineuse. Son cheval a pris l'épouvante; il est arrivé à l'épouvante, à toute épouvante. On trouve la paroisse Saint-André-de-l'Épouvante au Lac-Saint-Jean. Selon une tradition, le premier colon à s'y rendre partit tellement vite qu'il «prit l'épouvante». (Sag. mars-avril 1978, vol. 20, no 2, p. 30).

Équarriture, n. f. Carrure, largeur du dos d'une épaule à l'autre. Cet homme a toute une équarriture. On dit aussi: c'est une «pièce d'homme».

Équeuter, v. tr. Enlever la queue d'un fruit. Équeuter des fraises, des cerises.

Équipé (e), adj. Sale, malpropre. Il est tombé dans la bouette et il est revenu à la maison tout équipé. Défiguré; mal en point. Il a reçu une bonne raclée et il est parti tout équipé. (DT, t. 3, p. 811).

Équipollent (e), adj. Équivalent, ente. Toutes proportions gardées. En équipollent, loc. adv. en tenant compte des proportions. En équipollent, une fourmi est plus forte qu'un homme. Voir: DFSS, t. 3, p. 567).

Équipoller, v. tr. Égaler, valoir autant, équivaloir.

Équoipeau, n. m. Copeau, éclat enlevé d'une pièce de bois par un instrument tranchant.

Érable, n. m. Eau d'érable: sève de l'érable. Sirop d'érable: sève évaporée mais encore liquide. Sucre d'érable: sirop évaporé devenu solide.

Érablière, n. f. Forêt d'érables. On y retrouve ordinairement une «sucrerie» où l'on traite l'eau d'érable pour la convertir en sirop ou en sucre.

Éreinte, n. f. À toute éreinte, loc. adv. Beaucoup, de toute sa force. Il pleut à toute éreinte. Il s'est lancé dans la clôture à toute éreinte.

Erre, n. f. Train, allure, vitesse d'un navire. Prends-toi de l'erre (de la vitesse) pour sauter au-dessus du ruisseau. Roue d'erre: «Volant qui emmagasine de l'énergie afin de rendre plus constante la rotation d'une machine» (DB). Action d'errer, de cheminer, de marcher. «La lune... reprend l'erre de ses travaux» (Ronsard) (DFSS, t. 3, p. 572). Rabelais: «L'asne commençoit à escamper du lieu à grand erre» (RCL, 7, 766). «Je m'en voys bel erre» (Je m'en vais grand train). RQL, 47, 667). Sortir «à grand erre» (à grande vitesse). (RGA, 58, 162).

Escalateur, n. m. (Angl.: escalator). Escalier mobile.

Escalier, n. f. S'emploie au féminin. L'escalier était longue à monter.

Escandale, n. m. Scandale. «Escandaleux, escandaliser» (Brantôme). (DFSS, t. 3, p. 587).

Esclopé, n. et part. passé. Éclopé, estropié, rendu boiteux. Il est revenu de la guerre pas mal esclopé. C'est un esclopé.

Esclopper, Estropier (Oudin). «Il n'i a borgne n'esclopé». (DHAF, t. 6, p. 7).

Escogriffe, n. m. Hippogriffe: monstre fabuleux ailé, moitié cheval et moitié griffon. Au SLSJ on s'en sert pour qualifier un homme de grande taille et qui est mal fait: c'est un grand escogriffe. On appelle aussi «escogriffe» celui qui est accapareur, qui prend plus que sa part: contente-toi de ta part, espèce d'escogriffe.

Escouage, n. m. Action de secouer. Il a fait l'escouage des tapis.

Escouer, v. tr. et pr. Secouer, remuer fortement. Va escouer ta moppe. S'éventer, s'en aller à l'air libre pour faire disparaître une mauvaise senteur: Va t'escouer, mon petit salaud. «Ôter en secouant» (DFSS, t. 3, p. 623).

Escousse, n. f. Un certain temps. J'ai été une bonne escousse dans les chantiers durant cet hiver-là. J'y allais par escousses: par intervalles, de temps en temps. Voir: DFSS, t. 3, p. 625.

Escrimer, v. pr. S'escrimer c'est manifester sa joie ou son indignation par des gestes exagérés comme ferait celui qui combat avec une épée. Quand Joseph a gagné la course, son père s'escrimait.

Espèce, n. m. On utilise ce mot pour qualifier quelqu'un dont on trouve le comportement bizarre ou répréhensible. Parfois, on sous-entend des mots durs qu'on n'ose prononcer, comme celui de «fou». On dira: le jeune garçon d'à-côté, c'est un espèce (de fou). Parfois, on ne se gêne pas et l'on ne s'embarrasse pas de sous-entendu disant, par exemple: Marie-Ange a marié un espèce de trimpe qui est toujours sur la brosse. Un père dira à son fils qu'il ne trouve pas très vaillant: Ah! mon espèce de paresseux.

Especial, adj. Spécial. Rabelais: «Sans grâce divine espéciale» (RPA, 18, 252).

Esprit, En esprit: pur. Prendre du whisky en esprit, sans mélange, pur. Avoir l'esprit présent: avoir la répartie vive, facile.

Esse, n. m. Tuyau courbé en deux sens opposés et imitant la lettre S.

Essuie-vitre, n,. m. Essuie-glace, utilisé dans les voitures automobiles.

Estatue, n. f. Statue. «Il s'en fit ériger un' estatue de marbre» (Brantôme). (DFSS, t. 3, p. 707).

Estèque, n. m. (Voir aussi: «stèque»). Bouquet. On garde le meilleur orateur pour l'estèque. Dernière levée dans certains jeux de cartes. Il a fait l'estèque ou le «stèque».

Estimé, n. m. Estimation. Pourrais-tu me faire un estimé du prix pour tel travail.

Estomac, n. m. et f. Endroit situé entre la chemise et la poitrine. Mon père mettait son argent dans son estomac. Appétit: avoir l'estomac ouverte: avoir un gros appétit. Seins: elle avait l'estomac à l'air.

Estomac, n. m. Avoir l'estomac dans les talons: être affamé. Poitrine. «S'Europe

avait l'estomach aussi beau» (Ronsard). (DFSS, t. 3, p. 718).

Étamper, v. tr. Envoyer, coller, écraser. Je lui ai étampé une tarte dans la face.

Étançonner, v. tr. Soutenir, fortifier. Étançonner un mur.

États, n. m. pl. États-Unis. Il est allé aux États.

Éteindable, adj. Qui peut être éteint. Le feu était tellement bien pris qu'il n'était pas éteindable.

Éteindu (e), part. passé. Éteint. La lampe est éteindue.

Étenderie, n. f. Ensemble d'objets étendus ici et là. Les enfants ont fait une moyenne étendrie: on trouve des jouets partout dans la maison.

Étiré (e), adj. Tiré, allongé. Tu as le visage étiré; es-tu malade?

Étoc, n. m. Étau. Instrument permettant de fixer les pièces auxquelles on travaille. «Estoc n. m. Tronc, souche, tige... Arme pointue. Pointe» (DHAF, t. 6, p. 94). Voir aussi: DFSS, t. 3, p. 714.

Étoile, n. f. En étoile: très, beaucoup. Il est habile en étoile (très). Il y avait du poisson en étoile (beaucoup). Pour comprendre l'origine de cette expression, il suffit de se rappeler qu'on donne le titre d'étoile à une personne qui brille, qui se distingue au cinéma, au théâtre, dans la danse, dans les sports, etc. On dira: une étoile de cinéma, un joueur étoile: Faire ses étoiles: faire une dernière résistance avant de mourir. Voir des étoiles: avoir la vue ou l'esprit embrouillé par suite d'une défaillance ou d'un coup sur la tête.

Étrange, n. m. et adj. Étranger. C'est un étrange. Il est arrivé par ici l'année dernière. On trouve dans le dictionnaire de Trévoux: «Les chiens aboient s'ils voient venir quelqu'un d'étrange dans la maison» (DT, t. 3, p. 912). Rabelais: «Les nations étranges» (RGA, 17, 55). «Pays étranges» (RGA, 23, 75).

Étrenner, v. tr. Faire subir un rude apprentissage. Il n'était pas habitué à ce travail; mais en arrivant, je t'assure que son patron l'a étrenné.

Étrette, adj. Étroit. Le chemin est étrette.

Étriper, v. tr. Éventrer, déchirer en ouvrant le ventre.

Étrivant (e), adj. Qui aime taquiner. Sa femme est étrivante.

Étrivation, n. f. Taquinerie. Il n'entend pas l'étrivation.

Étriver, v. tr. Taquiner: il aimait me faire étriver. Agacer, irriter: j'avais une bosse dans mon soulier et cela m'étrivait.

Étriveux (euse), adj. Qui aime taquiner. C'est un étriveux. Elle est étriveuse.

Euchre, n. m. Jeux de cartes. Voir: «Youkeur».

Eurk!, Interjection qui indique le dégoût, un haut-le-coeur. On veut vomir, «restituer», «renvoyer».

Eux, On emploie souvent, dans le langage populaire au SLSJ ou ailleurs, des noms et des adjectifs qui se terminent en «eux» au lieu de «eur», de «ant» ou de «ard»: branleux, étriveux, flambeux, preneux, robineux, tireux etc. Voici une liste de mots tirés du «*Dictionnaire de la langue française du seizième siècle*» en 7 tomes d'Edmond Huguet. On peut se rendre compte qu'il s'agit d'une coutume en usage au temps de Calvin, Montaigne, Ronsard, Joachim du Bellay, Marguerite de Navarre et de tant d'autres écrivains de cette époque.

Baveux	Buveux
Col-porteux	Cracheux
Escandaleux	Fumeux
Glisseux	Gommeux
Goûteux	Historieux
Jeûneux	Joueux
Jureux	Laboureux
Lamenteux	Limeux
Limiteux	Menteux
Pareux	Pisteux
Peteux	Procureux
Quereleux	Rueux
Secoueux	Sueux
Trompeux	Vanteux
Vibreux	

Évacher, v. pr. S'étendre paresseusement; mal se tenir, être débraillé, avoir des vêtements en désordre.

Éventilateur, n. m. Ventilateur, instrument permettant de renouveler l'air.

Éventail, n. m. Ventilateur mécanique.

Éventé (e), adj. Ces bottes de caoutchouc sont éventées: le caoutchouc a vieilli, n'a plus de résistance et peut se fendiller au moindre choc.

Éventer, v. pr. (Voir aussi: «escouer»). Éventer une voile signifie: la disposer de manière à mettre le vent dedans. Après avoir «lâché un vent», s'en aller en plein air pour en atténuer l'odeur. Mon petit salaud, va t'éventer.

Exemple (par), loc. adv. Cependant, toutefois. Marc est plus fort que Joseph; par exemple, Joseph est beaucoup plus jeune. Mais: on travaillait fort; par exemple, on avait une bonne nourriture. «Par exemple» s'emploie aussi comme exclamation exprimant la surprise ou précédant une mise en garde. Par exemple! c'est un peu fort. Par exemple! si tu continues je vais me fâcher.

Exhaust, n. m. (Angl.: exhaust: échappement de vapeur, de gaz). Vapeur d'échappement. Le tuyau d'exhaust était défectueux et le chauffeur a été asphyxié.

Explorer, v. intr. Visiter la forêt pour en connaître la valeur avant de prendre un contrat de coupe. J'avais été explorer et j'ai dit à mon frère: «Il y a beaucoup de beau bois, c'est un vrai jardin.»

Exprès (ou «par exprès»), adv. À dessein, consciemment, avec l'intention de. Ce n'est pas du hasard: tu l'as fait exprès. Oui, je l'ai fait par exprès.

Extra, adj. Très bon, très efficace. Ce remède est extra pour vous guérir.

Extré, n. m. (Angl.: extra). Temps supplémentaire. Mon mari a fait deux heures d'extré hier soir. Il a fait de l'extré.

F

Face, n. f. C'est un visage à deux faces: un hypocrite. Il m'a fait une moyenne face: l'expression de son visage était horrifiante. Un «visage à deux faces» est un hypocrite. C'est un Janus qui au lieu d'être un dieu serait un genre de «petit démon».

Face-à-claque, n. f. Visage naturellement détestable, qui incite à lui donner une taloche.

Façon, n. f. Avoir de la façon, avoir une grand'façon. Parler beaucoup et sans timidité. Confection: ma robe a coûté 12 piastres de matériel et 3 piastres de façon.

Facterie, n. f. (Angl.: factory: usine, manufacture). Usine, manufacture, fabrique, filature ou usine de tissage. Ma tante a travaillé longtemps dans une facterie aux États-Unis au début du siècle.

Fafinage, n. m. Action d'hésiter, de tergiverser. Je ne veux pas de fafinage: donne-moi ça tout de suite.

Fafiner, v. intr. Hésiter, tergiverser. Il ne faut pas que du fafines. Vient vraisemblablement de «peaufiner» qui signifie «nettoyer avec une peau de chamois» et, au figuré, «préparer, orner minutieusement, fignoler» (Dictionnaire Robert de la Langue française, t. 7, p. 203).

Faible, adv. Faiblement, un peu moins de. Mon cadre de porte a quatre pouces faible. Voir: «Fort».

Faillette, n. f. Faiblesse. Il a eu une faillette après souper et il a perdu connaissance.

Faim de. Avoir faim de: avoir envie de, avoir besoin de. Si tu as faim de lire, ma bibliothèque est là.

Faire, v. tr. intr. et pr. Vendre: combien (ou «comment») me fais-tu cette voiture? Réussir: bien faire (to do well). Mon garçon a bien fait cette année dans ses études. Ça va faire!: c'est assez. Ça ne fera pas: ça va se gâter. Arrête ou ça ne fera pas, je vais me fâcher. Se faire rouler: se faire faire. En achetant cette voiture, je me suis fait faire: c'est un bazou.

Faisant-mal, n. et adj. Taquin, trouble-fête. Cet enfant est faisant-mal. Le garçon du voisin est un grand faisant-mal.

Faiseux (euse), n. Intrigant, vantard, hâbleur. C'est un beau faiseux; il n'est pas même capable de faire une cheville pour se mettre dans le c... Grand parleux, petit faiseux: qui parle beaucoup, agit peu. «Faiseur se dit par mépris de ceux qui font mal quelque chose, ou qui font une chose qui n'est point estimée» (DT, t. 4, p. 29).

Faite. S'emploie pour «fait». Ceci est mal faite. Comme de faite: tel que prévu. Comme de faite, il arriva à huit heures.

Faite, n. f. Cigarette manufacturée, roulée à la machine, contrairement à une «rouleuse» qui est roulée à la main. Je suis trop pauvre pour fumer des «faites», je me contente de «rouleuses», de «taponneuses». Passe-moi une faite.

Falaise, n. f. Congère. Amoncellement de neige. Aller sur la falaise: aller faire ses besoins à l'extérieur de la maison durant l'hiver. «On appelle aussi en Normandie falaises ces monceaux de neige que le vent forme, et en Touraine, particulièrement à Amboise, on appelle de la falaise du sable menu» (DT, t. 4, p. 34).

Fale, n. f. Poitrine, gorge. Cache-toi la fale, tu vas attraper la grippe. Estomac: s'emplir la fale: manger beaucoup. DFSS, t. 4, p. 22.

Fall, n. m. (Angl.: to fall: tomber). Avalanche de billes de bois. Il m'envoyait des falls de 150 cordes de bois.

Fameusement, adv. Beaucoup, très. Un gâteau fameusement bon.

Fameux, adj. Vigoureux. Il a eu la grippe et il n'est pas encore fameux. Délicieux: une pomme fameuse. Bien réussie: cette peinture n'est pas fameuse. On qualifiait de pomme «fameuse» une belle pomme rouge très ferme au moment de la cueillette mais qui, au cours de l'hiver, devenait tendre et juteuse.

Famille, n. f. On utilise l'expression «pour élever ma famille» dans le sens de: beaucoup, abondamment. Cette année la température est merveilleuse. Je vais récolter des fraises pour élever ma famille. J'ai reçu deux voyages de bois de chauffage; comme ma maison est chaude, j'en ai pour élever ma famille. Partir pour la famille, être en famille: devenir ou être enceinte. Sa fille est partie pour la famille.

Fan, n. m. (En angl. abréviation de «fanatic»). Admirateur enthousiaste, inconditionnel, «aveugle» d'une vedette sportive ou artistique. On dira, par exemple, que tel joueur de hockey ou que tel chanteur populaire était entouré de ses «fans», qu'on appellera son «fan club».

Fan, n. m. (Angl.: To fan: agiter). Ventilateur. Il fait trop chaud: ouvre le fan pour ne pas qu'on crève.

Fanal, n. m. Homme grand et mince. C'est un grand fanal.

Fancy, adj. (Angl.: Fancy: goût, fantaisie, imagination). Joli, coquet, élégant, original. Ta robe est fancy. Son gâteau de fête était fancy.

Fanferluches, n. f. pl. Ornement léger et décoratif considéré comme superflu. Avez-vous une robe de coton sans fanferluches? «Fanferluche: flammèches qui s'élèvent en l'air quand on brûle des feuilles... On l'a étendu par ressemblance aux choses mondaines qui n'ont que de la vanité et un faux éclat» (DT, t. 4, p. 43).

Fantasque, adj. Effronté. En parlant des personnes ou des bêtes. Il faut être fantasque pour se vanter comme ça. C'est un animal fantasque. Imaginez! venir manger un poulet en plein jour devant la maison!

Faraud (e), adj. Galant, fanfaron, prétentieux. Il aime faire son faraud devant les jeunes filles.

Farde, n. f. Fard. Elle se met beaucoup de farde sur les joues.

Fardoches, n. f. pl. Broussailles qui entravent la marche dans un terrain défriché. Les vaches étaient dans les fardoches. Sous-bois: ils s'embrassaient dans les fardoches.

Fascine, n. f. (Latin: fascina: fagot de sarment, bois qui pousse chaque année sur les ceps de vigne). Fagots qu'on utilise pour combler les fossés, pour niveler des mauvais chemins. Branches entrelacées servant à construire des pêches pour la capture du poisson.

Fasciner, v. tr. Paver un chemin de branches entrelacées aux endroits où il y a du sable mouvant ou du terrain marécageux afin de prévenir les enlisements. Voici un texte ancien à ce sujet: «J'ai ponté et fasciné soixante et sept chaînes de chemin dans les endroits savanneux, le tout recouvert d'une bonne couche de terre» (Rapport de O. Gauthier, conducteur de travaux. Voir: Documents de la Session (n° 4) 32 Victoria, A. 1869, p. 218).

Fatigant (e), adj. Importun. Laisse-le tranquille grand fatigant.

Fatiguer, v. intr. Se fatiguer. J'ai marché durant une heure et j'ai fatigué.

Fausser, v. tr. et intr. Chanter faux. Il fausse à chaque note. Déformer. Son char a frappé le bord du trottoir et il a faussé une roue d'en avant.

Fausser, v. intr. Prendre une mauvaise direction. En lui faisant les cheveux, le bras m'a faussé.

Fefolle, adj. Femme légère, frivole, échevelée. Elle est pas mal fefolle. S'emploie aussi dans le cas d'un homme efféminé. Il a l'air fefolle.

Feluette, adj. Fluet. Faible, chétif, maladif, malingre. C'est un garçon feluette pour son âge.

Fendant (e), adj. Autoritaire, arrogant. Il a un air fendant.

Fendue n. f. Femme. Terme de mépris.

Fer, n. m. Dur comme fer. Il croit cette légende dur comme fer. Fermement.

Fer à friser, n. m. Durant les années 30 et 40, les femmes utilisaient deux genres de fers à friser qu'elles mettaient chauffer dans la cendre d'un poêle à bois. Avant de s'en servir, elles devaient vérifier si le fer n'était pas trop chaud. Elles se servaient alors d'un morceau de papier. On trouvait deux genres de fers: Le rouleur (Angl.: curler) qui frisait les cheveux en forme d'anneaux, de «boudins», de boucles. Le vagueur, appelé aussi craqueur ou fer à craquer; celui-ci permettait de friser les cheveux sous forme de vagues, d'ondulations.

Ferlouche, n. f. Confiture faite de sirop, de farine et de raisins. Au SLSJ on dit surtout: de la tarte «aux raisins». Le mot «ferlouche» est utilisé très rarement.

Fermer, v. intr. Terminer. J'ai fermé mes études à l'âge de onze ans. Mon cours a fermé à ce moment-là.

Féroce, adj. S'emploie négativement. Dans ce temps-là les médecins n'étaient pas féroces: habiles, savants, compétents.

Fers, n. m. pl. On dansait au point que les fers nous décollaient d'en dessous des pieds. Danser avec frénésie. On compare ainsi les personnes à des chevaux. On dit qu'un cheval a les quatre «fers» en l'air.

Fesse, n. f. Indique la calvitie. Avoir la tête comme une fesse, comme une patinoire à poux. On dit d'un pneu usé: il est comme une fesse. Pain-fesse: pain de ménage en forme de fesse.

Fesser, v. tr. Frapper avec les poings. Je l'ai fessé en pleine face.

Feu, n. m. Avoir le feu (au derrière): être nerveux, impatient. Être dans le feu: être très pressé de partir. Partez-pas tout de suite, vous n'êtes pas dans le feu. Faire du feu: passer à toute vitesse. J'ai eu juste le temps de le voir: il faisait du feu. Faire mourir à petit feu: tourmenter sans relâche.

Feu (e), adj. Défunt, e (Latin: fatutus: qui a accompli son destin; de «fatum»: destin). Qui est mort depuis peu de temps. Feu mon père; mon feu père.

Feu d'épina. Voir: «Philippina».

Feu sauvage, n. m. Herpès labial.

Fiatte, n. f. Confiance. Avec lui il n'y a pas de fiatte: on ne peut lui faire confiance.

Fichu (e), adj. Détestable. C'est un fichu d'homme. Très: c'est une fichue de belle fille.

Fichument, adv. Très, beaucoup, excessivement. C'est fichument beau.

Fier (ère), adj. Vaniteux, euse. Aimer à montrer ses toilettes, à surpasser les autres, à se tirer un rang. Elle est fière comme un paon. Content, heureux. J'étais fier d'arriver chez moi.

Fier (se), v. pr. Compter sur: vous pouvez vous fier à lui.

Fierpette, n. et adj. Fat, ridiculement orgueilleux: c'est un vrai fierpette.

Fi-farlang, adv. Il était en beau fi-farlang, très fâché. On dit aussi: être en fifarlot.

Figé (e), adj. Gêné, interdit, intimidé. En voyant son père, il est resté figé.

Fil, n. m. Indique une liaison, une suite, un enchaînement. Signifie petit à petit, insensiblement, en passant d'une chose à une autre. De fil en aiguille, il en est venu à nous raconter toute l'histoire.

Filandais, n. et adj. S'emploie pour Finlandais, originaire de Finlande.

File (de). De suite, d'affilée. Il a pris quatre bouteilles de bière de file.

Filer, v. intr. (Angl.: To feel up to something: se sentir assez bien pour faire quelque chose). Je ne filais pas hier, j'avais la fièvre.

Filleux, n. m. Filleul.

Fillol, fillole, n. m. et f. Filleul, eule: celui ou celle dont on est le parrain ou la marraine. C'est mon fillol (ou mon «filleux»). C'est ma fillole. «Elle fust sa fillole et parente» (Thevet) (DFSS, t. 4, p. 106).

«Toute la Cour dit filleul & filleule, & toute la ville fillol & fillole». (VRLF, p. 341).

Fin (e), adj. Gentil, gentille. Ce jeune homme est fin. Marie est bien fine.

Finaliser. (Angl.: to finalize). Terminer.

Fin-finaud, (e) adj. Hautain, suffisant, prétentieux, dédaigneux, arrogant, Jos-connaissant. Arrête de faire ton fin-finaud.

Fin-fond, n. m. Au plus profond: il est descendu au fin-fond du lac. La vérité concernant quelque chose. Je voudrais connaître le fin-fond de cette affaire. Au fin-fond de lui-même, il doit regretter son geste. Il demeure au fin-fond de la paroisse: à l'extrême limite de la paroisse. Rabelais: «Attiré du fin fond de Angleterre» (RPA, 20, 258).

Fiole, n. f. Bouteille, flacon de verre. Promotion, poste important: il vient d'avoir une fiole.

Fion, n. m. Ornement, fioriture. Il fait des fions en écrivant. Il signe son nom avec des fions; on ne comprend rien.

Fitter. (Angl.: to fit: être adapté, ajusté à). Ça fitte: cela convient très bien.

Fixe, n. m. Avoir le fixe: regarder constamment un endroit sans en détourner les yeux.

Flaille, n. m. et f. (Angl.: Flag). Drapeau, pavillon. Lever le flaille: partir. Braguette de pantalon. Ferme ta flaille.

Flailler, v. intr. (Angl.: to fly: voler). Aller très vite, déguerpir. Tu es mieux de flailler. Signaler avec un drapeau (Anglais: flag: drapeau) ou à l'aide de la main pour demander à un automobiliste d'arrêter. J'ai flaillé une voiture, un train, un autobus.

Flamber, v. intr. Aiguisé comme un rasoir. Ma hache flambait. Dégager du feu et de la fumée d'une façon inhabituelle. La cheminée flambait.

Flamèche, n. f. Flamme. Il sortait des flamèches par les chassis. Il est de mauvaise humeur: il fait des flamèches.

Flan, n. m. Tarte faite avec de la crème fouettée, des oeufs et de la farine. Lait épais que donne une vache qui vient de donner naissance à un veau.

Flanc-mou, n. m. Homme sans énergie, lambin, paresseux, traînard; c'est un grand flanc-mou.

Flâse, n. f. (Angl.: floss). Soie floche, filoselle, soie plate, veloutée.

Flâser, v. tr. Broder avec de la soie floche. Enjoliver une histoire, mentir. Arrête de flâser et dis-nous la vérité.

Flasher, v. intr. (Angl.: flash, éclair, éclat). Il agit ainsi pour flasher, pour paraître, pour se faire remarquer. Il aime flasher.

Flash-flaille, n. f. (Angl.: Flash-light). Lampe de poche.

Flasque, n. m. Gourde, bouteille, flacon. Il s'est acheté un petit flasque de whisky. «Petit vaisseau de cuir où l'on met de la poudre pour charger un fusil quand on va à la chasse» (DT, t. 4, p. 184). Rabelais parle d'un «flasque du Sang gréal» (RCL, 10, 774).

Flat, adj. et n. (Angl.: Flat: plat, horizontal). Sans entrain. Il a passé la journée flat. Crevaison: en revenant de Saint-Gédéon, j'ai fait un flat.

Fleur, n. f. (Angl.: flour: farine). Farine. Apporte un cent (livres) de fleur. «Flour: fleur de farine. Deux boiceaulx de flour de farine» (DHAF, t. 6, p. 241).

Fleureter, v. intr. «Toucher délicatement. Aller de fleurs en fleurs. Conter fleurette». (DHAF, t. 6, p. 234). «Voltiger de fleur en fleur» (Calvin, Rabelais). (DFSS, t. 4, p. 128).

Flirter, v. intr. (Angl.: to flirt). Tenir des propos galants, légers. Conter fleurette. On dit aussi en français «fleureter» (Voir: Jean Malignon, *Dictionnaire des écrivains français*, p. 404). Une «fleurette» c'est une petite fleur ou encore une chose sans importance. D'une certaine façon on pourrait parler de «marivaudage».

Floche, adj. (Angl.: flush: débordant). Généreux: c'est un homme très floche. Au niveau de: ma maison est bâtie floche au trottoir.

Flot, n. m. Adolescent qui veut se comporter comme un adulte. Un jeune flot. Fléau: instrument pour battre le blé formé de deux tiges rigides reliées par une charnière.

Flûte, n. f. Personne mince: c'est une grande flûte.

Flûtes, n. f. pl. Organiser ses flûtes: manoeuvrer de manière à en arriver à ses fins. Il a organisé ses flûtes pour être élu député. Ajuster, accorder ses flûtes: faire l'unanimité.Tâchez d'ajuster vos flûtes pour savoir où vous voulez aller.

Flux, n. m. Diarrhée. J'ai mangé trop de raisins et j'ai eu le flux.

Foi. On a gardé au SLSJ la prononciation «fwé» dans l'expression: ma foi (fwé) du bon Dieu! qui peut se traduire par: décidément, manifestement, d'une manière claire... Ma foi (fwé) du bon Dieu, il est devenu fou! (Voir: DGHF, p. 100, note 1).

Foin, n. m. Argent: il a le foin, du foin. Broche à foin: indique la pauvreté. Il travaille pour une compagnie de broche à foin, c'est-à-dire pour une compagnie minable, pauvre, sans importance, sujette à la faillite. (Voir: Broche-à-foin). «On dit aussi, qu'un homme a bien mis du foin dans ses bottes ou de la paille dans ses souliers, pour dire qu'il a bien gagné du bien» (DT, t. 1, p. 979).

Foira, n. m. ou **Foire**, n. f. Selle liquide. Excréments fluides. etc. «Foirard, n. m. Il y a un certain raisin laxatif, appelé foirard, en Gascogne» (DT, t. 4, p. 217). «Foire, n. f. Signifie cours de ventre... Il est dangereux de boire du vin doux, il donne la foire» (DT, t. 4, p. 218). Rabelais: «Des foyrars pour ceux qui sont constipéz de ventre» (RGA, 25, 79).

Foireux (euse), adj. Poltron, peureux. «Homme sans courage» (DHAF, t. 6, p. 246). Qui n'est pas chanceux au jeu de cartes. Rabelais emploie ce mot dans le sens premier, ou «propre» si l'on peut parler ainsi. «Sa chemise estait toute foyreuse» (RQL, 67, 726).

Fois (des), adv. Quelquefois, de temps en temps. Des fois il l'apportait, des fois il l'oubliait. J'y vais des fois quand j'ai le temps.

Fol, adj. Voir: «Ouvrage fol».

Folleries, n. f. pl. Folies, tapage, tumulte, vacarme. Les enfants! cessez vos folleries.

Fond, n. m. L'expression «collé au fond» décrit l'état de légumes, de viandes ou de pâtes alimentaires qui ont adhéré au fond de la casserole par suite du manque d'eau. On dit, par exemple, que les patates sont «collées au fond» ou ont «pris au fond».

Fonds, n. m. pl. Provision. Il m'a fait un chèque pas de fonds.

Footing, n. f. (Mot anglais). Empattement, base sur laquelle s'appuie un mur, une colonne, un solage et qui en assure la solidité. Mon mur a une bonne footing.

Forçail (au, dans le), loc. adv. À la rigueur, en cas de besoin, au pis aller, en faisant un effort. Au forçail (dans le forçail) je pourrai me rendre chez vous ce soir.

Force, n. f. Céréales, flocons de maïs. Il mange de la force le matin. En force: en vigueur. Ma police d'assurance est en force. Cheval-vapeur: j'ai un moteur de vingt forces.

Forcer. En forçant: à la limite. En forçant, je pourrais vous vendre ce bureau pour 35 $.

Forces, n. f. pl. Ciseaux pour tondre les moutons. Ma mère nous coupait les cheveux avec des forces. «Ciseaux composés de deux fers tranchants qui n'ont point de clou au milieu, mais qui sont joints par un demi-cercle qui fait ressort» (DT, t. 4, p. 240).

Forçure, n. f. Enflure, gonflement de muscles par suite d'un excès de travail. Il a la face comme une forçure: un visage gras ou enflé. Foie de porc. Une «fressure» est un terme de boucherie et désigne «les gros viscères qui se tiennent comme les poumons, le coeur, le foie» (DB).

Foreman, n. m. (Angl.: Fore: de devant; man: homme). Contremaître.

Fort, n. m. et adj. Boisson fortement alcoolisée. Il aime le fort. Être fort en gueule: parler beaucoup.

Fort, adv. Fortement, un peu plus de. Il est trois heures fort. C'est huit pouces fort.

Fortiller, v. intr. Frétiller. Se remuer par des mouvements vifs et courts. Mon chien fortillait de la queue.

Fortilleux (euse). Personne qui s'agite sans cesse.

Fosse du cou, n. f. Peau du cou. Il l'a pris par la fosse du cou et par le fond de culottes et il l'a garroché sur le voyage de foin.

Fosset, n. m. Fossé. Il a déboulé dans le fosset.

Fou, n. m. (Angl.: to make a fool of oneself). Faire un fou de soi. Je ne voulais pas qu'ils fassent un fou de moi, qu'ils me tournent en ridicule.

Fou, folle, adj. Léger. Les cheveux sont «fous» lorsqu'on a de la difficulté à les faire tenir en place. La neige est «folle» quand elle est légère et que le vent l'emporte facilement. «Jeter son fou» veut dire s'activer de façon extravagante pour dépenser un surplus d'énergie. Arrête de faire simple. Va jeter ton fou dehors et tu rentreras quand tu seras calmé. (Voir: «Ouvrage fol»).

Fouette, n. m. Arbre long et dépourvu de branches. Abattre des grands fouettes c'est avantageux, on n'a pas besoin d'ébrancher. Personne grande et maigre.

Fouille, n. f. Culbute, embardée. Il a pris une maudite fouille dans la côte.

Fouiller, v. tr. et intr. Culbuter, dégringoler.

Fouler, v. intr. Devenir plus court en parlant d'une personne. On dirait que ton mari a foulé. Est-ce qu'il a été malade? Au temps de la Révolution française on disait qu'une personne avait été raccourcie quand on l'avait guillotinée.

Fouler, v. intr. Tasser du foin avec ses pieds pour en mettre davantage. Embarque sur le voyage pour fouler.

Foulure, n. f. Abcès du tissu cellulaire. Il s'est fait une foulure en creusant à la petite pelle.

Fourcat, n. m. Entrejambes. Ce lutteur a saisi son adversaire par le fourcat et par la fosse du cou pour le jeter hors de l'arène. Le dictionnaire de Trévoux, t. 4 dit ceci: «Terme de marine. Ce sont les pièces de charpenterie qui entrent dans la construction du vaisseau et qu'on met sur les extrémités de la quille auprès des varangues où le vaisseau s'étrécit»... «Il y a des fourcats à deux branches, il y en a à trois branches; ceux-ci font comme un bout d'arbre d'où naissent deux branches».

Fourche, n. f. Partie du corps entre les deux cuisses. Recevoir un coup de pied dans la fourche. Entrejambes, enfourchure, par extension: sexe. Une grand'fourche: personne qui a de grandes jambes. Branche en forme d'un Y entrant dans la fabrication d'un tire-roche.

Fourrer, v. tr., intr. et pr. Mettre en prison: fourrer quelqu'un dedans. Duper: fourrer quelqu'un; se faire fourrer. Se tromper: s'est fourré royalement. Dépasser l'entendement: ça me fourre. Placer, mettre: fourrer une serviette dans un buffet. Fureter: il est fourré partout. Avoir de la misère: fourrer le chien. Forniquer.

Fous, n. m. pl. Pour indiquer une grande abondance, on dira: il y en avait pour les fous et les sages. C'était un grand banquet, il y avait de la nourriture pour les fous et les sages.

Fraîche, n. f. Frais. On a pris la fraîche sur la galerie.

Frais, adj. Oeil de porc frais. Voir: «oeil».

Frais, fraîche, adj. et n. Orgueilleux, hautain. Il fait son frais. Elle fait sa fraîche. C'est un grand frais qui s'en fait accroire.

Frais (en), loc. prép. Se mettre en frais de. Je me suis mis en frais de creuser ma cave: j'ai commencé à... J'étais en frais de caler de l'argent: de m'endetter.

Fraise, n. f. Nez, visage. Je ne lui ai pas encore vu la fraise. Regarde-lui la fraise. Même sens que pour «bette»: il a toute une bette; regarde-lui la bette.

Franc, franche, adj. (exempt de). Épilé, complètement rasé. Il avait la tête à la peau franche. Utilisé en parlant d'un cheval qui n'est pas rétif, qui tire sa charge d'une façon régulière contrairement au cheval «brouillon» qui «décolle» sans avertir. Cheval franc; jument franche.

Frappage, n. m. Collision.

Frappé (ée), n. et adj. Prétentieux, snob, vantard, matamore, orgueilleux.

Frappe-à-bord, n. m. Mouche qui pique en se posant sur la peau. Effronté, fantasque, Jos-connaissant, méprisant.

Frapper, v. tr. Rencontrer, trouver. J'ai frappé un vendeur de poêle et j'en ai acheté un. J'ai frappé une maison à vendre. Heurter, entrer en collision. Il a frappé un camion. Trouver. Je n'ai pas encore frappé de travail.

Frappoir, n. m. Claquette, claquoir. Instrument formé de deux planchettes creusées à l'intérieur et réunies par des charnières; on les frappait l'une contre l'autre pour donner le signal de certains exercices de groupe à l'école ou à l'église.

Freezer, n. m. Congélateur. Mets la crème glacée dans le freezer.

Freidir (ou «frédir»), v. intr. Froidir, refroidir. Le temps commence à freidir. La soupe va freidir; tu ferais mieux de la manger tout de suite.

Frémer (se), v. pr. (Angl.: To frame: charpenter; frame: charpente). Dresser la charpente d'une construction: maison, grange etc. Je me suis frémé et la semaine suivante j'ai commencé la couverture.

Frémille, n. f. Fourmi.

Frémille-à-zèles, n. f. Littéralement on traduit par «Fourmis à ailes». Bestiole difficile à identifier.

Frémillon, n. m. Nom d'un rang sablonneux de Saint-Alexis de Grande-Baie. En latin, «formicare» veut dire: frémir, s'agiter, avoir le frisson, et «formica» signifie: fourmi. Le vieux français en avait tiré «fremi»; on disait: un oeuf de fremi. Au SLSJ, on disait «frémille». Le rang appelé «Frémillon» était un chemin sablonneux, c'està-dire un endroit tout désigné pour offrir le gîte aux fourmis. (DHAF, t. 6, p. 314). Voir: «Toponymie» et DFSS, t. 4, p. 205).

Frères, n. m. pl. Doigts. Je lui ai étampé mes cinq frères sur la gueule.

Frette, n. et adj. Froid. Un frette à couper un chien en deux. Net, frette, sec: indique une réponse sans réplique. Je lui ai dit ça net, frette, sec. Il fait frette; sa maison est très frette.

Fricassée, n. f. et adj. Mets à base de pommes de terre taillées en tranches minces et mélangées à des restes de viande. Faire une fricassée. On dit aussi des «patates fricassées». (Voir: «chiasse», «hachis»).

Friction (alcool). Voir: «Alcool à friction».

Fringale (être en). Tomber de fatigue et avoir besoin de manger. Il tombait vite en fringale. Il était toujours en fringale. Il avait la fringale.

Fripant (e), n. et adj. Qui se chiffonne aisément. Elle a une robe fripante. Il a mis sa fripante, en parlant d'un habit qui se froisse facilement.

Fripé, adj. Froissé, en mauvais état, fatigué, abattu. Il a bu toute la nuit, il est arrivé fripé. Sa calotte est fripée.

Fripe, n. f. «Brosse», abus d'alcool: il est parti sur la fripe; il a pris toute une fripe. Sans arrêt: il a fait le trajet tout d'une fripe. Injurier, réprimander vertement: il lui a tombé sur la fripe. Au XVIe siècle, le verbe «friper» signifiait: manger, avaler gloutonnement; par ailleurs, «fripon» était synonyme de bon vivant, gaillard, débauché. (DFSS, t. 4, p. 214).

Frique, n. f. (Friche: étendue de terrain inculte). Terrain non cultivé ou non cultivable, savane.

Frisattine, n. f. Papillote. Morceau de papier ou de métal sur lequel on enroule les cheveux pour les friser.

Friser, v. tr. Atteindre presque. Il lui a frisé le nez avec son poing. Ils ont frisé un accident. «Approcher de bien près. Cette balle de mousquet lui a frisé la joue, les cheveux» (DT, t. 4, p. 328).

Frison, n. m. Bande de tissu plissé qu'on coud à un vêtement. Elle avait une robe avec un beau frison.

Frôler, v. pr. Toucher en frottant. On dira: le chat se frôle contre les jambes de son maître, contre les pattes de la table.

Fromage, n. m. Meule de fromage: énorme morceau de fromage de forme circulaire et ressemblant à une meule de moulin. Coton à fromage: tissu poreux dont on se sert pour envelopper le fromage.

Fronde, n. f. Clou, furoncle. Inflammation du follicule pilo-sébacé. Dans le sens de «lance-pierres» on dit «tire-roches». Voir ce mot.

Front, n. m. Avoir du front; avoir un front de beu; avoir du front tout le tour de la tête (certains ajoutent «et un peu dans le dos»). Être effronté, impudent; n'avoir aucune honte, ne rougir de rien.

Froque, n. f. Blouse ample que portent les ouvriers, les travailleurs manuels.

Frotter, v. tr. et intr. Danser la «gigue simple»: il frotte bien. Frictionner un malade: frotter quelqu'un qui a la grippe. Cirer: il a frotté ses souliers avec du noir à chaussures; elle a frotté le plancher de la cuisine.

Fruitages, n. m. pl. Petits fruits comestibles qui croissent naturellement dans les champs: fraises, framboises, bleuets, gadelles, groseilles. Il est allé aux fruitages, c'est-à-dire cueillir des petits fruits. «Les fruitages d'automne et les fleurs du printans» (Desportes). (DFSS, t. 4, p. 227).

Full-dress, adv. (Angl.: Full: complet; dress: habit). Il était habillé «full-dress». Il était bien vêtu, en grande tenue; il était chic.

Fumelle, n. f. Femme ou femelle d'un animal. «Une belle fumelle riche et bien dotée lui est donnée en mariage» (Fabri). (DFSS, t. 4, p. 236).

Fumer, v. intr. S'attarder, prolonger sa visite. Vous pouvez fumer encore un peu, il n'est pas tard. Prends le temps de fumer, tu viens d'arriver. Se disait aussi d'un élève qui ne pouvait répondre à une question et qui gardait le silence. (Voir: Antoinette T. Gilbert, *Au Royaume des souvenirs, l'école de rang*, p. 92).

Fun, n. m. (Angl.: Fun: gaieté). Plaisir. Avoir du fun. Avoir un gros fun. Le fun est pris.

Furieux (euse), adj. Très. Il a un furieux de beau bureau; une furieuse de belle maison. Extraordinaire, impressionnant, prodigieux, exceptionnel, étonnant. Voici ce que dit l'abbé Louis-Antoine Martel dans ses «Notes sur le Saguenay» écrites vers 1865. «Dans cette mission tous les habitants de la Gde Baie se piquèrent d'un certain luxe et présentèrent un pain béni célèbre par la tradition, et auxquels (sic) tous contribuèrent. Certains vieux habitants, dans la naïveté et l'énergie de leurs expressions disent que c'était un pain bénit FURIEUX». À ce sujet, on peut consulter le Dictionnaire de Trévoux. «Furieux se dit aussi de ce qui est prodigieux, excellent, extraordinaire dans son genre et qui cause de l'admiration» (DT, t. 4, p. 354).

Furlough, n. m. (Angl.) Congé, vacance d'un soldat. Mon garçon est venu se promener la semaine dernière: il était en furlough.

Fuseau, n. m. Bobine. Achète un fuseau de fil.

Fusée, n. f. «La masse de fil enlevée d'un dévidoir» (DB). «Le fil qui est dévidé autour d'un fuseau. Cette bergère fait deux fusées de fil tous les jours» (DT, t. 4, p. 356).

Fusil, n. m. Être en beau fusil: être furieux, de mauvaise humeur. On dit aussi: il est comme un fusil chargé, on ne sait jamais quand il va éclater.

Futer, v. tr. Détourner de, dégoûter, causer de la répugnance. Le fait d'avoir eu un professeur sévère, l'a futé de l'école.

Futur (e), n. Futur époux, future épouse. Il est allé voir sa future. Elle est avec son futur.

G

Gâchis, n. m. Arbres enchevêtrés formant un fouillis. Endroit impraticable.

Gadelle, n. f. Groseille rouge ou noire. Avoir les yeux comme des gadelles: faire les yeux doux; avoir les yeux langoureux.

Gaffe, n. f. Longue perche munie d'un crochet servant à saisir les billots. Terme de marine. C'était un instrument pour éloigner ou approcher une chaloupe (DT, t. 4, p. 370).

Gaffer, v. intr. Travailler avec une gaffe.

Gag, n. m. (Angl.: Gag). Farce, repartie comique. «Gab n. m. Vieux mot français qui signifiait autrefois raillerie, plaisanterie» (DT, t. 4, p. 362).

Gages, n. f. et m. pl. Salaire. Gagner de grosses gages. Anneaux de fiançailles comprenant: le «jonc» (l'alliance) et la bague. Cette femme a des beaux gages.

Gâgne, n. m. Salaire. Il avait son gâgne dans sa poche, sur lui. Mon gâgne n'était pas élevé en ce temps-là.

Gagné, n. m. Économies, réserves monétaires. Il vit avec du vieux gagné.

Galafre, n. m. et adj. Glouton, safre, gourmand.

Gale, n. f. Escarre, croûte formée sur la peau par l'humeur sécrétée par une plaie, une écorchure. Il a une gale sur un doigt.

Galé (e), adj. Recouvert d'une escarre.

Galettage, n. m. Galette de ménage. Elle a fait du galettage pour Noël. Il ne mange que des galettages (biscuits, galettes).

Galette, n. f. Grappe, morceau. Défaire une raft par galettes. Volume très mince qu'un étudiant recevait autrefois en guise de récompense à la fin de l'année. J'ai eu un prix, mais c'était une galette.

Galette-à-cuire, n. f. Morceau de levain.

Galette au sirop, n.f. Pâtisserie de ménage faite avec de la mélasse.

Galfetable, adj. Qu'on peut calfeutrer; dont on peut boucher les fissures, les fentes. Qu'on peut rassasier: cet enfant a un gros appétit; il n'est pas galfetable. Voir: «Dégalfeter».

Galfetage, n. m. Opération consistant à placer un isolant (linge, ouate) dans les fentes pour empêcher l'air et le froid de pénétrer.

Galfeter, v. tr. Calfeutrer, boucher les fentes d'une porte, d'une fenêtre.

Galipote, n. f. Courir la galipote: fréquenter des lieux de réputation louche.

Gambetter, v. intr. (Gambader signifie: sauter sans art). Tituber, marcher de travers, en zig-zag. Il est arrivé en gambettant; j'ai vu qu'il avait pris un coup un peu fort. Le verbe «jambeter» signifie «donner le croc en jambe» (DHAF, t. 7, p. 100).

Gamique, n. f. (Angl.: Gimmick: truc dont se sert un magicien pour faire ses tours). Groupe de personnes peu recommandables. C'est toute une gamique; une moyenne gamique.

Gance, n. f. Bague plate en tissu servant de prise. Je l'ai saisi par la gance.

Gandole, n. f. Ruine, abandon. Sa maison était en gandole, elle tombait en ruine, elle était malpropre. Signifie que tout est «à la traîne», que la vaisselle n'est pas lavée, qu'il y a des toiles d'araignées partout, que tout est à l'abandon. Tout est à la gandole. Sa maison s'en va à la gandole. Le DT parle de «gandolin» n. m. avec la description suivante: «C'est le nom qu'on donne dans quelques provinces à ces gens désoeuvrés et sans génie qui s'amusent à badiner, qui touchent à tout, qui cassent ou laissent tomber les choses qu'ils manient, ou du moins qui les salissent et les fripent» (DT, t. 4, p. 399).

Gandolin, n. m. Voir: «gandole».

Gang, n. f. (Angl.) Groupe, équipe. On était une grosse gang.

Garage, n. m. Atelier où l'on effectue la réparation des véhicules.

Garanti, adv. Sûrement. Je vais bûcher 1500 pieds garanti.

Garcette, n. f. Coup de poing américain. Bâton plombé pour frapper.

Garçon, n. m. Célibataire. J'étais encore garçon à ce moment-là.

Garde, n. f. Infirmière, garde-malade. Va chercher la garde. Dis à la garde de venir.

Garde-chaise, n. m. Autrefois, dans plusieurs maisons, les murs de la cuisine étaient divisés en deux parties par une tringle de deux ou trois pouces de largeur placée horizontalement à environ 40 pouces du plancher. Cette partie du mur appelée «garde-chaise» était souvent faite de planches enbouvetées de bois dur posées verticalement et sa solidité préservait le mur contre les coups. La partie du haut, moins exposée, était construite en matériaux plus fragiles (gyproc, etc.) et elle était souvent recouverte de papier peint, de la «tapisserie». À une époque où tout se passait dans la cuisine et où les enfants étaient nombreux, on comprend la présence du «garde-chaise».

Garde-chousses, n. m. Garde-souches. Surveillant dans les chantiers. Il avait comme tâche de veiller à ce que les troncs d'arbres (souches) soient coupés le plus près du sol possible pour faciliter le charroyage des billots.

Garde-feu, n. m. Gardien chargé de prévenir et de combattre les incendies de forêt.

Garde-vase, n. m. Pare-boue.

Gargoton, n. m. Gorge, gosier, pomme d'Adam.

Gargoton n. m. «Gargoton pour gorge, est aussi un mot poitevin mais d'un usage peu répandu» (FCPM, p. 133). Rabelais parle du «guarguareon» pour désigner la luette (RGA, 44, 127 et 128, note 1).

Garnotte, n. f. Cailloux. Charroyer de la garnotte, de la pierre réduite en petits morceaux.

Garrocher, v. tr. Jeter, lancer. Garrocher une roche.

Gaspille, n. f. Gaspillage. Il y a trop de gaspille dans cette maison-là.

Gaspillé (e), adj. Gâté. C'est un enfant gaspillé, pas de service. (Voir: «service»).

Gaspiller, v. tr. et intr. Dépenser outre-mesure (argent). Dilapider ses biens: il gaspille; il est gaspilleux; elle est gaspilleuse. Gâter, accorder trop de faveurs; il gaspille les enfants.

Gaspilleux (euse), adj. Personne qui gaspille.

Gâter, v. tr. Ébrécher. Gâter une hache, un couteau, des ciseaux.

Gaudriole, n. f. Mélange de divers grains: pois, avoine, sarrazin. Il a semé de la gaudriole.

Gazé (e), adj. et n. Qui a été soumis à l'action de gaz toxique. Par extension ce mot sert à qualifier quelqu'un qui n'a pas un comportement normal, qui est nerveux, surexcité, qui agit de façon bizarre et imprévisible.

Gazette, n. f. Papier journal. Si tu peintures, mets de la gazette sur le plancher pour ne pas le salir.

Gazoline, n. f. ou **Gaz,** n. m. Essence. Je veux de la gazoline pour cinq piastres. Mets-moi du gaz pour cinq piastres.

Geddé (e), adj. (Angl.: Giddy: étourdi). Étourdi après avoir pris de la boisson alcoolique. Il est arrivé geddé. «Guéder v. tr. Terme populaire qui signifie saouler, faire manger avec excès» (DT, t. 4, p. 651).

Geloire, n. f. Réfrigérateur, congélateur, glacière. Endroit très froid, très inconfortable. Cette maison est une vraie geloire.

Génie, n. m. C'est un grand génie; se dit surtout d'un enfant qui se livre à des raisonnements d'adulte. L'expression «c'est un petit génie» peut signifier deux choses. Il peut s'agir d'un enfant très intelligent, d'un enfant-prodige ou encore d'un adulte qui n'est pas très doué. Voir: «Sans-génie».

Genre des mots. Au SLSJ, certains mots n'ont pas toujours eu le genre traditionnel: on disait: un fin de semaine, une grande escalier, une bonne hiver, une bonne job, une belle habit, la diabète. Qu'on se console: Rabelais disait: «un enclume» (RPA, 29, 293); «le tronc des fortes arbres» (RQL, 62, 712); «aborda une navire» (RCL, 18, 798); «toute mensonge» (RCL, 44, 881).

Genses, n. m. pl. Gens, personnes. Les genses de la maison étaient fatigués.

Germe, n. m. Bourbillon, corps blanchâtre et filamenteux au centre d'un clou, d'une furoncle.

Gestes, n. f. pl. Comportement bizarre. Ex. Ma voiture fait des gestes... des gestes simples, de vilaines gestes. Faire des «gestes simples» veut dire aussi: faire des mouvements corporels à caractère érotique, provocateur.

Gesteux (euse), adj. Qui aime à faire des gestes, des gambades, à se comporter comme un bouffon. Ce jeune homme est gesteux, il a le diable dans le corps.

Get up. (Angl.: To get up: monter). Se lever, se mettre debout. Dans ce temps-là, il fallait se lever de bonne heure. À cinq heures du matin c'était «get up» (levez-vous!) et on allait soigner les animaux. On incite aussi un animal à s'activer, à courir plus vite, en lui disant «get up».

Gibbar, n. m. Cétacé très gros, orque, épaulard. Homme grand. C'est un grand gibbar de six pieds et quatre pouces. «Sorte de baleine» (DFSS, t. 4, p. 311).

Gibelotte, n. f. Mélange peu appétissant; mets peu réussi, mal fait. Il a servi une moyenne gibelotte pour le souper. Mélange de boue et de neige. On marchait dans la gibelotte.

Gigogne. Voir: «Gigon».

Gigon (ne), adj. et n. On dit: c'est un gigon, une gigonne ou encore: il a l'air gigon.

Ce mot a à peu près le même sens que «colon» et «colonne» bien que plus fort. Être gigon, c'est être pauvre, malpropre, mal vêtu, salaud; c'est aussi avoir un langage vulgaire et habiter dans un taudis. On dit que pendant la Deuxième Guerre mondiale, vers 1942, des gens de l'extérieur vinrent s'établir à quelques milles de Chicoutimi et que par la suite d'autres familles pauvres vinrent les rejoindre formant une agglomération de taudis qu'on désigna sous le nom de «gigonville». Ces gens n'ayant pas de travail passaient leur temps à flâner et à danser, à giguer d'où le nom de «gigon». On utilise aussi le mot «gigonnerie» pour qualifier le comportement de ces bohémiens. Il ne faut pas confondre «gigon» et «quétaine». Gigon qualifie un état tandis que quétaine indique un manque de goût, de jugement dans la façon de s'habiller, de présenter un cadeau. Celui qui a une allure quétaine n'est pas nécessairement pauvre; c'est plutôt un parvenu qui fait état de sa fortune mais qui manque d'éducation pour le faire de façon convenable. N. B.: Ne pas confondre «gigon» ou «gigonne» avec GIGOGNE. On appelle «tables gigognes» une série de tables qui s'emboîtent les unes dans les autres. Ce mot tire son origine d'un personnage de théâtre, une femme géante avec une large jupe d'où sortaient de nombreux enfants. En ce sens, le mot «gigogne» serait l'altération de «cigogne» (DR).

Gigoter, v. intr. Remuer les jambes rapidement.

Gigoteux (euse), adj. Actif, entreprenant, qui aime la danse.

Gigue de l'ours. Danser la gigue de l'ours: danser, sauter de joie comme un ours pour témoigner sa satisfaction. Manifester sa joie par un comportement exubérant.

Giguer, v. intr. Danser la gigue ou toute autre danse.

Gigueux (euse). Qui aime danser.

Gingen, n. m. Gingembre.

Girafe, n. f. Personne grande et maigre. Son mari est une grand'girafe.

Glace, n. f. Marquer quelque chose sur la glace signifie: vendre quelque chose à crédit quand on sait qu'on ne sera jamais payé. Voir: Armoire à glace.

Glaces, n. f. pl. Début de l'hiver. Je travaillais au quai de Bagotville jusqu'aux glaces. – Ce travail-là durait jusqu'aux glaces.

Glaçon, n. m. Être gelé comme un glaçon: être transi de froid.

Glane, n. f. Nettoyage d'un terrain, d'une rivière. Ramasser les arbres restés dans des endroits difficiles, des précipices, etc. après la coupe du bois dans un chantier. Nettoyer une rivière des billes qui restent après la «drave». Ils faisaient la glane. «Poignée d'épis recueillies aux champs après l'enlèvement des gerbes» (DHAF, t. 6, p. 397).

Glissade, n. f. Endroit en pente recouvert de glace, qui permet une descente rapide. Les enfants ont une belle glissade près de la maison.

Glissette, n. f. Glissade. Il a pris toute une glissette et il s'est cassé une jambe.

Globe, n. m. Ampoule électrique. Veux-tu tarauder le globe. Pose un globe dans la cuisine. Change le globe. Le globe est brûlé.

Gnian-gnian, n. m. Homme sans énergie, lambin. C'est un grand gnian-gnian, un grand «flanc-mou», un «bon à rien».

Gnochon, adj. et n. m. Niais, peu intelligent. C'est un vrai gnochon.

Goal, n. m. (Angl.: Goal: but). But; surtout au jeu de hockey.

Goaler, v. intr. Garder le but au jeu de hockey.

Goaleur, n. m. Garde-but, gardien de but au jeu de hockey.

God-dam. Juron anglais qui, étymologiquement, signifie «Que Dieu damne», mais qui, en pratique, est beaucoup moins terrible. Il équivaut à «Sapristi» ou «Nom de Dieu». Littré parle de «god-dam» comme d'un «sobriquet que le peuple donne aux Anglais. Un gros «goddam».

(D. Lit., t. 4, p. 134). Voir: «Blôque», «Godon».

Godendard (ou «godendart»), n. m. Grosse scie munie, à chaque extrémité, d'un manche court et vertical et qui exige deux personnes pour la manier. (DB). Le godendard était une arme utilisée aux XIIIᵉ, XIVᵉ et XVᵉ siècles. Littré la décrit en ces termes: «Arme à hampe dont le fer porte une pointe, un croc et un tranchant». (D. Lit., t. 4, p. 135). Voir: «Passe-partout»). «Godendart, scie passe-partout employée pour «débiter» de grosses billes de bois. Le mot est courant en Touraine. Dans la partie du Châtelleraudais qui touche le Berry, on dit GODLAND» (FCPM, p. 110). «Les coutilliers et bidaux surgissaient avec leurs gaudendarts (sic), ces terribles armes à trois fins dont le croc saisit le chevalier par la chemise de mailles, et parfois par la chair, pour le jeter à bas de sa monture... dont la pointe disjoint la cuirasse à l'aine ou à l'aiselle quand l'homme est à terre, dont le croissant enfin sert à fendre le heaume...» (M. Druon, *Quand un roi perd la France*, Paris, Plon, 1977, p. 325).

Godin, n. m. Chassis-monture de scie en forme d'arc fait avec le tronc flexible et élastique d'un jeune arbre. Vient vraisemblablement de «godet» que le DT décrit comme étant «aussi un mot nouveau (en 1771) qui se dit en parlant du chapeau, quand on le porte de telle sorte que le derrière relève et fait une manière de rebord» (DT, t. 4, p. 545). Le «godin» ou l'armature du «sciotte» couronne la lame et ressemble à un chapeau.

Godon ou **Goddon,** n. m. Voir: «Blôque».

Gogo, n. m. Niais, imbécile. C'est un gogo.

Gohède, n. m. (Angl.: to go ahead, aller de l'avant). Entrain. Il a du gohède.

Goincher, v. intr. (Voir: «quincher»). S'emploie surtout en parlant d'un cheval. Être de mauvaise humeur et essayer de mordre.

Goincheux (euse), adj. (Voir aussi: «quincheux»). Hargneux, euse.

Gomme, n. f. Aller à la gomme: s'en aller, aller au diable. Va à la gomme et ne viens plus m'achaler. Allusion au comportement de celui qui parcourt la forêt pour recueillir la gomme de sapin ou d'épinette.

Gomme-balloune, n. f. Gomme très malléable que l'on peut gonfler comme un ballon après l'avoir mâchée et en soufflant dessus.

Gomme (haute). Faire partie de la haute gomme: de la haute société. On devrait plutôt dire «haute gamme». Rabelais: «Pantagruel entra en la haulte game» (RPA, 18, 251). «De haulte game» (RTL, 38, 464).

Gommeux. Individu malpropre, importun, «collant».

Goon, n. m. (Argot américain: Dur à cuire, personne stupide). Fier-à-bras, particulièrement au jeu de hockey.

Gorlot, n. m. (On dit aussi «gueurlot»). Vient de «grelot». Voix, bouche: ferme-toi le gorlot. Petites pommes de terre: ramasser des gorlots. Sonnette attachée à une voiture ou à l'attelage d'un cheval: entendre sonner des gorlots.

Gosse, n. f. Testicule. Ce mot vient vraisemblablement de «gousse» qui est l'enveloppe des graines de plantes légumineuses: une gousse d'ail, de pois, etc. Gosse de nègre: pruneau séché. Sasse-gosse n. m. bicyclette. Se sasser les gosses: se dépêcher. Avoir des gosses: être énergique. Au XVI⁰ siècle, on disait des «génitoires» ou des «batoches» (DFSS).

Gosser, v. tr. Travailler un morceau de bois avec un canif. Taquiner quelqu'un continuellement: il passait son temps à me gosser.

Gosseux, n. m. Qui cherche à provoquer, à faire fâcher par des remarques intempestives. Qui utilise un couteau de poche pour faire des sculptures rustiques.

Goudrier, n. m. Cuir épais servant à fabriquer des semelles de chaussures.

Gouffre, n. m. et adj. Grand mangeur, goinfre. Gâté, émoussé, mal aiguisé. Le taillant de ma hache est gouffre; il faut que je le passe sur la meule. Son ciseau est trop gouffre pour faire du beau travail.

Gourgane, n. f. Fève cultivée particulièrement au SLSJ. Nom de la fève commune ou fève de marais. (D. Lit.). Petite fève de marais qui est douce et de bonne qualité. (DT). Grosse fève colorée et dont la tige rigide atteint un ou deux pieds de hauteur. (Marius Barbeau, dans les «Proceedings de la Société Royale du Canada,» 1917, Série III, p. 197).

Gourmer, v. pr. Se gourmer. Affecter un maintien composé, mystérieux, indiquant un orgueil satisfait. La personne qui se gourme a les yeux à demi fermés, les joues gonflées et le menton appuyé sur la poitrine.

Goût (avec), loc. adv. Savourer. On fumait du tabac avec goût; c'était meilleur que des feuilles d'aulne.

Goutte, n. f. Suer à grosses gouttes: transpirer beaucoup. Rabelais utilise cette expression: «Silenus... suoit à grosses gouttes» (RCL, 40, 868).

Gouvernement, n. m. Conduite, action de conduire. Avoir un grand gouvernement: avoir une grand'conduite, aimer à conduire, à s'occuper des affaires des autres.

Graduation, n. f. Remise de diplômes. Fête des promotions.

Grafigner, v. tr. Égratigner, griffer. Racler avec les ongles. Il s'est fâché et il l'a grafigné. (DFSS, t. 4, p. 355).

Grafignure, n. f. Égratignure, trace laissée par une griffe ou par un objet mince et pointu. Le chat a fait plusieurs grafignures sur l'un de mes disques.

Grain, n. m. Catholique à gros grains: qui n'est pas très religieux, qui ne pratique pas beaucoup sa religion.

Grain serrré. Voir: «graine».

Graine, n. f. Petite quantité. Acheter le beurre à la graine. Avez-vous du fromage? Je n'en ai pas une graine. Il n'y a pas une graine d'eau. Membre viril; parties sexuelles. Il marche la graine serrée(ou le «grain serré») signifie: avoir peur, être intimidé. Graine de pain: miette qui tombe du pain quand on le rompt ou qu'on le coupe. Monter en graines: prendre de l'âge en parlant surtout d'une célibataire: Ses deux filles montent en graines. Servir à la graine: avec parcimonie. Dans ce restaurant, ils nous servent à la graine.

Graisser, v. tr. et pr. Graisser la patte: donner de l'argent ou certains avantages pour obtenir des faveurs. Se graisser: s'enrichir par des pratiques douteuses. Au XVIᵉ siècle, «graisser le poignet» signifiait «donner de l'argent» (DFSS, t. 4, p. 356).

Gramophone, n. m. Appareil reproduisant les sons et utilisant des disques.

Grand (e), adj. Beaucoup de. On n'avait pas grand divertissement. Tirer du grand: aimer la richesse, les honneurs. En grand, loc. adv.: très; c'est beau en grand. Grand'biche: jeune fille grande et maigre. Grand bois: dans la construction d'une maison, grosses pièces qui soutiennent la charpente. Le grand bois se distingue des autres pièces mineures comme celles servant à la confection du plancher, des fenêtres, etc. Grand'porte: entrer par la grand'porte: se tirer honorablement d'une situation difficile. Grand'sleigh: «Paire de longs patins supportant deux grosses traverses, l'une vers l'avant, l'autre vers l'arrière, sur lesquelles était placée la charge. L'attelage était d'un seul cheval; il tirait la sleigh au moyen d'une paire de menoires» (HS, p. 267). Grand-talent, personne qui en «mène large» qui aime s'occuper des affaires des autres, qui outrepasse facilement son champ de juridiction. C'est un grand-talent; il a un grand-talent. Grande personne: adulte. «Trois grandes personnes étaient décédées…» (L.-A. Martel, Notes sur le Saguenay, p. 20). En grande (vitesse), loc. adv.: être parti en grande, signifie: être nerveux, s'activer outre mesure.

Grandement, adv. Être grandement: être logé confortablement; être à l'aise, avoir

de l'espace. Ils sont grandement dans leur nouvelle maison.

Graphophone, n. m. Appareil reproduisant les sons et utilisant des cylindres.

Gras-cuite, adj. Peu ou mal cuit, gluant, graisseux. Sa tarte était gras-cuite. Son pain était gras-cuite.

Gras-de-jambe, n. m. Mollet.

Gratte, n. f. Instrument tiré par un cheval et utilisé pour niveler la route en hiver ou en été, au temps où les chemins n'étaient pas asphaltés, où la mécanisation était rudimentaire.

Gratteux (euse), adj. et n. Mesquin, ine: qui ménage, qui économise sur tout. Billet de loterie recouvert d'une pellicule qu'on doit enlever en grattant: acheter un gratteux.

Grattin (e), n. et adj. Mesquin, avare, qui économise sur tout.

Gravelle, n. f. (Angl.: gravel: gravier). Gravier: un camion de gravelle; un chemin de gravelle. Le DHAF donne «sable» (DHAF, t. 6, p. 420). Gravelle se dit aussi d'une maladie qui cause des concrétions rénales. Voir le DR.

Gravois, n. m. Gravier, petits cailloux. Le trottoir est en gravois.

Gréer ou **Gréyer**, v. pr. S'habiller, se munir, se pourvoir, s'acheter quelque chose. S'habiller: c'est le temps de se gréer pour partir. Acheter: se gréer d'une automobile. Se préparer: greye tes bagages, on va partir. S'approvisionner: se gréer de farine. «Gréyer avec le sens de se pourvoir, se monter, se meubler, s'installer etc c'est un mot qu'on entend partout en Saintonge» (FCPM, p. 117).

Grêlasser, v. impers. Grêler un peu. (DB). C'est le temps de partir, il commence à grêlasser.

Grêle, n. f. Quantité considérable. Il a reçu une grêle de coups de pied. Il est habitué de boxer: quand il se bat, ça grêle.

Grêleux (euse), adj. Vêtu avec des habits hors saison ou inadaptés à la personne qui les porte… trop petits ou trop grands.

Grément, n. m. Attirail. Ensemble d'objets servant à accomplir une tâche: un grément de pêche. Apporte tes gréments pour réparer la cheminée. Personne sans allure, peu douée: elle a marié tout un grément.

Gribouille, n. f. Désaccord, querelle, grabuge. Il est en gribouille avec ses voisins. Il y a de la gribouille entre ces familles.

Gricher, v. intr. Grincer. Produire un bruit strident. Gricher des dents: les frotter les unes contre les autres. Arrête de traîner la pelle sur le trottoir, tu me fais gricher des dents.

Grichou, adj. Rares, mal peignés, de mauvaise couleur. Il a les cheveux grichous.

Griffe, n. f. Crochet utilisé par une grue, une pelle mécanique.

Griffonneuse, n. f. Sage-femme. «Dénomination appliquée aux sages-femmes, particulièrement au Lac-Saint-Jean... Le mot avait un sens péjoratif aux yeux des médecins du premier quart de siècle, mais non aux yeux du peuple vivant dans les localités privés des services médicaux» (EGV, p. 139). Il faut remonter au vieux français pour retrouver le sens de ce mot. «Griffon, n. m. Oiseau de proie semblable à l'aigle». – «Griffonner: saisir comme un griffon». – «Griffonneur: celui qui griffonne» (DHAF, t. 6, p. 427). Le DFSS dit sensiblement la même chose. «Griffonner: saisir, s'emparer de». – «Griffonnier: qui saisit avec les griffes» (DFSS, t. 4, p. 378). Émile Littré donne cette explication: «Griffonner, c'est d'abord saisir comme un griffon, puis écrire comme un animal qui a des griffes. Le mot «griffe» a aussi influé sur le sens; car on a pensé que «griffe» et «griffon» avaient le même radical» (D. Lit., t. 4, p. 270).

Grimace, n. f. «Simple note de crédit, non transférable, permettant de prendre des effets au magasin pour un montant déterminé. Le commis y inscrivait au dos, à mesure, la valeur des marchandises livrées, jusqu'à concurrence du montant de la grimace». Agacées par ce système, les ménagères, par dérision, donnèrent le nom de «grimace» à ces notes de crédit. (H. S., Éd. 1969, p. 274; Sag. mai-août 1975, p. 67-68).

Grimpeux (euse), adj. Qui aime à grimper. C'est un enfant grimpeux.

Grincheux (euse), adj. Susceptible.

Gripette, n. m. Diable. Enfant nerveux qui se fâche facilement et qui exprime son mécontentement par des cris, des convulsions, des bris d'objets, des menaces, etc.

Grocerie, n. f. (Angl.: Grocery: épicerie). Magasin, épicerie, marché. Il est allé chercher du beurre à la grocerie. Il fait sa grocerie chez Provigo.

Gros, n. m. Marchand de gros: grossiste, marchand en gros. Intermédiaire entre le détaillant et le producteur ou le fabricant. Beaucoup: il y avait gros de monde à l'église. Personnage important: elle a marié le gros de la place.

Gros, grosse, adj. Ne pas se sentir gros: être craintif, impuissant. Lorsque j'ai entendu les coups de tonnerre, je n'étais pas gros. Faire son gros, sa grosse: se comporter comme un personnage important; certains diraient «se prendre pour un autre».

Grosse-gorge, n. f. Goître. Cette femme a la grosse-gorge.

Grouillant, n. m. Gélatine (dessert). Donne-moi du gâteau et du grouillant.

Grouiller, v. pr. et intr. Bouger, être actif, débrouillard. C'est un commis qui se grouille. Il a grouillé une pierre.

Ground, n. m. (Angl.: Ground: fond). Fil servant de prise de terre dans un appareil électrique.

Grounder, v. tr. Poser, installer une prise de terre. Il a groundé «son» radio.

Gru, n. m. Farine grise servant à engraisser les animaux. Donner du gru aux cochons.

Guédé, adj. (Angl.: giddy: étourdi). Être abasourdi, étourdi, après avoir pris de l'alcool. On dit aussi: être en air; être en boisson; être chaudette.

Guedoune, n. f. Prostituée. Femme de moeurs légères.

Gueling-guelang, n. m. Onomatopée. Mot composé imitant le son d'une cloche. L'expression: il n'y a pas de gueling-guelang signifie qu'il ne doit pas y avoir d'hésitation, de tergiversation, qu'il faut agir vite. Lorsqu'une cloche est en activité, c'est-à-dire qu'elle fait «gueling-guelang», elle n'est pas fixée, allant de gauche à droite. Elle ne le sera qu'au moment où elle deviendra muette.

Guéme, n. f. (Angl.: game: jeu). D'accord. Es-tu guéme? On dira, pour provoquer quelqu'un: t'es pas guéme de faire ça, c'est-à-dire: tu n'es pas capable de faire cela… tu n'es pas assez courageux pour le faire. Veux-tu entrer dans la guéme? (dans le jeu). Pas un mot sur la guéme (ferme-toi).

Guémeur, n. m. Joueur.

Guenille, n. f. Linge usagé. Il était habillé en guenille. Marchandise usagée d'un marché aux puces. Bric-à-brac. Il est propriétaire d'un magasin de guenilles. Il vend de la guenille. Chiquer la guenille (Angl.: To chew the rag). Critiquer. Avoir les jambes comme de la guenille: avoir le trac, être très nerveux.

Guenillou, n. m. Loqueteux, qui porte des vêtements en loques.

Guère (pas), loc. adv. Peu, pas beaucoup. Il n'a pas guère d'argent, de talent, etc. Y a-t-il beaucoup de bleuets? — Il n'y en a pas guère.

Gueteurses, n. f. pl. (Angl.: Gaiter: guêtre). Chaussures montantes à boutons ou à élastiques. Jambière qui sert à couvrir la jambe et le dessus du soulier et qui se ferme sur le côté avec des boucles ou des boutons. Le mot «gueteurses» désigne n'importe quelle sorte de chaussures: enlève tes gueteurses: enlève tes chaussures; mouve tes gueteurses: dépêche-toi.

Gueule, n. f. Porte d'un four. Mets ça près de la gueule du four. Rabelais: «À la gueule d'un four chauld» (RQL, 17, 590). Avoir la gueule fendue jusqu'aux oreilles: démesurément grande. Rabelais: «Il avait la gueulle fendue jusques aux oreilles» (RCL, 31, 844).

Gueurloute, n. f. (Angl.: Girlhood: jeunesse, adolescence, filles, prises collectivement). On utilise l'expression: se chauffer la gueurloute pour signifier se chauffer le derrière près du poêle.

Guibou, n. m. Hibou. On appelle aussi «guibou» un phonographe automatique qui peut jouer un disque pour chaque pièce de monnaie qu'on y introduit. C'est la déformation des mots «Jig-box», qu'on pourrait traduire par «boîte-à-gigue» ou encore «boîte-à-musique». (DB). Le mot «guibou» se disait également dans les chantiers pour désigner un coussin rustique fait au moyen d'un sac de jute qu'on remplissait de foin et qu'on plaçait sur une charge de billots pour permettre au charretier d'avoir un certain confort.

Guignolée, n. f. Quête de cadeaux pour les pauvres à l'occasion de Noël ou du Jour de l'An. Le mot «guignolée» vient du vieux français «Aguilaneuf» qui signifie «Au guy l'an neuf». Voici certains détails historiques à ce sujet: «Les Gaulois nommaient le mois de Décembre, le mois sacré… parce qu'en ce mois les sages Druides cueillaient le Guy de chêne en grande cérémonie et le distribuaient au peuple en étrenne et comme un heureux commencement d'année. D'où est venu ce proverbe, que nous avons retenu jusqu'à présent Au-Guy-l'an-neuf, ad viscum annus novus. C'était donc la coutume parmi les Gaulois que, sur le soir du jour qui précédait le premier jour de l'an, les Druides criaient d'une voix haute et résonnante, Au-Guy-Gaulois. À ce cri, chacun se mettait en quête dans les bois et les forêts pour trouver le guy de chêne, puis ceux qui l'avaient rencontré, en donnaient avis aux Druides, qui le cueillaient avec beaucoup de respect et de cérémonie» (DT, t. 1, p. 642).

H

Habillement, n. m. Complet pour homme. Je vais te presser ton habillement du dimanche. Rabelais: «Se vestirent de leurs beaulx habillemens». (RQL, 12, 574).

Habit, n. f. J'avais acheté UNE belle habit.

Habitant, n. m. Paysan, cultivateur: travailler chez un habitant. Rustre, personne non dégrossie, primitive, aux manières rudes: il a vraiment l'air d'un habitant.

Hachis, n. m. Mélange fait de viande maigre, ordinairement du boeuf, et de pommes de terre taillées en cubes. Voir: «chiasse», «fricassée».

Haguir, v. tr. Haïr.

Haguissable ou **Haïssable**, adj. Incommode, insupportable, turbulent, taquin, désobéissant, tapageur. Un enfant haguissable.

Halloween. La veille de la Toussaint. Fête des enfants à cette occasion. Vient de deux mots anglais: «hallow»: saint et «een» ou «even» (evening) qui signifie «veille». Il est intéressant de faire le rapprochement avec le mot français «halo» qui signifie une auréole que l'on voit autour de la lune ou encore un nimbe entourant la tête d'un empereur romain, du Christ ou d'un saint.

Haridelle, n. f. Ridelle d'une charrette. Panneau à claire-voie que l'on place de chaque côté.

Harnois, n. m. Harnais. «Maintenant de harnoys je charge mes pauvres espaules» (RGA, 28, 89). Voir: BGHF, p. 79; DGHF, p. 77.

Hart, n. f. Branche dégarnie de ses feuilles qu'on utilise comme fouet. Hart-rouge: cornouiller stolonifère. On se servait d'une hart pour corriger les écoliers. «Tu vas goûter à la hart». Rabelais connaissait cet instrument. «Personnes n'eust, sur peine de la hart, à prendre cerfz ne bisches...» (RCL, 14, 784).

Haut, n. m. et adj. Étage supérieur: il occupe le haut de la maison. Élevé: les salaires n'étaient pas hauts à ce moment-là. Voir: «Plancher d'haut».

Haut-en-bas, adv. De haut en bas. Cet enfant a déboulé haut-en-bas de sa chaise, de l'escalier.

Hélicoptère, n. m. Voici une curiosité trouvée dans Rabelais. Il parle d'un oiseau du nom de PHOENICOPTERE au plumage cramoisi. (RQL, 41, 652).

Herbe (envoyer à l'). Sortir les animaux de l'étable pour les faire paître dans un champ d'herbe. Se dit aussi, par comparaison, d'une jeune fille qui ne veut plus revoir un garçon et qui lui donne son congé. Elle l'a envoyé à l'herbe.

Herse à disques, n. f. Pulvérisateur à disques. Herse formée de plusieurs disques tranchants utilisés pour «ameublir» la terre, la rendre «meuble», c'est-à-dire tendre, friable et propre à la culture.

Heure, n. f. Avoir l'heure juste: savoir exactement ce qui en est concernant quelque chose. Contrôler la situation en disposant d'une bonne information. Je veux avoir l'heure juste. Voir l'heure de: avoir de la difficulté à... Prendre du temps à...; il a vu l'heure de partir, d'arriver; cette chemise a vu l'heure de sécher. À c'heure (à cette heure) loc. adv.; maintenant, à présent: à c'heure tu vas t'asseoir et nous allons parler. Lorsqu'on introduisit l'heure avancée au Québec, certains s'objectèrent à cette innovation qui bouleversait leurs habitudes. Ils appelaient l'heure solaire «l'heure du bon Dieu» et refusaient d'avancer montres et horloges pour les mettre à «l'heure du Diable».

Histoirer, v. tr. Illustrer un discours au moyen d'anecdotes. L'orateur a bien histoiré son «parlement». Le vicaire a bien histoiré son sermon. Au XVIe siècle, le verbe «historier» signifiait «raconter», et un «historieux» était un historien ou un narrateur. (DFSS).

Histoireux (euse), adj. Compliqué, embrouillé, entortillé. Qui donne des explications inutiles. C'est un histoireux: il peut prendre une heure pour essayer de faire comprendre une chose simple.

Hiver, n. f. Faire UNE bonne hiver.

Hivernement, n. m. Le fait de passer l'hiver. L'expression «se mettre en hivernement» voulait dire: préparer tout ce qui est nécessaire, locaux, provisions, vêtements, etc de façon à pouvoir affronter l'hiver sans difficulté. Voir: EGV, p. 28.

Hiverner, v. tr. et intr. Passer l'hiver. J'avais hiverné à La Tuque. Garder pendant l'hiver: hiverner une vache et deux cochons.

Hobo, n. m. Vagabond qui se glisse à bord d'un train sans payer son passage. J'ai rencontré un «hobo de track». Vient probablement du mot «hobereau» qui signifie: petit oiseau de proie.

Home-made, adj. S'oppose à: «fait en série», à quelque chose manufacturé, fabriqué commercialement. Home-made signifie: fait à la maison, fait au pays, rustique, de fabrication domestique, fait à la main. Home-made bread: pain de ménage; Home-made pie: tarte grand'-mère. Le 24 mai 1963, en page A-16, à l'occasion du 28ᵉ anniversaire de l'exploit de Rodolphe Pagé, le Petit Journal (de Montréal) titrait: Le tour du Québec dans un avion «home-made».

Homme, n. m. Homme fait: adulte. J'étais homme fait à ce moment. Faire son homme: pour un adolescent, prendre des manières d'adulte. Pour un homme faible, prendre des manières d'homme fort, costaud. Pour homme: indique l'importance, la solidité. J'ai un parapluie pour homme (solide).

Homme-à-tout-faire, n. m. Ouvrier qu'on peut affecter à divers travaux qui ne demandent pas de connaissances spéciales. C'est le Maître Jacques de l'Avare de Molière. En anglais: Jack of all trades.

Homme de roue, n. m. Celui qui gouverne un navire au moyen de la roue.

Honneurs, n. m. pl. Être dans les honneurs: être parrain ou marraine au baptême d'un enfant (au «compérage»).

Honorer, v. tr. Ce verbe fait référence aux relations sexuelles. Cet homme est mort pendant qu'il honorait sa femme. – Le moins qu'on puisse dire c'est que cette expression dénote une mentalité pas très féministe.

Honteux (euse). Maladies honteuses: maladies vénériennes; parties honteuses: organes sexuels. Rabelais parle des «parties honteuses». (RQL, 15, 583).

Hose, n. f. (Angl.: Hose: tuyau). Boyau d'arrosage.

Hospor, n. m. (Angl.: Horse-power). Trépigneuse; manège à plan incliné qui sert à produire la force motrice en y faisant marcher un cheval.

Huile, n. f. Bal à l'huile. Réunion assez intime où la seule dépense consistait à couvrir le coût de l'huile nécessaire pour l'éclairage.

Hureux, adj. Heureux. Il est hureux dans sa maison. «Hureux, malhureux sont aussi tout à fait poitevins» (FCPM, p. 113).

Husting, n. m. (Angl.: Hustings). Tribune dressée en plein air où un orateur peut haranguer la foule. Il aimait monter sur le husting.

Hydrant, n. m. (Angl.: hydrant: bouche d'incendie). Borne-fontaine. Prise d'eau, bouche d'incendie installée le long des rues. Son char a frappé un hydrant.

I J K

Icitte. Ici. «Enfin, ce «t» final tout à fait tourangeau (et saintongeais): laitte, litte, soufflette, bouquette... pour: lait, lit, soufflet, bouquet». (FCPM, p. 70). «Viens don'icit» est une formule encore courante en Vendée, aux environs des Sables-d'Olonne et de Luçon, en Saintonge et même dans la Touraine» (FCPM, p. 124).

Idée, n. f. Goût. Des fois, il me prenait l'idée d'aller dans le bois.

Ils. Lorsqu'on veut parler d'une force supérieure régissant les phénomènes atmosphériques: grêle, tornades, fortes pluies, sécheresses, chaleur extrême, etc., on utilise le pronom «Ils» lequel représente, semble-t-il, les trois Personnes de la Sainte Trinité et peut-être aussi tous les saints du ciel, les anges y compris. On dira, par exemple: «Ils» ne nous ont pas gâté cet été: il a mouillé sans arrêt; «Ils» ont perdu le contrôle là-haut: il n'arrête pas de grêler; il faudrait qu'«Ils» pensent un peu à nous autres et qu'«Ils» nous envoient du beau temps pour nos récoltes. Il peut s'agir aussi de réminiscences remontant au paganisme alors que les dieux bons et mauvais peuplaient l'univers visible et invisible.

Imite (ou «émite»). Limites. Il n'a pas «d'imites» (de limites, de bornes). Quand il se met à «faire simple», il n'a pas d'imites. (Il n'a pas assez de jugement pour savoir quand s'arrêter). Il demeure aux «imites» de la paroisse, dans les concessions.

Importé, (e), n. Immigrant, ante. C'était un importé; il venait d'Amérique du Sud. Il y a beaucoup d'importés à Montréal.

Impossible, adj. Difficile. Elle a un mari, un enfant impossible. Il a une femme impossible.

Impôt, n. m. Abcès interne en pleine efflorescence. Mon oncle crachait le sang: il avait un impôt dans l'estomac.

Incomprenable, adj. Incompréhensible. Il écrit mal ma foi! c'est incomprenable. Il ne fait que des pattes de mouches.

Inconditionnel, n. m. Partisan farouche. C'est un inconditionnel du club des Canadiens. Un inconditionnel de la marche, du ski, de la raquette.

Inendurable, adj. Difficile à endurer. Cet enfant est inendurable, il mérite une bonne volée.

Infirme, n. et adj. Maladroit. Il est infirme; c'est un infirme: on dirait qu'il a les deux pieds dans la même bottine; il n'a pas inventé les boutons à quatre trous.

Ingen, n. m. Engin. Va crinquer l'ingen.

Initier, v. tr. (Angl.: to initiate: lancer, amorcer). Entreprendre, lancer, amorcer, instaurer, inaugurer. C'est lui qui a initié ce projet (qui en est l'auteur).

Inmanquable, adj. Qui arrive nécessairement. C'est inmanquable, quand il reçoit sa paye, il prend une brosse.

Innocent (e), adj. et n. Imbécile, niais. C'est un grand innocent: il n'est pas même capable de se faire une cheville pour se mettre dans le c...

Inque, adv. Rien que. Combien en as-tu reçu? Inque deux (deux seulement).

Intermission, n. f. (Angl.: intermission, entr'acte). Entr'acte. Pierre est sorti fumer pendant l'intermission.

Iou-coeur, n. m. Euchre. Jeu de cartes. Jouer au iou-coeur. (Voir: «youkeur»).

Iradier, v. tr. Transmettre par la radio. Le programme était iradié hier au soir. Radiodiffusé.

Itou, adv. Aussi, pareillement. Et moi itou, j'y vais. «Itou, moé itou, sont des mots connus un peu partout mais particulièrement employés en Poitou» (FCPM, p. 120).

Ivrognomètre, n. m. J'ai trouvé dans un journal ce qui suit: «L'ivrognomètre est accepté en preuve. (Il) consiste en un ballon dans lequel le suspect souffle. L'air est ensuite analysé pour y découvrir la teneur d'alcool» (Le Progrès du Saguenay, 9 janvier 1954, p. 1). L'idée de se servir d'un instrument pour mesurer l'ivresse n'est pas récente. Dans un conte de Guy de Maupassant intitulé «Un normand», l'auteur présente un original du nom de Mathieu qui se réfère à un instrument imaginaire de son invention qu'il appelle le «saoulomètre» gradué de 1 à 100 ou plutôt de 1 au «mètre». Quand cet ivrogne atteint 90, son état est critique et il peut frapper ceux qui l'entourent. La situation extrême serait le «mètre» mais Mathieu, en bon ivrogne, prétend ne jamais se rendre jusque-là. (Guy de Maupassant, Les contes de la bécasse: un normand.).

Jacasser, v. intr. Bavarder d'une façon harassante. Ces deux femmes jacassent toute la journée.

Jack, n. m. Ce mot vient vraisemblablement de «jaquier» ou «jacquier», congénère de «l'arbre à pain». D'après le dictionnaire Littré, «le fruit du jaquier n'a pas de noyau; on le mange cuit et la chair en est d'un goût comparé à celui de la pomme de terre ou de la châtaigne dont elle a la consistance». Le jaquier ou jacquier est un arbre de la famille des moracées qui donne d'énormes fruits pouvant atteindre jusqu'à 60 livres. Sa culture se pratique surtout en Malaisie, aux Indes et aux Antilles. Cet arbre peut mesurer 65 pieds de hauteur. («Voir le Larousse encyclopédique»). Il n'est donc pas étonnant que l'emploi du mot «jack» indique une idée de grandeur, de grosseur, de gigantisme. Voici quelques exemples: Un grand jack: un homme de haute taille. Un jack rabbit: un gros lapin. Un jack: un cric pour soulever les fardeaux. Un jack pot: un gros montant d'argent gagné aux cartes, un gros lot; un amoncellement de billots sur un cours d'eau.

Jalouserie, n. f. Jalousie.

Jaloux, n. et adj. «Se boutonner en jaloux»: mettre les boutons dans les mauvaises boutonnières, provoquant ainsi la distorsion ou le déséquilibre d'un vêtement.

Jambe, n. f. Partie du pantalon qui recouvre la jambe. «Se casser une jambe» était utilisé au temps où tout ce qui entourait l'enfantement devait être enveloppé de mystère. Pour expliquer aux enfants la maladie de leur mère qui gardait le lit, on leur disait: «Votre mère s'est cassé une jambe».

Jambé (e), adj. Concerne l'aspect des jambes. Cette fille est bien jambée. Cette autre n'est pas bien jambée. Autrefois «bien enjambé» servait à qualifier une personne qui avait de bonnes jambes. (DFSS, t. 3, p. 457).

Jambette, n. f. Tirer de la jambette. Jeu où deux adversaires couchés sur le dos et placés côte à côte, tête-bêche, s'accrochent par une jambe et essaient de se renverser.

Jan, n. m. Le mois de juin. Tancrède arrivera au mois de jan.

Jansénisme, n. m. La mentalité se révèle dans la façon de s'exprimer. Ainsi, quand le sexe est tabou et que, par surcroît, on manque de vocabulaire, on utilise des formules de remplacement. Uriner: c'est «tomber de l'eau». Être enceinte: c'est «être comme ça» ou «être en famille». Le pénis devient la «queue». On se soutient la «gorge» (soutien-gorge). Et que dire du «corbeau» et du «sauvage» qui jouent un grand rôle lors de la naissance d'un enfant.

Jardigoine (ou «jarnigoine»), n. f. Avoir de la jardigoine: avoir le don de la parole, savoir plaider sa cause. Avoir du jardigoine peut vouloir dire aussi: être débrouillard. Cette expression est l'équivalent de «être de pourchas» ou «avoir du pourchas». Voir: «Pourchas».

Jardin, n. m. Forêt vierge. Il y avait beaucoup de beau bois, c'était un jardin.

Jargeau, n. m. Gerzeau, vesce. Mauvaise herbe croissant dans les champs de blé, appelé aussi «nielle des blés». Les vaches ont mangé du jargeau.

Jars, n. m. Équivaut à «macho» (mâle). Pour un homme, «faire le jars» c'est faire son important, c'est faire parade de sa fatuité devant les dames pour les impressionner; c'est faire le beau, le joli-coeur pour attirer leurs regards et leurs faveurs.

Jasant (e), adj. Qui aime converser. Il n'était pas jasant. Elle est jasante.

Javelle, n. f. Rangée d'arbres abattus à la suite sur le même sens. J'abattais par javelles. Je me jetais une javelle avant d'ébrancher.

Jeans, n. m. pl. Coutil bleu. (Ce mot viendrait de la ville de Gênes en Italie).

Jésus, n. pr. Ce n'est pas un Enfant-Jésus: il est difficile; il a mauvais caractère; il n'a pas une bonne réputation.

Jeton, n. m. Pièce de carton de forme carrée, mesurant environ 2 centimètres de côté, portant les lettres B L (Bon Langage) que les religieuses du Bon-Conseil de Chicoutimi introduisirent dans les écoles primaires du SLSJ, en 1934, pour améliorer la qualité du français. C'était une monnaie d'excellence. L'élève qui corrigeait un mot, une expression ou une tournure de phrase recevait un jeton de celui ou de celle qui avait fait la faute. L'accumulation de jetons donnait droit à des récompenses et à des décorations.

Jeu, n. m. Amusement, liberté, temps, espace, distance. Ce n'est pas un jeu (amusement): c'est sérieux. Être en jeu: avoir le goût de jouer, de lutter, de badiner. Un automobiliste dont la voiture est coincée entre deux gros camions n'a pas de jeu (espace libre). Je n'ai pas beaucoup de jeu (temps) pour lui acheter un cadeau: sa fête est demain. Laisse trois pouces de jeu (distance) entre les barreaux. Il n'a pas grand jeu (liberté) pour agir comme il l'entend.

Jeudi. L'expression «dans la semaine des trois jeudis» signifie «jamais». Rabelais explique le phénomène de la semaine des trois jeudis par une mauvaise synchronisation des mouvements de la lune et du soleil. (RPA, 1, 171).

Jeunesse, n. f. et adj. Rude, dur, rusé, fort, endurant. «Il est jeunesse». Cette expression peut signifier beaucoup de choses bonnes ou mauvaises. Cet homme est très fort: il est jeunesse. Cette femme mène une mauvaise vie: elle est jeunesse. Ce jeune homme est habile au jeu d'échec: il est jeunesse. Cette jeune fille est la première de sa classe: elle est jeunesse. Il est jeunesse: il ne porte pas de mitaines de l'hiver. Une bonne jeunesse: un homme fort, résistant. Faire sa jeunesse: «sortir» pour trouver l'âme soeur. Période exploratoire précédant les «sorties sérieuses» en vue du mariage. Les jeunesses: les jeunes gens, garçons ou filles. Les jeunesses ont commencé à danser le Charleston.

Jeunesser, v. intr. Mener la vie libre et joyeuse des jeunes gens.

Job, n. f. (Angl.: job, tâche, besogne, travail). Faire la job à quelqu'un: le mettre à sa place. Faire la job à un animal: l'abattre. Être sur la job: au travail. Aller faire une job: aller faire ses besoins, aller à la salle de toilette. Bûcher à la job: à la pièce et non à l'heure ou à la journée. Au SLSJ le mot job s'emploie au féminin: il a trouvé une bonne job. Il a abandonné sa job.

Jobber, v. intr. Prendre un contrat de coupe de bois.

Jobbeur, n. m. Contracteur pour la coupe du bois.

Joke, n. f. (On prononce «Djoke»). Farce, répartie comique. (Mot anglais).

Joker, n. m. (Angl.: Joke: plaisanterie). Blagueur. Carte à jouer portant l'image d'un amuseur public, un bouffon. Le mot «euchre» qui se prononce «iouqueur» tire peut-être son origine de cette carte qui joue un grand rôle. Les manufacturiers américains avaient l'habitude d'inclure une carte blanche sur le dessus du paquet. Pour que cette carte ne soit pas perdue on en fit le «joker». (OED).

Joliment, adv. Beaucoup, très. Cet homme est joliment laid. Maison joliment grande. Voir aussi: «Richement» qui signifie aussi: très. Émile Zola fait dire à Pauline, une fille du peuple: «Joliment laide». (Voir: *Au Bonheur des Dames*, p. 155).

Jonc, n. m. Anneau, bague dont le cercle est égal partout et qui n'a pas de chaton comme une bague.

Jos-Connaissant, n. m. Se dit par moquerie de celui qui prétend tout savoir et qui donne son opinion sur tous les sujets. Il fait son Jos-Connaissant.

Jotte, n. f. Joue, grosse joue. Cet enfant a de grosses jottes. Voir: «bajotte». «Jote (sic) pour joue est du poitevin véritable» (FCPM, p. 125).

Jouet, n. m. On trouve dans Rabelais le passage suivant: «Panurge... luy donna une vessie de porc bien enflée et résonnante à cause des poys qui dedans estoient» (RTL, 45, 487). Nous avions encore, il y a plusieurs années au SLSJ une tradition presque identique. On coupait le cou d'une oie qu'on venait de tuer; on y introduisait des pois, puis on réunissait les deux bouts en les plaçant l'un dans l'autre. Quand le cou était séché il servait de jouet aux enfants qui s'amusaient à l'agiter pour faire sonner les pois.

Jouquer, v. intr. et pr. Jucher, percher. Les poules sont jouquées. Les enfants se sont jouqués sur la maison.

Jour, n. m. Ne pas voir le jour d'aller à tel endroit: ne pas se décider. Au petit jour: de bonne heure le matin. C'est le jour et la nuit: il y a une grande différence.

Joyal (e), adj. Jovial: qui aime à rire, à plaisanter.

J'tons, n. m. pl. (Rejetons). Feuilles de tabac abandonnées sur la tige au moment de la récolte ou qui ont poussé après la récolte. Ils fument des j'tons; ils ramassent des j'tons. (Voir: «échetonner»). Au XVI siècle, «jeton» ou «jetton» se disait pour un rejeton, une pousse nouvelle: «des jettons de vigne» (DFSS, t. 4, p. 715). Dans le sens de «rejeton» le DHAF donne «jetton». (DHAF, t. 7, p. 105).

Jualette, n. m. Chevalet. Scier un arbre sur le jualette.

Jugeotte, n. f. Jugement, bon sens. Il n'a pas de jugeotte. Elle a de la jugeotte.

Juiette. Juillet. Il est arrivé dans le mois de juiette. On a eu un beau mois de juiette.

Juif, n. m. On appelle le «petit juif» l'os qui termine le coude. On dira: je me suis cogné le «petit juif» après le bord de la table.

Juille, n. f. Cheville. Il a mis une juille de bois pour boucher le trou.

Jumbo, n. et adj. Très gros, très grand. Jumbo était le nom d'un éléphant que le cirque Barnum and Bailey acheta du jardin zoologique de Londres. Il avait la réputation d'être le plus gros éléphant au monde. Il fut payé 30 000 $, achat et transport. Mais en six semaines il permit de recueillir 336 000 $. C'était en 1882. Un marchand de Jonquière avait commercialisé une très grosse bouteille de liqueur douce portant l'effigie d'un éléphant. On disait: Acheter un jumbo, une bouteille de jumbo. Un éléphant soulevant un billot avec sa trompe fut choisi pour identifier Les Industries Tanguay de Saint-Prime, au Lac-Saint-Jean, spécialisées dans l'équipement lourd destiné au travail forestier.

Jument, n. f. Femme légère, de petite vertu. Il a marié une grand'jument.

Jumper (d'jumper), v. tr. et intr. (Angl.: To jump: bondir, saisir à l'improviste). Voler: il m'a jumpé cinq piastres. Partir en cachette: il a jumpé pendant la nuit.

Juron, n. m. Quand la religion est omniprésente, il faut s'attendre à ce que le vocabulaire en subisse l'influence pour le meilleur ou pour le pire. C'est ainsi qu'on a fabriqué des verbes avec trois mots religieux pour donner plus de vigueur au discours. Calice (qu'on prononce «Kâlisse») a donné «kâlisser». Il lui a kâlissé une claque sur la gueule.

Veux-tu ben kâlisser ton camp d'icitte. Avec le mot Christ on a fait «crisser». Il l'a crissé dehors, à la porte. Les farceurs se mêlent même de faire un peu d'humeur: ma soeur est «crisseuse» à l'hôtel Champlain. Quoi? Mais oui: après les repas elle «crisse la vaisselle à l'eau». Baptême, a donné «batêmer» et veut dire: «baptiser» (batêmer un enfant); ou «donner» (batêmer un coup de pied). Les sacres et les blasphèmes étant défendus par la religion, on tâche d'en déformer la prononciation pour les rendre acceptables. Voici quelques exemples à ce sujet: Batême: Batince, bagatême. Bon-Dieu: Bon-gueux, bonguienne. Calice: Kâlisse, kâlesse. Calvaire: Calvados, calvaisse, calvasse, calvenus, calvince. Christ: Crèse (moins dommageable prononcé en anglais). Et si le mot «crèse» paraît irrespectueux, on peut encore s'en tirer. Irrité contre sa soeur qui n'était pas jolie et commençait à prendre de l'âge, un «lettré» lui cria: Ah! ma catachrèse, vieille figure de rhétorique! Hostie: Ostination. Saint-Ciboire: Cinq-six-boîtes. Tabernacle: Tabarnasse, tabarnique, tabarnouche, tabarouette, tabarsac, torbinouche. Tort-Dieu: Torgueux, tornon, torvisse. Enfin la liste des jurons est assez longue. Tout le matériel liturgique y passe même les «ciarges», la «viarge», le Saint-Sacrement et le Saint-Chrême qu'on identifie peut-être aux bâtons de crème. Mais il ne faut pas trop s'offusquer de ce langage; car c'est l'omniprésence du sacré beaucoup plus que la malice qui a poussé nos rudes travailleurs à utiliser le vocabulaire d'église pour faire baisser leur tension.

Jus, n. m. Alimentation en énergie, pouvoir, puissance. On dit d'un moteur qui donne un mauvais rendement, qui n'a pas de force, qui a des ratés: il n'a pas de jus, il manque de jus.

Juste. Rien que juste: juste le strict nécessaire. Le mesureur (le «colleur») nous collait rien que juste. Il aurait pu être plus généreux.

Juste à. Seulement. Si je voulais une chaise j'aurais juste à en acheter une.

J'val, n. m. Cheval. J'val vert: juron, mots d'accompagnement. C'est beau en j'val vert. C'est probablement une déformation vertueuse de «Calvaire», mot religieux défendu lorsqu'on l'utilise d'une mauvaise façon. À moins qu'il ne s'agisse d'une adaptation locale, d'une substitution. Rabelais parle, en effet, de «cinges verds» (RGA, 24, 77) c'est-à-dire de chimères puisqu'il n'existe pas de singe de cette couleur si ce n'est dans les fables. Les singes étant rares au SLSJ, on s'est peut-être rabattu sur un animal beaucoup plus familier.

Kéque, Kéqu'un. Pour «quelque» et «quelqu'un». Par exemple, on dira d'un homme riche et puissant: C'est kéqu'un. D'après Albert Dauzat, ces mots étaient «courants au XVIIᵉ siècle et sont devenus vulgaires par la suite». (DGHF, p. 93).

Kick, n. m. (Angl.: Kick: réaction). Avoir un penchant, une préférence. Elle a un kick pour ce garçon.

Kicker, v. intr. (Angl.: to kick: frapper du pied). Protester, se rebiffer.

Kickeux (euse). Qui proteste, qui se rebiffe, qui refuse de suivre.

Kid, n. m. (Angl.: kid: chevreau). Peau de chevreau: il porte des gants de kid.

Kif-kif, adj. et adv. (Mot arabe: pareil, même chose). À égalité: nous sommes kif-kif.

Kioke-kioke. On se sert de ce mot répété pour inviter les cochons à venir manger.

Kisser, v. intr. (Angl.: to kiss: baiser). Glisser sur quelque chose: la balle a kissé sur le mur.

L

Lacé (e), adj. Enchevêtré, entrelacé. Indique un grand nombre. C'était lacé de bouleaux, autrefois, au travers du gros bois.

Lâche, adj. Paresseux. Il était tellement lâche qu'il ne se levait qu'à dix heures du matin.

Lâcheux (euse). Qui manque de persévérance: c'est un lâcheux, il se décourage très vite.

Laine, n. f. Pure laine; authentique: c'est un Québécois pure laine. Laine d'acier: filaments d'acier utilisés pour le nettoyage des ustensiles de cuisine, pour enlever la rouille des tuyaux, etc.

Laissable, adj. Qu'on peut laisser, quitter: il est tellement malade qu'il n'est pas laissable: le bois était tellement beau que ce n'était pas laissable.

Laisser, v. tr. Être éloigné de, s'éloigner de, quitter: le rang des Fioles laissait la route à cet endroit. Abandonner: il a laissé le cours classique après sa versification.

Laiterie, n. f. Petit bâtiment secondaire, attenant à la maison où l'on garde certains aliments. Seins: elle avait la laiterie à l'air.

Lambineux (euse), adj. et n. m. et f. Lambin, lambine. Qui agit avec lenteur. C'est un lambineux, ça lui prend une heure à se lever le matin. Denis Lambin, 1516-1572, humaniste français, avait la réputation de travailler très lentement; c'est ce qui aurait donné naissance à l'adjectif «lambin». (GLE, vol. 6, p. 566).

Lamenteux (euse), adj. Qui se plaint pour des riens. Voir aussi: «Plaignard, e».

Lampée, n. f. Grande gorgée. Prendre une lampée de whisky.

Lancer, v. tr. et intr. Ouvrir une veine, un abcès avec une lancette. Il s'est fait lancer une jambe: on lui a ouvert un abcès dans la jambe. Une tradition veut que la famille Lalancette ait hérité de ce nom parce que son ancêtre était chirurgien.

Lard, n. m. Porc: donner à manger à un lard; engraisser un lard. Manger du lard salé, du lard doux. L'expression «Faire du lard» signifie: bien prendre la vie, paresser, se lever tard et ne pas travailler; ce qui entraîne de l'embonpoint. «Ceux qui aiment dormir longtemps font du lard» (DT, t. 5, p. 424).

Large, adj. En mener large: tirer les ficelles, avoir beaucoup d'influence.

Larguer, v. tr. Laisser tranquille. Veux-tu bien me larguer en paix.

Larme, n. f. Un peu, un petit verre. Veux-tu du whisky? — Seulement une larme. «Petite quantité de liqueur. Ne lui en donnez qu'une larme» (DT. t. 5, p. 430).

Lastique, n. m. Élastique, bande de caoutchouc qui s'étire. Donne-moi un lastique pour me faire un tire-roches.

Lavement, n. m. Dire sa façon de penser. Je lui ai donné un petit lavement.

Laver, v. tr. Perdre ou faire perdre tous ses biens. Il s'est fait laver: il a tout perdu, maison, automobile etc.

Légearte, adj. f. Légère. Cette boîte est légearte.

Légère, adj. m. et f. (léger se prononce «légère» à la façon acadienne). Léger, qui n'est pas lourd. C'était un homme qui était trop «légère» pour boxer. «Particulièrement en Normandie on prononce par exemple l'infinitif aller avec l'e ouvert, qu'on appelle, comme pour rimer richement avec l'air, tout de mesme que si l'on escrivait allair» (VRLF, p. 437).

Lèqueteur, n. m. (Angl.: Lighter). Allumeur, briquet. Passe-moi ton lèqueteur pour allumer ma cigarette.

Lette, adj. Laid, laide. Il est lette; elle est lette comme sept fois le diable, comme les sept péchés capitaux.

Leux, adj. poss. Leur, leurs. Il a fabriqué leux habits.

Levé, n. m. Ensemble de cartes qu'un joueur gagne en un seul coup. Au SLSJ, comme au temps de Rabelais, on emploie ce mot au masculin. «Pour ce jeu... j'ay faict un levé» (RGA, 5, 21).

Lever, v. tr. Dresser une charpente. Lever une maison, un hangar, une grange. Aimer la boisson: il lève le coude assez souvent. Lever un lièvre, un orignal: le faire sortir de sa cachette. Le chemin a levé à la gelée: il s'est soulevé et s'est brisé sous l'effet du gel.

Lévesque, n. pr. Faire son Ti-Jean Lévesque. Se comporter en personnage important.

Lice, n. f. Tige de métal vissée sous les patins d'une voiture pour lui permettre de glisser facilement sur la neige et de mieux résister à l'usure et aux coups.

Licence, n. f. (Angl.: license). Plaque d'immatriculation d'une voiture. Anus d'un animal: le chat nous montrait sa licence.

Lichage, n. m. Flatterie. À force de lichage, il a réussi à obtenir une bonne place.

Liche-cul, n. m. Flatteur, flagorneur; qui flatte bassement quelqu'un pour en obtenir des faveurs.

Lichefrite, n. f. **Lèchefrite**. Ustensile de cuisine. Rabelais parle de «Lichefrites et marmites» (RQL, 17, 587).

Liche-la-piastre, n. m. et f. Avare, avaricieux. C'était un liche-la-piastre. (Voir: «baise-la-piastre»). Rabelais parle de «lichecasse» c'est-à-dire de lèche-poêlon pour identifier un gourmand. (RPA, 30, 296).

Licher, v. tr. et pr. Flatter quelqu'un pour en tirer certains avantages. Il a tellement liché le boss, qu'il a eu une promotion. Se licher: se débrouiller. Il peut se licher, je ne voterai pas pour lui.

Lichette, n. f. Petite quantité que peut prendre la langue en léchant. Prendre une lichette de ragoût, de pain.

Lieu. «Être en lieu de» signifie: être en état de. Cet homme est en lieu de vivre; c'est-à-dire qu'il est assez fortuné pour bien vivre.

Lièvre, n. m. Chemin de lièvres: chemin tortueux, étroit; chemin de fortune.

Ligne, n. f. Voie ferrée: il marchait sur la ligne. Produit: le vêtement c'est une ligne qui marche bien.

Limite à bois, n. f. Partie du domaine forestier que le gouvernement concède pour l'exploitation du bois de commerce, de construction; concession forestière.

Limoner, v. intr. Lambiner, hésiter, faire perdre du temps à quelqu'un, agacer intentionnellement. On utilise le verbe «limoner», par exemple, pour qualifier l'action d'un ivrogne qui insulte les passants, qui les importune.

Limoneux (euse), adj. Agaçant. Se dit souvent d'un ivrogne qui parle d'une voix empâtée, à temps et surtout à contretemps.

Linge, n. m. Laver son linge sale en famille. Se dire de dures vérités entre proches sans témoins gênants. Voir: «Corde à linge».

Lippe, n. f. Faire la lippe: pleurnicher. Le bébé commence à faire la lippe, il va pleurer.

Lisable, adj. Lisible, facile à lire. Le chinois n'est pas lisable. (DFSS, t. 5, p. 29).

Lisser, v. tr. et pr. Mettre de l'eau dans les cheveux et les aplatir sur le crâne en se servant d'un peigne. Elle lui lisse les cheveux.

Lobby, n. m. (Angl.). Vestibule d'un hôtel. Je l'ai rencontré dans le lobby.

Loche, n. f. Sorte de poisson: lotte. Poisson pouvant atteindre une longueur de 15 pouces, qui a la chair grise et qu'on peut capturer l'hiver en pratiquant des trous dans la glace.

Locké (e). (Angl.: luck: chance). Chanceux. J'ai été locké: j'ai trouvé cinq piastres.

Lôfer, v. intr. (Angl.: To loaf: flâner). Chômer, flâner, vagabonder, être en congé.
Je travaille à Arvida et je lôfe le mercredi.
Il passait son temps à lôfer ici et là. Au
jeu de hockey: joueur qui se tient dans
la zone adverse, près de la cage du
gardien.

Longueur, n. f. En longueur: avant de couper en sections. Transporter du bois en
longueur.

Loose, adj. (Angl.: loose, mal assujetti).
Qui n'est pas tendu ou serré. Lâche. Tes
souliers sont looses.

Loup, n. m. Quelqu'un originaire de Baie-
Saint-Paul, dans Charlevoix. Ceux de La
Malbaie sont appelés les «coqs-d'Inde».
Être affamé: avoir une faim de loup.

Loup-garou, n. m. «C'est dans l'esprit du
peuple, un esprit dangereux et malin, tra-
vesti en loup, ou en sorcier transformé
en bête effrayante qui court les champs
et les rues pendant la nuit» (DT, t. 5,
p. 647). Dans *Pantagruel*, Rabelais nous
présente «Loup Garou» qui est le capi-
taine de 300 géants (RPA, 29, 289).

Loup-marin, n. m. Phoque, sans oreilles
apparentes.

Lumber-jack, n. m. (Angl.: Lumber: bois
de charpente; jack: manoeuvre, homme-
à-tout-faire). Bûcheron, homme de chantier.

Lunch, n. m. (Angl.). Repas. Apporter son
lunch; traîner sa boîte à lunch.

Lutin, n. m. «Espèce de démon ou d'esprit
follet qui, dans l'esprit du peuple, vient
la nuit faire des malices, du dégât, du
désordre dans les maisons, inquiéter et
tourmenter les vivants» (DT, t. 5, p. 683).

M

Macadam, n. m. Pavage fait de pierres concassées étendues au moyen d'un rouleau compresseur. L'inventeur de ce procédé lui a donné son nom. Ce fut John Loudon Mc Adam (1756-1836), un ingénieur écossais.

Maché (e), adj. Meurtri, écrasé, ayant reçu un coup. Une pomme machée; pomme que l'on a heurtée et qui reste marquée d'une tache sombre.

Mâchée, n. f. Ce que l'on a dans la bouche et que l'on mâche. Une mâchée de gomme baloune.

Mâche-mâlo, n. m. (Angl.: marsh mallow). Pâte de guimauve. Apporte-moi un sac de mâche-mâlo. Au figuré: avoir les jambes en mâche-mâlo: les jambes molles, faibles.

Machinalement, adv. D'une façon rudimentaire. Il a réparé mon soulier machinalement: sans s'appliquer, pour se débarrasser.

Mâchouiller, v. tr. Mâchonner, mâchiller. Mâcher lentement, difficilement. Mordre un objet plusieurs fois. Arrête de mâchouiller ton crayon.

Mackinaw, n. m. Vareuse de bûcheron confectionnée avec une étoffe de laine à carreaux, généralement de couleur rouge. D'après le dictionnaire Bélisle, ce mot viendrait de l'île de Mackinaw sur le lac Huron; ce mot est un abrégé de Michilimakinac signifiant «grosse tortue». Je me permets d'avancer une autre explication. Au cours de mes recherches j'ai mis la main sur un ouvrage de Robert Bain intitulé «The clans and tartans of Scotland». J'ai constaté que l'agencement des couleurs de notre mackinaw ressemble beaucoup au tartan écossais qui sert à identifier la famille Mackinnon et qui consiste en de larges bandes rouges rayées de minces raies noires. Se pourrait-il que le clan Mackinnon ait introduit ce tartan au Canada et qu'on ait adopté ces couleurs pour fabriquer les vareuses de nos bûcherons? Quoi qu'il en soit il est intéressant de consulter l'ouvrage de Bain à la page 193. (Robert Bain, The clans and tartans of Scotland, Collins, London and Glasgow, 1959).

Maçonne, n. f. Maçonnerie: construction en béton, en pierres ou en briques.

Maganer, v. tr. Maltraiter, malmener, fatiguer, affaiblir, détériorer, endommager. Il l'a magané. Il était magané.

Magasinage, n. m. Emplettes. Faire du magasinage: aller ici et là dans les magasins pour acheter ou simplement pour voir la marchandise.

Magasiner, v. intr. Aller d'un magasin à l'autre pour faire des achats. Avoir des relations sexuelles avant le mariage. Lorsqu'on s'étonnait de voir une célibataire enceinte on répliquait: ça ne me surprend pas qu'elle «achète», ça fait longtemps qu'elle «magasine».

Magasineuse, n. f. et adj. Femme qui aime faire des emplettes, «courir les magasins».

Magot, n. m. Grande quantité. Gros lot. Il a gagné le magot.

Maigrechine, adj. Très maigre, chétif, maigrichon. Il est maigrechine. Elle est maigrechine.

Mailloche, n. f. Protubérance, masse. Il a tout un nez; c'est une moyenne mailloche. Boule: une mailloche de beurre.

Main, À la main droite, gauche: à droite, à gauche. Rabelais: «Et le mena à main dextre par une porte d'or». (RCL, 43, 880). «Vous la pourrez veoir, en Thélème, à main gauche» (RQL, 2, 543). Être «à sa main» veut dire: travailler avec facilité parce qu'on est bien situé, bien installé. Voir: «Seconde main».

Maintenance, n. f. (Angl.: Maintenance: entretien). Être sur la maintenance: voir à ce que tout soit en ordre, que tout fonctionne bien dans une usine ou ailleurs. «Ce vieux mot français... est revenu d'Angleterre en France à la fin de la Deuxième Guerre mondiale avec le sens en usage dans les armées alliées et qui correspond à peu près à la notion d'entretien» (*Les mots dans le vent*, Larousse, 1971, p. 144).

Maison. «Faire maison nette» veut dire: se fâcher au point de tout saccager dans la maison et de mettre ses occupants dehors. Il est arrivé paqueté et il a fait maison nette. L'expression: «Il y a des grands «bouttes» où il n'y a pas de maisons» signifie qu'une chose est très ennuyante. Par exemple quelqu'un est en train d'écouter un opéra qui ne contient pas d'airs particulièrement envoûtants. Si vous lui demandez son opinion, il pourra vous répondre: «J'ai déjà entendu mieux: il y a des grands bouttes où il n'y a pas de maisons», en d'autres mots: c'est d'une platitude consommée.

Maison d'école, n. f. École de campagne où une maîtresse d'école enseignait à plusieurs «divisions» c'est-à-dire à plusieurs classes, en même temps. «Dans ce village, ils construisirent une belle maison d'école de 48 pds sur 30". (Martel, Notes sur le Saguenay, p. 81). Balzac parle de «maison de banque». (Voir: «L'Envers de l'histoire contemporaine», le Livre de poche, 1970, n° 2641, aux pages 42, 106 et 107).

Maître, maîtresse. Principal. Maître-autel; maîtresse-poutre. Rabelais parle de «troys maistres doigtz» (RPA, 19, 255); de «deux maistres doigtz» (RPA, 19, 258).

Maître, n. m. On utilise l'expression «garder le point du maître», pour signifier «garder le contrôle». On dira: cet homme ne s'est pas donné à son garçon, il a «gardé le point du maître», il administre encore tous ses biens. Faire un maître: décider, établir qui est le plus fort.

Maîtresse, n. f. Institutrice. Une maîtresse d'école. «On appelle maîtresse d'école, maîtresse des novices, celle qui enseigne dans une école, ou qui gouverne des novices» (DT, t. 5, p. 757).

Mal, n. m. Se donner du mal: se donner de la peine. Il s'est donné du mal pour trouver cette maison. Tomber d'un mal: être atteint d'épilepsie. Avoir du mal: souffrir d'une maladie. Attraper du mal: prendre froid, contracter une pneumonie, une pleurésie etc. Habille-toi comme il faut pour ne pas attraper du mal. Action d'ordre sexuel: il était caché dans la grange et faisait du mal avec un mauvais compagnon.

Mal (pas), loc. adv. Assez, passablement. C'est une dame pas mal âgée. Beaucoup. Il y a pas mal de bleuets cette année.

Malade, adj. Être pour rester malade: sur le point d'accoucher. Thérèse est pour rester malade vers la fin du mois. L'expression «Es-tu malade?» signifie: «Es-tu sérieux?» ou encore: «Es-tu sain d'esprit?» Je n'ai pas vu mon frère Ernest depuis 30 ans. — Es-tu malade? — C'est vrai; il est parti à 20 ans pour l'Amérique du Sud et on ne l'a jamais revu.

Maladie du bois. Nostalgie, envie d'aller travailler dans les chantiers. L'automne, la maladie du bois me prenait.

Malavenant (e), adj. et n. Personne peu agréable dans ses manières, hargneuse, peu serviable, rustre, incommode. C'est un grand malavenant; elle est malavenante.

Malcommode, adj. et n. Incommode. C'est un logement malcommode: il n'a pas assez de fenêtres et il est au quatrième étage. D'humeur maussade, indocile, tapageur, peu endurant: c'est un enfant malcommode. C'est un vieux malcommode: il passe son temps à dire des bêtises à sa femme.

Mâle, n. m. Homme, garçon. Elle a rencontré un beau mâle. Balzac emploie ce mot en ce sens quand il fait remarquer que, dans le cas de George Sand, «son mâle est rare», elle qui avait de la difficulté à arrêter son choix. L'histoire des mentalités se retrouve dans les définitions qui décrivent une époque donnée. Voici ce qu'en 1771, on pouvait lire dans le Dictionnaire de Trévoux. «Mâle: QUI EST DU SEXE LE PLUS NOBLE ET LE PLUS FORT». (DT, t. 5, p. 765). Et dire que nos arrière-grand-mères ont eu l'insigne honneur de vivre tout près de tels phénomènes dont l'espèce est en voie d'extinction! Chanceuses... va!

Malécoeureux (euse), adj. Personne qui a du dédain de certaines choses et en particulier de certains mets spécialement lorsque des déchets se mêlent à la nourriture. Par exemple quelqu'un ne voudra pas manger du gruau parce que la cuisinière y a échappé des cheveux ou de la salive. On dira alors: il ne veut pas en manger: il est malécoeureux.

Malengueulé (e), n. et adj. Qui dit des paroles grossières, des jurons etc.

Malfaisant (e), adj. Indigeste. Il a pris un repas malfaisant.

Malin (e), adj. Irascible; qui se fâche facilement et rapidement; qui fait des scènes. Il est malin comme un cric; elle est maline: c'est un vrai tigre.

Malle, n. f. Poste. Mettre une lettre à la malle. Aller à la malle (bureau). Recevoir sa malle (courrier). Envoyer un paquet par la malle (poste). Boîte à malle (Angl.: mail-box). Boîte à lettres, à courrier.

Malpoli (e), adj. Impoli. Il avait été malpoli envers lui.

Malpris, adj. Dans une situation gênante, désavantageuse. Il est toujours malpris.

Manche, n. m. et f. Manche de pipe: tuyau de pipe. Manche de plume: porte-plume. L'expression «branler dans le manche» veut dire: hésiter, être à la veille de céder.

Manches, n. f. pl. Autre paire de manches: différent, une toute autre affaire. Après avoir entendu ces explications, je m'aperçois que c'est une autre paire de manches: c'est-à-dire que la situation est tout à fait différente.

Manchotte, adj. Maladroit. C'est un manchotte. Il n'est pas manchotte: il est adroit, il a de l'esprit, etc.

Mange-chrétien, n. m. Avare, exigeant au point de vue monétaire. Usurier. Ce marchand est un mange-chrétien.

Manger, v. tr. Faire, aller: manger deux mois de prison. Cuisiner: faire à manger. Avoir: manger de la misère. Recevoir: manger une volée. Il en a mangé une maudite.

Manger, n. m. Nourriture, cuisine, mets. Ta femme fait du bon manger. Vieux manger: recette ancienne. J'aime le vieux manger.

Mangeux (euse), adj. Mangeur, euse. C'est un gros mangeux.

Mangeux-de-balusse ou encore «**mange-balusse**». Tartuffe, hypocrite. Personne religieuse avec excès par conviction ou par hypocrisie.

Manque, n. m. Défectuosité: il y a un manque dans la manche de son gilet. Impolitesse: il a oublié d'inviter sa cousine au réveillon: c'est un manque, un accroc aux convenances. Maladresse: malgré mes manques, j'ai gagné cette partie de cartes.

Manque («**bien**» ou «**ben**»), adv. Bien manque: beaucoup, à profusion. J'en ai ben manque, je ne sais quoi en faire. Prends-toi de la rhubarbe; j'en ai ben manque, elle va se perdre. Expression assez difficile à expliquer. Quand on en a beaucoup il peut arriver qu'il en manque aux autres; alors on en a «ben manque».

Manquer. Il lui en manque: il est un peu sot. Il a manqué: il a fait une erreur. La soirée a été un fiasco: c'est le directeur qui a manqué; ce n'est pas un organisateur.

Maquignon, n. m. Homme qui fait le commerce des chevaux, en vend, en achète ou en échange. Au SLSJ, on donne au mot maquignon le sens qu'on retrouve dans le *Dictionnaire de Trévoux*: c'est celui «qui vend les chevaux qui les refait et qui couvre leurs défauts... un homme enfin qui veut tromper et dont il faut se défier» (DT, t. 5, p. 813). Au SLSJ, le «maquignonnage» était une espèce de jeu d'adresse, un signe d'intelligence pour celui qui réussissait à «rouler» l'autre. Voir à ce sujet: EGV, p. 127.

Marabout, adj. Irritable, peu endurant, grondeur, bougonneur. Le matin, il est toujours marabout; il se lève le gros boutte devant.

Marbre (ou marle), n. m. (Angl.: marble: bille). Bille à jouer fait d'argile et que l'on colore. Il aimait jouer aux marbres.

Marchable, adj. Praticable. Il y a trop de boue, ce n'est pas marchable dans les rues.

Marchage, n. m. Le fait de marcher. Notre maison est grande; ça fait beaucoup de marchage.

Marchandises sèches, n. f. pl. Nouveautés, merceries: menues marchandises surtout celles qui servent à l'habillement et à la confection.

Marché (bon), adj. Pas cher. C'est bon marché à ce magasin-là.

Marché (en), loc. adv. En train de, sur le point de, en pourparler. Je suis en marché de former une compagnie.

Marchedons, n. m. pl. (Vient de «marche» et «donc»). Voici la définition qu'en donne André Laliberté: «Des souliers de peau de vache, sans talons, lacés et montant jusqu'à mi-jambe; c'était si léger, si souple, que ça invitait littéralement à marcher... Les marchedons ont fait place aux rubbers» (Sag. juillet-août 1969, p. 104).

Marcher, v. intr. Il parle comme il marche. Signifie que quelqu'un manque tout à fait d'éducation, qu'il utilise un langage vulgaire, même en compagnie de personnes bien mises.

Marcher, v. tr. Explorer. Il a «marché le bois» de l'autre côté de la rivière, c'est-à-dire: il a exploré le bois pour connaître les possibilités de coupe; pour connaître les espèces d'arbres qui y poussent. Marcher au catéchisme: Voir: «catéchisse».

Marchette, n. f. Petit siège muni de roulettes pour apprendre aux bébés à marcher.

Marcou, n. m. Matou, chat mâle. Le gros matou a miaulé toute la nuit. Voici ce qu'on trouve au mot «Raoul» dans le *Dictionnaire de Trévoux*: «À Metz et dans toute la Lorraine ce nom d'homme se donne à tous les chats mâles, comme ailleurs ceux de Marcou et de Matou qui sont aussi des noms d'homme» (DT, t. 7, p. 148).

Marde, n. f. Merde; excréments. Mot grossier. Faire manger un char de m... Dire des injures.

Marée, n. f. Il a mis ses culottes à marée haute: trop courtes.

Margoulette, n. f. Mâchoire, bouche, bas du visage. Il lui a cassé la margoulette.

Mariage, n. m. Voir: «Contrat-de-mariage».

Marieux (euse), n. ou adj. Prétendant. Gisèle n'a pas encore de marieux. Sa fille a un marieux. Son marieux est venu veiller hier soir. Pas marieux, pas marieuse: qui ne trouve pas d'attrait pour le mariage. Dans cette famille, ils ne sont pas marieux.

Marigouronde, n. f. (Angl.: Merry-go-round). Carrousel, manège de chevaux de bois.

MARINE (Termes de), les termes empruntés à la marine sont nombreux dans notre langue populaire. En voici un certain nombre:

Aborder	Accalmie
Accoster	Adon (ner)
Agrets	Allège
Amarre (er)	Antenne
Apareiller	Avarie
Balancine	Balise
Barque	Bateau Biscuit
Bitte	Bonace (asse)
Bord	Bordée
Bourlinguer	Branlebas
Bras Bray	Brimbale
Brise-glace	Brûlot Caler
Carlingue	Chaloupe
Chavirer	Closet
Coton	Couverte
Crique	Dalot
Débarquer	Dégréer
Démarrer	Déraper

Dériver · Descendre
Dévirer · Échouer
Écore · Embardée
Embarquer · Équipé (er)
Erre · Falaise
Flot · Fourcat
Gaffe · Gaillard
Galipote · Grappin
Gréer · Gréement
Guinder · Haler
Hisser · Houle
Larguer · Latte
Lester · Louvoyer
Mâle-femelle (Tech.) · Manche-à-vent
Manoeuvre · Marin
Mâter · Monter
Mousse · Nager
Naviguer · Noyer
Organeau · Ouaiche
· (houache-
· houaiche)
Ouïes · Palan
Panne · Pavoiser
Périple · Pilote (er)
Platin · Poisson
Postillon · Queue-de-rat
Radoub (er) · Rang
Rosiner · Seiner
Slée · Souquer
Suage · Tapon
Taquet · Touer
Traîne · Traverse (er)
Trimer · Vent

Marlot, n. m. Terme de mépris. C'est un moyen marlot: c'est un vaurien, un hypocrite, un ivrogne, un menteur...

Marquer (faire). Acheter à crédit. Son père faisait marquer au magasin des Maltais.

M'as. M'as dire comme Louis XIV: l'État c'est moi. C'est une abréviation de: je m'en vais dire comme...

Mascot, n. m. Cormier, sorbier d'Amérique. Petit fruit rouge et amer qui pousse par grappes. Ce mot vient du montagnais «maskouabina». Il est formé de «maskou», ours et me «min» dont le pluriel est «mina» et qui veut dire, fruit. C'est donc un fruit que les ours trouvent délicieux. On peut se demander pourquoi tout en se rappelant le proverbe latin

«Des goûts et des couleurs il ne faut pas discuter»... surtout quand l'interlocuteur est un ours et qu'il n'entend pas la «risée». Voir: DB; DAS; DGL; DJB et DPL.

Masse (en), adv. En masse: beaucoup, en abondance. Il y a des bleuets en masse cette année.

Matcher, v. tr. et pr. (Angl.: To match: apparier, égaler). Apparier. Matcher deux pièces de drap. Organiser une rencontre entre un homme et une femme susceptibles d'avoir les mêmes goûts. Se rencontrer en parlant d'un garçon et d'une fille. Ils se sont matchés hier soir. Je l'ai rencontré; il était matché avec une grand'blonde.

Matelot, n. m. Biscuit de matelot. Biscuit très dur qu'on fait tremper dans l'eau avant de le manger. «Pain fort desséché par une double cuisson» (DT, t. 1, p. 911).

Mâter, v. pr. En parlant d'un quadrupède (cheval, orignal, ours): se dresser sur ses pattes de derrière. L'ours s'est mâté tout grand debout en recevant une balle. On dira d'une personne qu'elle se mâte lorsqu'elle se fâche et proteste violemment. En apprenant que son offre était refusée, il s'est mâté et il est devenu rouge comme un coq. Il sacrait comme un déchaîné. Mâter est un terme de marine qui signifie «pourvoir (un navire) de mats; mettre les mâts en place» (DR).

Matière, n.f. Pus. Il sortait de la matière de sa plaie. Voir: «méchant». «Pus qui sort d'une plaie. Il est sorti beaucoup de matière de cet Apostème». (DT, t. 5, p. 883).

Matin, adv. De bonne heure. J'ai l'habitude de me lever matin; à cinq heures je suis debout. Rabelais: «Se fault lever bien matin» (RCL, 7, 765).

Matinée, n. f. Blouse de tissu léger que les femmes portent avec une jupe.

Maudire, v. tr. Tirer, donner. Il a maudit un coup de fusil. Il lui a maudit une claque sur la gueule.

Maudit (en), loc. adv. Beaucoup, très. Il est bien organisé en maudit; je l'aime en maudit. Être en colère: je suis en beau maudit contre lui. Très: il y avait des maudites belles filles.

Maususse. Exclamation (vient probablement de «Moses», (Moïse en anglais). C'est beau en maususse.

Maux-qui-courent, n. m. pl. Diarrhée. Il a eu les maux-qui-courent et il n'a pas travaillé de la semaine. Le mot «cours» signifie le mouvement des eaux. L'expression «cours de ventre» veut dire «diarrhée».

Mc Caille (nom propre). La folle à Mc Caille. Pour désigner une personne excentrique, originale, un peu curieuse. Utilisé rarement au SLSJ.

Méchant, n. et adj. Pus résultant d'une infection. Il sort du méchant de ma plaie. Voir: «matière». Mauvais, impraticable: le chemin est méchant; le temps est méchant; ce remède goûte méchant. Long: j'ai fait un méchant bout de chemin pour venir ici. Rabelais: «En default de peter un meschant coup» (RCL, 47, 589).

Mèche, n. f. Période, distance, quantité. Il en a pour une mèche avant de finir: pour longtemps; c'est-à-dire le temps qu'une mèche de lampe prend pour se consumer. On dira aussi: il t'en manque une mèche (beaucoup); tu en as pour une mèche avant de te rendre au village: c'est à trois milles.

Mêlaillage, n. m. Enchevêtrement, mélange confus.

Mêlailler, v. tr. Mélanger pêle-mêle, maladroitement; enchevêtrer. Il n'avait pas d'expérience et il avait tout mêlaillé.

Mêlant (e), adj. Qui porte à confusion. Un chemin mêlant; une ville mêlante. C'est pas mêlant: c'est la vérité; vous pouvez me croire. C'est pas mêlant, il y avait au moins dix mille personnes à la joute. C'est pas mêlant, j'étais fâché, rouge comme une tomate.

Membre, n. m. Pièce, morceau. Il a fait un membre de time (team); une pièce entrant dans la structure d'une sleigh double.

Même. À même: en se servant de; en mesure de. Elle lui a fait des mitaines à même sa robe. En sachant cela tu es à même de comprendre. De même: pareil, semblable, comme cela. J'ai bûché un sapin de même (comme celui-là). Même de ça: pour en dire davantage; pour donner un autre exemple. Même de ça il m'appréciait autant qu'un membre de sa famille.

Mêmement, adv. «Qui s'emploie aussi pour même; mais il est moins en usage ou pour mieux dire, il n'est plus usité». (DT, t. 5, p. 921). Dans le catéchisme du Québec approuvé le 20 avril 1888, on trouve à la page X: Vendredi chair ne mangeras, Ni jours défendus mêmement. Vaugelas, écrit en 1647: «Cet adverbe passait désjà pour vieux il y a plus de vingt cinq ans» (VRLF, p. 244).

Memére, n. f. Femme âgée. Grand-mère. Commère, femme bavarde. Homme bavard.

Ménager (ère), adj. Économe. Il est très ménager. Il est ménager cochon (avare).

Menasse, n. f. Mélasse. On dit aussi: de la «m'nasse».

Menette, n. f. et adj. Efféminé. C'est une menette. Il est menette.

Ménoire, n. f. Chacune des deux pièces de bois fixées à l'avant d'une voiture et entre lesquelles on attelle le cheval. Brancard. Limon.

Menterie, n. f. Mensonge. Il passe son temps à faire des menteries. Bourrure introduite dans une partie de vêtement pour lui donner de la consistance et une meilleure apparence. Rabelais: «Folateries et menteries joyeuses». (RGA, prologue p. 4). «Tiercelet de menterie» (RCL, 30, 839).

Mentir, v. tr. J'vous mens pas. Pour appuyer une affirmation. J'vous mens pas, j'aurais préféré rester à la maison ce jour-là.

Mèque, conj. Quand, lorsque, dès que, aussitôt que. J'irai te voir mèque je peuve.

Merle, n. m. Beau parleur dont il faut se méfier. C'est un beau merle.

Messie, n. m. L'expression: attendre le Messie signifiait «être enceinte». Mais oui! Joséphine attend le Messie. Son «nouveau» devrait arriver le mois prochain.

Metteux, n. m. Qui a le «sang chaud», qui met l'accent sur les relations sexuelles… Il a eu dix-huit enfants; c'est pas surprenant; c'était un metteux; sa femme avait toujours une jambe cassée.

Mettre, v. tr., intr. et pr. Mettre: s'unir charnellement avec. On dit aussi: mettre une femme enceinte. Se mettre: même sens. Se mettre après quelqu'un: le taquiner. Il s'est mis après son frère et ce dernier s'est fâché.

Meule, n. f. Corps solide servant à aiguiser un outil ou à moudre le grain. Passer une hache sur la meule. Meule de fromage: énorme morceau de fromage de forme circulaire. Meule de foin, de paille: monceau de foin ou de paille élevé dans un champ. (Voir: «mule»).

Mi-carême, n. f. Personne masquée, déguisée et changeant sa voix pour intriguer les spectateurs réunis à l'occasion de la fête de la mi-carême (jeudi de la troisième semaine du carême). Faire la mi-carême: se déguiser ainsi et visiter parents et amis sans se faire reconnaître.

Miette, n. f. Très petite quantité. Il n'est pas sincère une miette. Il n'y a pas une miette de boisson chez moi.

Mieux, adv. Être mieux de: plus sage, plus prudent. Tu serais mieux de faire attention, le trottoir est glissant. De mieux: de plus, de surplus, en plus. Je te donne cinq piastres de mieux. J'aime mieux ne pas être à sa place; je préfère…

Milage, n. m. (Angl.: mileage). Nombre de milles parcourus. Mon auto a beaucoup de milage. Vieux, vieille: son père a beaucoup de milage: il a 95 ans.

Milles, n. m. pl. Être sur les derniers milles: être mourant. Sa femme est sur les derniers milles: elle a été administrée hier soir.

Millwright, n. m. (Angl.: Mill: moulin; right: correct). Homme qui entretient la machinerie d'une usine.

Mi-mal (à), loc. adv. C'est à mi-mal: c'est un pis aller; il faut se résoudre faute de mieux.

Minoter, v. intr. Augmenter rapidement. À vingt piastres de l'heure, ça minote.

Minoune, n. f. Chatte. Vieille voiture, grosse et souvent en panne. Voir: «taco».

Minute, n. f. La minute que: aussitôt que. Je viendrai, la minute que je serai libre. La minute qu'on était passé, le chien partait après nous autres. Voir: «Cinq minutes».

Misère, n. m. Manger de la misère: avoir de la misère.

Mitaine, n. f. Faire quelque chose à la mitaine: avec des moyens de fortune, d'une façon rustique, à la main. Par exemple, un cordonnier qui n'a pas ses outils habituels et qui veut réparer un soulier, fera cette réparation «à la mitaine» en utilisant ce qu'il a sous la main. Une mitaine: personne qui se laisse facilement manipuler, qui «change d'idée comme on change de chemise». Temple de religion protestante: autrefois il était défendu d'entrer dans une mitaine. (Vient de «meeting-house»: lieu de réunion). Poids léger: je l'ai fait r'voler comme une mitaine. Rabelais: «Le coeur me bat… comme une mitaine» (RTL, 11, 366).

Moffleur, n. m. (Angl.: Muffler; To muffle: emmitouffler). Foulard, cache-nez. Dispositif pour amortir le son d'un appareil trop bruyant.

Moi pour un. (Angl.: I for one). Pour ma part, quant à moi. Moi pour un, je suis contre ce projet.

Moindrement, adv. Minimum. S'il avait le moindrement de bon sens, on pourrait l'engager, mais c'est un vrai fou.

Moisir, v. intr. Rester longtemps. Je ne moisirai pas ici.

Monde, n. m. Votre père est-il encore du monde? Est-il encore vivant? Cet enfant n'est pas du monde: il est mal élevé, polisson. S'organiser comme du monde: abandonner une façon grossière de vivre pour une autre plus raffinée. Agir comme le monde: comme un être humain. Rabelais écrit: «Chevauche comme le monde» (RPA, 26, 279). Le grand monde: le monde des adultes. On dira à un enfant: Va jouer avec ton petit cousin; laisse le grand monde tranquille.

Monsieur, n. m. Gentilhomme, chic type. C'est un monsieur d'homme. Autrefois le mot «monsieur» sous-entendait le mot prêtre. Monsieur Otis; Monsieur Tremblay. À ce sujet, voici ce que dit Régnier de la Planche, un auteur du XVIe siècle. «Les prestres du jourd'huy sont riches des biens du monde... et si ambitieux qu'ils demandent les premières séances (places) voulant en tous lieux estre appellez messieurs» (DFSS, t. 5, p. 318).

Montant (en), loc. adv. Et plus. Les balais se vendent trois piastres en montant, tout dépend de la qualité. Ici on accepte les enfants de cinq ans en montant. (Voir: «descendant (en)».

Monter, v. tr. et pr. Aller. Monter dans les chantiers. Se monter ou encore «monter sur ses grands chevaux» veut dire: se mettre en colère. En lui disant ma façon de penser, il s'est monté et il a voulu me manger. Je lui ai dit: prends sur toi, énerve-toi pas, respire par le nez.

Moppe, n. f. (Angl.: Mop: balai à franges). Balai à tissu frangé servant à laver le plancher; Humeur maussade. Avoir la moppe: être de mauvaise humeur et devenir taciturne, bougonneur, irascible.

Môr, n. m. Le mois de mars. Il est venu dans le mois de môr.

Mordée, n. f. Morsure, action de mordre, bouchée. (DB). Le chien lui a pris une mordée sur la jambe. Il a pris une bonne mordée dans une pomme.

Mordeux (euse), adj. Qui mord à l'hameçon. La truite n'est pas mordeuse. Ce n'est pas mordeux aujourd'hui.

Mordure, n. f. Morsure. Le chien m'avait poigné une bonne mordure sur un bras.

Morfondre, v. tr. Épuiser, ruiner la santé de... Morfondre un cheval.

Morfondu (e), adj. Épuisé, ruiné physiquement.

Morfondure, n. f. «Maladie du cheval morfondu. C'est une maladie qui leur vient lorsqu'ils ont été saisis de froid après avoir eu chaud» DT, t. 6, p. 57).

Morpionner (se), v. pr. En parlant du temps: se mettre au mauvais, s'assombrir. Il va mouiller, le temps se morpionne.

Mort (à), loc. adv. Jusqu'au bout, jusqu'au dernier, jusqu'à épuisement. Je vais bûcher ce morceau de bois, à mort.

Mort. Voir: «Coup de mort».

Morue, n. f. Personne originaire du Nouveau-Brunswick ou de la Gaspésie.

Morviat, n. m. Humeur visqueuse qui sort des narines.

Mosselle, n. m. (Angl.: Muscle). Biceps, muscles des bras. Il a de gros mosselles.

Mot (au bas). Au minimum. Au bas mot, cette maison se vend 50 mille dollars.

Motel, n. m. (De deux mots anglais: Motor et Hôtel). Mot contracté. Hôtel situé en bordure de la route et offrant à la fois le logement et le stationnement des véhicules.

Motte, n. f. Petite masse compacte de terre, de neige. Tirer des mottes.

Motte, n. m. Mot. Il n'a pas dit motte de la journée. Je frappe; mais motte (personne ne répond).

Motter, v. tr. et pr. Lancer des balles de neige. Ils l'ont motté; ils se sont mottés.

Motton, n. m. Motte de terre, de pâte, de neige durcie. Le gruau est plein de mottons. Avoir le motton. Avoir un problème qui rend le comportement bizarre. Il ne parle pas aujourd'hui: il a le motton (comme si un «motton» obstruait la gorge).

Mou, n. m. et adj. Nom vulgaire du poumon de certains animaux et particulièrement du veau, du boeuf, de la vache. Temps mou: pour désigner que la température se réchauffe en hiver. Depuis trois jours la température est au mou. C'est un temps mou.

Mouche, n. f. Se faire mettre les mouches: se faire attraper, se faire jouer, être dupe. Mettre les mouches à quelqu'un: le corriger, le mettre à sa place. Mettre une mouche de moutarde à un malade: lui mettre un emplâtre, un sinapisme. Pattes de mouches: écriture incompréhensible.

Mouche à merde, n. f. Mouche verdâtre qui affectionne le fumier. Désigne une personne qui suit quelqu'un sans relâche, qui épie ses moindres gestes, qui veut capter ses secrets, qui l'espionne.

Moucher, v. tr. et intr. Donner un soufflet, une taloche à fleur de peau. Il a mouché ce grand écervelé. Pêcher à la ligne volante, à la mouche artificielle. J'ai mouché mais je n'ai rien pris.

Moucher (se), v. pr. Se frotter les pattes en trottant. Son cheval se mouchait.

Mouillasser, v. impers. Tomber lentement en parlant de la pluie. Il mouillassait continuellement.

Mouillasseux (euse), adj. Pluvieux. C'est un temps mouillasseux; une soirée mouillasseuse.

Mouiller, v. intr. Pleuvoir. Il mouille à siau (ou) il mouille à boire debout: il pleut abondamment.

Mouilleux (euse), adj. Pluvieux: temps mouilleux. Mal irriguée: terre mouilleuse (le sol étant imprégné d'eau).

Moulange, n. f. «Meule à moudre» (DB). «Machine servant à moudre le grain». (DB). Voir aussi: FCPM, p. 122.

Moulée, n. f. Grain moulu, non débarrassé du son, qu'on destine aux animaux: de la moulée d'avoine.

Moulin, n. m. Appareil servant à différents usages: moulin à battre: batteuse; moulin à coudre: machine à coudre; moulin à farine: moulin pour moudre le grain; moulin à laver: laveuse, machine à laver; moulin à viande: hache-viande; moulin-scie ou moulin-à-scie: scierie.

Moulin à paroles, n. m. Personne volubile. C'est un moulin à paroles; avec lui, on ne peut pas placer un mot.

Mouman, n. f. Maman. J'ai été visiter poupa et mouman.

Mourable, adj. S'emploie négativement dans l'expression: «Il n'est pas mourable». Cela signifie qu'une personne ou un animal possède une grande résistance. Il n'est pas mourable, il peut travailler 15 heures par jour. Au XVIe siècle «mourable» signifiait: qui doit mourir, destiné à mourir. (DFSS, t. 5, p. 351).

Mourir, v. intr. Pour indiquer le peu d'intérêt pour quelque chose, on dira que cela ne fait pas mourir. Par exemple: «La religion ne le fait pas mourir», «le hockey ne le fait pas mourir», etc.

Mousse, n. m. Ce terme n'a pas nécessairement une connotation péjorative. C'est tout un mousse: c'est un original. C'est un moyen mousse: c'est un curieux de personnage, c'est un boute-en-train.

Moustiquaire, n. m. Au SLSJ le mot «moustiquaire» s'emploie au masculin. J'ai mis un moustiquaire dans la porte.

Moutonne, n. f. Brebis, femelle du bélier. Femme grasse. Elle a l'air d'une mère moutonne.

Mouver, v. intr. (Angl.: To move). Déménager. On a mouvé dans le printemps. Au XVIe siècle, «mouver» voulait dire: mouvoir, remuer. (DFSS, t. 5, p. 361). Ainsi quand quelqu'un dit «Mouve-toi», il parle plutôt le vieux français... Mais s'il renchérit et dit «Mouve-toi les gueteurses»... alors il devient... bilingue. «Mouver: s'emploie à chaque minute (en France) pour remuer, déplacer, etc. Allons, mouve-toi de là!» (FCPM, p. 128).

Mox, n. m. On utilise l'expression: «C'est un moyen mox», pour dire de quelqu'un que c'est un dur, un rude, qu'il n'a peur de rien. Son plus vieux garçon lui donne du fil à retordre; c'est un moyen mox. L'expression semble tirer son origine du mot «buck» qui signifie le mâle du daim ou de l'orignal qui donnent du fil à retordre aux chasseurs.

Moyen (en), adj. Riche, à l'aise. C'est un homme en moyen, qui est à l'aise, qui a beaucoup d'argent.

Moyen (ne), adj. ou n. Ce mot est souvent employé et il est péjoratif ou laudatif selon le contexte. Un moyen merle peut être un escroc ou un débrouillard. Un moyen morceau (gros). Une moyenne belle pêche (fructueuse). Un moyen dégât (considérable). Un moyen fun: beaucoup de plaisir. Il ne pense qu'à boire: c'est un moyen (ivrogne). Elle fait de l'argent là où une autre crèverait de faim: c'est une moyenne.

Moyenner, v. intr. Trouver un moyen pour accomplir quelque chose. Il y a toujours moyen de moyenner. Procurer, amener, causer. Par exemple, on disait autrefois: moyenner la paix. (DFSS, t. 5, p. 364).

Mule, n. f. Gros tas de foin dans un champ. (Voir: «meule»).

Musclé. Pour «musqué». Il a pris un rat «musclé». S'agirait-il d'un rat très fort? d'un rat olympique?

Musique, n. f. Faire face à la musique: affronter la situation. (Angl.: to face the music). Le chef d'orchestre est placé face aux musiciens et il est responsable des succès ou des échecs que rencontre l'orchestre. Il ne lui reste que le couplet et la musique: il est très maigre.

Musique-à-bouche, n. f. Harmonica. Il joue de la musique à bouche. On dit aussi «ruine-babines».

Mussier, adj. Pour «musqué». Il a pris un rat mussier.

N

Nannoune, adj. Peu débrouillard, qui a «les deux pieds dans la même bottine».

Narfes, n. m. pl. Nerfs. Être sur les narfes: être nerveux. Être narfé: être fort.

Nasonner, v. intr. Nasiller, parler du nez. On ne comprend rien: il nasonne.

Naturel, adj. Bon pour la santé. Mange des pommes, c'est naturel.

Naveau ou **Navot,** n. m. Nouveau venu dans un collège. La promenade des naveaux (pour «nouveaux»). On appelait «naveau» une coupe de cheveux. Les parents profitaient de l'approche des vacances d'été pour raser complètement la tête des garçons. Ils leur «faisaient un naveau». La tête des pauvres écoliers ressemblait en effet à un «naveau» ou si l'on préfère, à un navet. On trouve dans Rabelais: «Bouillir des naveaulx» (RQL, 24, 609).

Navette, n. f. Lavette. Tissu fixé à un manche et servant à laver la vaisselle. Il était trempe comme une navette: il était trempé jusqu'aux os. Il était en navette: il suait beaucoup (il suait «à grosses gouttes»).

Naviguer, v. tr. et intr. Organiser. Je ne sais pas comment il a navigué... comment il a navigué son affaire, mais il a trouvé moyen de ne pas s'endetter.

Nègre, n. m. Travail de nègre: très épuisant. Plan de nègre: irréalisable; idée saugrenue. Gosses de nègre: pruneaux séchés. (Voir: «gosse»). Être malade comme un nègre: très malade. Faire du sang de nègre: être très soucieux, préoccupé.

Neigeasser, v. impers. Il neigeasse: il tombe une neige légère et peu abondante.

Nékiouque, n. m. (Angl.: Neck-cloth: cravate, foulard ou corde d'un pendu). Pièce de bois fixée au collier des chevaux attelés côte à côte.

Nenane (ou «nanane»), n. m. Bonbon, friandise. Si tu manges trop de nenanes tu auras mal aux dents.

Nerf, n. m. Gros nerf: verge, pénis.

Néteyer, v. tr. Nettoyer.

Nette, adv. Complètement. Être découragé nette.

Neu, adj. Neuf, nouveau. Une paire de souliers neu. Refaire une maison en neu (à neuf). S'habiller en neu.

Neyé, n. m. Un noyé: bille de bois remplie d'eau et qui s'enfonce dans un cours d'eau. Gaffer des neyés sur une rivière.

Neyer, v. tr. et pr. Noyer. Se neyer dans un lac, dans le whisky; neyer un chat; neyer sa peine.

Niaiser, v. tr. Rire de quelqu'un, le faire marcher. Arrête de me niaiser. Je me suis aperçu que tu voulais me niaiser. L'emploi du verbe «niaiser» en ce sens est assez récent.

Niaiseux (euse), adj. Niais, naïf, nigaud, simple d'esprit. C'est un grand niaiseux.

Nichouète, n. m. et f. Dernier enfant d'une famille. C'est le nichouète; viens ici la nichouète. «Nichet: nom qu'on donne à un oeuf qu'on met dans les nids qu'on prépare pour faire pondre les poules. Quand les poules aperçoivent cet oeuf elles s'assujettissent à venir toujours pondre au même endroit» (DT, t. 6, p. 193).

Nique, n. m. Nid. Il s'est assis dans un nique de guêpes... Il s'est levé assez vite.

Nitouche. Sainte Nitouche, hypocrite, fausse dévote. Rabelais écrit: «Les aultres (cryoient): Saincte Nytouche» (RGA, 27, 86).

Nivelasseux (euse), adj. Qui demande beaucoup de travail pour en arriver à un bon résultat. Poser de petites tuiles de différentes couleurs en plein soleil c'est nivelasseux.

Nocker, v. tr. (Angl.: to knock out: mettre hors de combat). Assommer, abasourdir, mettre hors de combat. Je l'ai nocké.

Noeud, n. m. (Angl.: to hit a knot). Frapper un noeud: rencontrer un obstacle, se heurter à une difficulté. Quand on fend une bûche, il arrive que la hache rencontre un noeud. Fais-toi un noeud (avec ton pénis): conseil qu'on donne à celui qui éprouve des besoins sexuels inopportuns ou à un enfant qui veut aller aux toilettes quand cela est impossible.

Noir, n. m. Cirage. Une boîte de noir à chaussures.

Noir (e), adj. Beaucoup, en grande quantité. La salle était noire de monde. Intense, grande: avoir une faim noire; être dans la misère noire. À noir, loc. adv. Complètement, sans exception en totalité. L'ouragan a rasé le village à noir. La province a voté à noir pour tel parti politique.

Nom, n. m. S'emploie dans les expressions: «Dire des noms» ou «Traiter de noms». Cela signifie qu'on injurie quelqu'un en utilisant des mots particulièrement blessant dans tel cas donné. Par exemple, on dira à celui qui est grand et maigre:

«Approche, espèce de squelette, de grande échalote».

Nombril, n. m. Avoir le nombril vert: être encore jeune, sans expérience. Arrête de nous donner des conseils, tu as encore le nombril vert.

Nono, n. m. Imbécile, naïf, niais. Tu es un beau nono.

Nordet, n. m. Vent du nord-est.

Norouet, n. m. Vent du nord-ouest.

Note, n. f. Forcer la note: exagérer. Je crois qu'il force un peu la note.

Notice, n. f. (Angl.: notice: avis, préavis, avertissement). Avis de congé: Il a reçu sa notice. Affiche: as-tu lu la notice au tableau?

Noticer, v. tr. Avertir, prévenir. Il a été noticé de quitter son logement vendredi.

Nouveau, n. m. Nouvelle naissance. Ta tante vient d'avoir du nouveau. C'est une grosse fille: elle pèse 9 livres.

Nuage, n. m. Cache-nez en laine. Foulard léger que porte une femme ou un enfant.

Nuitte, n. f. Nuit. Je me suis rendu au campe de nuitte. Je n'ai pas dormi de la nuitte.

O

Obligé (e), adj. Par obligation. Elle s'est mariée obligée (elle était enceinte); Il s'est marié obligé (il était le père); Ils se sont mariés obligés (ils étaient les parents).

Obtiendre, v. tr. Obtenir

Occasion, n. f. Aubaine. J'ai acheté cette chaise à une vente d'occasion. Par occasion, loc. adv. Précipitamment et de force: je l'ai fait sortir de la maison par occasion. Par quelqu'un qui se charge de la commission: je vais vous envoyer ce paquet par occasion.

Oeil, n. m. Avoir un oeil sur quelqu'un: s'intéresser à lui. Avoir toujours la larme à l'oeil: être pleurnichard, braillard. Avoir un oeil de porc frais signifie avoir un «regard laissant entrevoir du désir, un intérêt marqué, même une passion». (EGV, p. 28). Un oeil au beurre noir: meurtri. Rabelais parle d'«un oeil poché au beurre noir» (RQL, 12, 574).

Oeuf, n. m. Il a le génie (intelligence) là où les poules ont l'oeuf: il est idiot. Paqueté comme un oeuf: ivre mort. La salle était paquetée comme un oeuf: il y avait foule.

Oeufs, n. m. pl. Pour stimuler quelqu'un à faire un grand effort, on dira: «Lâche pas... Donnes-y des oeufs» tiens bon jusqu'au bout.

Office, n. f. Bureau, cabinet de travail. Le boss m'a fait venir à l'office.

Oignon, n. m. Ne pas se moucher avec des pelures d'oignon: aimer à se procurer des objets coûteux; aimer le beau: vêtements, mobilier, etc. Il ne se mouche pas avec des pelures d'oignon: il a toujours un char de l'année.

Oignons, n. m. pl. Affaires. Mêle-toi de tes oignons.

Oiseau, n. m. Être aux oiseaux; être aux petits oiseaux: être heureux, complètement satisfait. Être comme un oiseau sur la branche: être instable. Son mari est comme un oiseau sur la branche, il peut être obligé de partir à tout moment.

On, pr. indéf. Remplace parfois le «je» ou le «nous». On était accoutumé; on faisait ça à l'année; on était d'endurance.

Ondain, n. m. Andain. «Étendue qu'un faucheur coupe en largeur dans la direction de son avance. Résultat de cette action.» (DB). «Enjambée. Mesure. Rang, rangée. Andare: aller». (DHAF, t. 1, p. 436).

Onguent du bedeau, n. m. Remède très populaire autrefois au SLSJ et auquel on attribuait un grand pouvoir de guérison. Il était censé guérir diverses maladies comme les clous, les blessures, les gerçures, etc. Sa formule avait été trouvée, dit-on, par un sacristain (un bedeau) de la paroisse de Saint-Bruno au LSJ. À un moment où tout baignait dans la religion, un remède, préparé à l'ombre d'un clocher ne pouvait que posséder un pouvoir quasi miraculeux.

Open. Déluré, déniaisé, sans oeillères. Il est open; elle est open. (Voir: «ouvert»).

Opérer, v. tr. et intr. (Angl.: to operate, faire fonctionner). Être en affaires: il opère depuis deux ans. Oeuvrer: il opère au Québec depuis dix ans. Faire fonctionner: il opère un tracteur.

Opulent (e), n. et adj. Fat, orgueilleux, prétentieux. Il s'en fait accroire, c'est un opulent.

Ordilleux (euse), adj. Orgueilleux, orgueilleuse. Il est trop ordilleux pour arrêter.

Ordinaire, n. m. Cuisine. Est-ce que ta fille est capable de faire l'ordinaire? Oh oui! elle est capable de «virer» un bon repas.

Ordre, n. m. Ce que l'on commande au restaurant. Commander un «ordre» de toasts, un «ordre» de jambon, un «ordre» d'oeufs au miroir.

Oreille, n. f. Avoir les oreilles dans le crin: être de mauvaise humeur. Quand un cheval est fâché, il le manifeste en abaissant les oreilles; ainsi, il a les oreilles dans le crin. Teter les oreilles: cajoler quelqu'un pour en obtenir des faveurs. Flatter par intérêt. Oreille de Christ: oreille de cochon ou tranche de lard qu'on fait griller. Il n'y a aucune dérision dans cette expression assez surprenante. On emploie ce mot composé tout comme on le fait pour le mot «cul-de-sac» sans penser à mal. Oreille de Christ est employé surtout par les hommes, à la louange d'un mets qu'ils trouvent délicieux. Autrefois, quand tout baignait dans la religion, on a, sans doute, fait un rapprochement entre une hostie, délice de l'âme et une oreille ainsi apprêtée, délice du palais. Et cela à cause de la forme et de la consistance. Léandre Bergeron donne «crisse».

Oreiller. Voir: «tête d'oreiller».

Oreilles, n. f. pl. Perdre ses oreilles. Devenir sourd. Mon père a perdu ses oreilles; on vient de lui acheter un appareil.

Orgueil. En parlant d'une plante: pousser, monter en orgueil. Pousser tout en hauteur. Vos gourganes ont poussé en orgueil; elles paraissent bien mais elles ne donneront pas grand'chose.

Orignal ou **Original**. Autrefois, en parlant de l'élan du Canada, on disait «original» ou «originaux» au lieu d'«orignal» ou «orignaux». On peut lire à ce sujet le Mémoire de l'Intendant Hocquart, du 1er septembre 1733 (Archives nationales du Canada, Série C 11, vol. 59, no 1086, p. 2740). On peut consulter aussi le Bulletin n° 12 (5 juin 1950) p. 4-5, de la SHS.

Orteil, n. f. Il s'est coupé la grosse orteil.

Ortureau, n. m. Jeune enfant. Montre-nous ton ortureau.

Os, n. m. pl. Ne pas faire vieux os: ne pas résister à la destruction, à la mort. Son frère n'avait pas beaucoup de santé; il n'a pas fait vieux os: il est mort à 28 ans. Trempé jusqu'aux os: dont les vêtements sont imbibés d'eau, pénétrés par l'eau.

N'ayant ni parapuie ni imperméable, il est arrivé trempé jusqu'aux os. Pour indiquer qu'une personne est morte depuis longtemps, on dira: Il y a longtemps que les os ne lui font plus mal.

Ossâilles, n. f. pl. Squelette. Il n'a que les ossâilles: il est très maigre. On appelle «tas d'ossailles» une personne très maigre.

Ostiner, v. tr. et pr. Avoir des échanges verbaux. Il s'est ostiné avec son foreman. Il a ostiné le boss.

Ostineux (euse), adj. Qui aime à contredire les autres.

Ouâche, n. f. (Du montagnais «ouach»: trou de cabane à castor, DAS, p. 98). Gite, terrier, cachette d'un animal. Désigne en particulier la cabane que l'ours se prépare pour y passer l'hiver. (Gl., p. 484). S'emploie aussi pour désigner la maison d'une personne casanière. On dira: Joseph est toujours dans sa ouâche. En anglais on appelle «wash» une cavité creusée par un torrent ou les échancrures et les enfoncements que les vagues pratiquent aux endroits du rivage qu'elles frappent constamment. Ces trous pouvant servir de repaires aux animaux sauvages on pourrait y voir l'origine du mot «ouâche» bien que le mot montagnais semble plus plausible. En français, on trouve le mot «houache» ou «houaiche» qui est d'origine scandinave et qui signifie le sillage d'un navire en marche. (DR).

Ouananiche, n. f. Saumon d'eau douce qui ne descend jamais à la mer. Saumon du lac Saint-Jean et de ses tributaires. En 1829, le biologiste Nixon utilise le nom AWENANISH. À partir de 1897, le biologiste Chambers utilise OUANANICHE qui devient standard dans les milieux scientifiques et sportifs. (Voir: Sentier chasse et pêche, mars 1982, p. 52).

Ou-be-don. Ou bien donc, ou. Veux-tu rester souper ou-be-don partir avant la noirceur?

Ours, n. m. Personne casanière, peu sociable. C'est un ours. Il ne sort jamais. Robuste: être fort comme un ours.

Ouvert, (e), adj. Déluré, déniaisé, sans oeillères. Voir: «open». Indique un gros appétit; il a l'appétit ouvert, l'estomac ouvert.

Ouverture, n. f. Porte, fenêtre.

Ouvrage fol, n. m. Travail de fantaisie exécuté avec des petits morceaux de tissu de différentes couleurs; c'est un genre de courte-pointe. «Fou» devient «Fol» devant une voyelle... Mais ici au lieu de dire un «fol ouvrage» on inverse.

Over, adj. (Angl.: Over: par-dessus, en plus, en excès). Est-ce que je t'ai donné suffisamment d'argent? Je suis «over». J'ai trois piastres de surplus.

Overall, n. f. (Angl.: Over: par-dessus; all: tout). Porter des overalls: des salopettes.

S'emploie aussi pour signifier le tissu: avoir une froque en overall. Accrocher ses overalls: arrêter de travailler, prendre sa retraite.

Overdères, n. pl. (Angl.: Over there: plus loin que là). Prendre les overdères signifie: prendre le large, s'enfuir. Il a pris les overdères et on ne l'a jamais revu.

Overhâler. (Angl.: to overhaul: examiner en détail). Reconditionner. Faire une inspection détaillée et remettre en bon état, à neuf, en parlant d'un moteur, d'une machine, d'une voiture.

Over-time. (Angl.: Over: surplus; time: temps). Surtemps. Pendant la guerre, on faisait souvent de l'over-time à l'usine d'Arvida.

P

Pacage, n. m. Pâturage.

Pacager, v. tr. S'installer, visiter assidûment quelqu'un. Il pacage chez son frère.

Pacsac, n. m. (Angl.: pack-sack). Havre-sac. Grand sac porté sur le dos.

Pad, n. m. (Angl.: pad: bloc de papier). Bloc-note, paquet de feuilles facilement détachables sur lesquelles on inscrit des notes.

Pad, n. f. (Angl.: pad: bourrelet, coussinet). Jambière servant à protéger les jambes contre les coups durant la pratique d'un sport. Le gardien de but avait de bonnes pads.

Paf, adj. et interj. Ivre. Mon voisin est arrivé paf. Interjection imitant le bruit d'un poids qui tombe, d'un coup.

Pageant, n. m. (Angl.: Pageant: spectacle historique). Spectacle, reconstitution historique, spectacle pompeux où l'on utilise des costumes d'époque. Voir dans *The Journal of American History*, vol. 73, n° 4 (March 1987): 957-980, un article de David Glassberg intitulé «History and the Public: Legacies of the Progressive Era». Cet article traite des pageants historiques et de leur évolution de 1910 à nos jours.

Pagée, n. f. Partie d'une clôture entre deux piquets consécutifs. Défaire une pagée de clôture pour faire passer les vaches.

Pagote, n. f. Repli au bas d'un pantalon. Aujourd'hui les pagotes ne sont plus à la mode.

Pain, n. m. Pain bénit. Personne d'une trop grande bonté, considérée comme naïve, «bonasse». Pour que l'entourage n'abuse pas d'une telle personne, on dira: il ne faut pas ambitionner sur le pain bénit. Graine de pain: miette de pain. Voir: «graine».

Pain, Être «pris en pain» se dit de quelque chose qui est censé avoir une certaine élasticité, mais qui est devenu figé, durci.

Ce beurre n'est plus mangeable, il est «pris en pain»; ce mastic n'est plus bon, il est «pris en pain». Voir: «Boîte à pain».

Paire, n. m. et f. Pis. Cette vache a un gros paire. Certains se permettent un jeu de mots pour une femme aux seins généreux. Il est alors question d'«une» paire.

Paisible, adj. Pour «passible». J'étais «paisible» d'une amende de trente piastres.

Palanter, v. tr. Manoeuvrer avec un palan. Palanter quelqu'un: être obligé de le pousser à l'action. Il est tellement paresseux que je suis obligé de le palanter le matin pour qu'il puisse se lever.

Palette, n. f. Boisson alcoolique faite à la maison. Se faire de la palette. Visière d'une casquette. Baguette servant à brasser pendant la cuisson. Tablette: j'ai mangé une palette de chocolat. Tablette en avant d'un poêle: j'avais les deux pieds bien au chaud sur la palette du poêle. Sternum: il s'est fracturé la palette de l'estomac. Richesse: il a la palette; il fait la palette, il fait beaucoup d'argent.

Palette, n. f. Rotule. Il s'est démanché la palette du genou en se cognant sur son prie-Dieu... Il ne s'est pas lamenté: c'est un saint.

Pal-fitteur. (Angl.: pipe-fitter, poseur de tuyaux). Plombier dans une usine.

Palotte, adj. Lourd, gauche, qui manque d'agilité. C'est un gros palotte. À vieillir, il est devenu palotte.

Panage, n. m. Panache (orignal, caribou, chevreuil).

Panaris, n. m. Pour guérir un panaris qu'on appelait aussi «tour d'ongle», il existait jadis au SLSJ un remède qu'on disait très efficace et qu'on appliquait sous forme de cataplasme. Trois ingrédients entraient dans sa composition: des cosses de gourganes, de la poudre à fusil et de...l'urine. Au début de 1934 l'une de mes tantes avait un orteil pris de gangrène. Des amis décidèrent d'appliquer ce remède-miracle. Ils eurent un peu de difficulté à trouver des gourganes; tout alla bien pour la poudre à fusil; enfin, chacun se porta volontaire pour le troisième ingrédient. On appliqua le remède... mais ma pauvre tante Maria mourut. C'était le 11 mai 1934.

Pancicotte, n. m. Mets s'apparentant à un pain de viande. On hache du porc à l'aide d'un moulin, et on l'assaisonne d'oignon, de sel et de poivre. Pour lui donner de la consistance, on ajoute un oeuf et de la chapelure. Cette préparation est amalgamée parfaitement. On forme ensuite un pain qu'on enveloppe avec la crépinette du porc, c'est-à-dire avec la membrane qui entoure l'intestin. Le tout est placé dans une rôtissoire et mis au four.

Panel, n. m. Petit camion d'une demi-tonne.

Panel, n. m. (Angl.: Panel: jury, commission d'enquête). Groupe de discussion. Sujet qu'on y discute. Il y a eu un panel sur le tabagisme; je faisais partie de ce panel.

Panier percé, n. m. Personne indiscrète, qui dévoile tous les secrets.

Panne, n. f. Graisse grossière extraite après la mort d'un animal et qui n'a pas subi de traitement commercial. On dit aussi «graisse de panne».

Panneau, n. m. Porte d'une voiture, d'un camion. Ferme le panneau. Ouverture pratiquée dans un caleçon. On donnait ces conseils aux enfants: ferme, lève, baisse ton panneau; attache, boutonne ton panneau.

Panse-de-lièvre, n. f. Expression désignant le biceps du bras quand il n'est pas encore développé. On dira à un jeune garçon qui se croit musclé: «Tu n'as que des panses-de-lièvres.»

Panse-de-vache, n.f. Fondrière, marécage où l'on enfonce facilement, où l'on peut s'enliser. Mon camion a calé dans une panse-de-vache.

Pantoute, loc. adv. Pas du tout. Aucunement. Je n'en veux plus pantoute.

Paon, n. m. Être reçu comme un paon, en grande pompe.

Pape, n. m. Pour dire qu'une chose est rare, inusitée, on dira: Rare comme de la «m...» de pape.

Papier à toilette, n. m. Papier hygiénique.

Pâques. Fêter Pâques avant le carême. Vouloir avoir le résultat avant de franchir les étapes nécessaires. Vouloir arriver trop vite au but. Être trop ambitieux. On dira d'une femme qui est enceinte avant le mariage: «Elle a fêté Pâques avant le carême».

Paquet, n. m. Amoncellement. Il y avait un moyen paquet de bois. Mettre le paquet: ne rien ménager pour la réussite de quelque chose. Sa soirée a été réussie: il avait mis le paquet. Exagérer. Enfant illégitime ou encore comme on disait autrefois, «Enfant du péché». Ainsi un père voyant sa fille aller travailler en ville lui disait: «Sois prudente et tu fais mieux de ne pas nous arriver avec un paquet».

Paquetage, n. m. Matière dont on se sert pour boucher un joint, une fente. Bourrage.

Paqueté (e), adj. Entassé, rempli, comble: autobus paqueté; salle paquetée. Enivré: il est paqueté. Objet de manigances: cette assemblée était paquetée: on a cherché à obtenir le consentement ou une majorité des votes en utilisant des moyens frauduleux.

Paqueter, v. tr. et intr. Paqueter un cheval: le doper, le droguer. Jean-Louis Brau parle des «anciens maquignons qui dopaient leurs chevaux au sublimé (d'arsenic) avant de les vendre». (*Histoire de la drogue*, Éd. Tchou, 1968, p. 221). Paqueter une assemblée: user de moyens frauduleux pour que les assistants adoptent telle idée ou votent de telle façon. Préparer, placer des objets dans des boîtes lors d'un déménagement. Viens m'aider à paqueter.

Paqueton, n. m. Paquet contenant des effets personnels et que les bûcherons portaient sur le dos.

Par. Par après, loc. adv.: ensuite, après. Je vais en ville et j'irai chez vous par après. Par rapport que, loc. conj.: car. Tu devrais payer l'amende par rapport que tu peux aller en prison. Par ici, par là, loc. adv. Ici, là. Par ici il y a beaucoup de fraises et par là très peu. Par exprès, loc. adv. à dessein. Il a fait par exprès pour casser la vitre. Par exemple, loc. adv. Voir: «exemple». Par, prép. Ma chambre mesure huit pieds par douze (sur douze). Par chez, loc. prép. Les gens de par chez nous sont serviables.

Parcours, n. m. Étendue de terrain à parcourir. Ce quêteux a un grand parcours.

Par-dessus, n. m. pl. Couvre-chaussures. Une bonne paire de par-dessus.

Par-dessus, n. m. Paletot. Veux-tu m'aider à mettre mon par-dessus?

Pareil, adj. et adv. C'est du pareil au même. Une chose n'est pas plus avantageuse qu'une autre. Quand même: il n'est pas beau mais je l'aime pareil. Aussi: à 8 heures du matin je dois être chez moi et à 6 heures du soir pareil. Même chose: c'est pareil.

Parement, n. m. Revers d'habit. Elle lui a mis une fleur sur son parement.

Pareur, n. m. Bouclier. Armure défensive. Plaque épaisse portée au bras par un guerrier et qui sert à le protéger des attaques ennemies.

Parjuter, v. tr. Extraire le jus. Parjuter une orange, un citron.

Parka, n. m. (mot russe). Long vêtement de dessus en forme de chemise avec fermeture éclair ou à boutons et surmonté d'un capuchon.

Parlable, adj. Qu'on peut parler facilement: le chinois n'est pas parlable; c'est trop difficile. Avec qui on peut entretenir une conversation: mon oncle est un homme parlable.

Parlage, n. m. Verbiage, bavardage, paroles inutiles. Arrêtez le parlage et travaillez.

Parlant (e), adj. Qui parle avec aisance, qui trouve facilement un sujet de conversation. C'est un homme parlant, une femme parlante.

Parlement, n. m. Discours. Le député a fait un beau parlement.

Parler, lorsqu'on ne donne pas de précision, l'expression «faire parler de soi» est péjorative. Elle indique un comportement moral répréhensible. Joseph fait parler de lui; Marie fait parler d'elle.

Parleux (euse), adj. Parleur, causeur, loquace. C'est un homme qui n'est pas parleux.

Parlotte, n. f. Babillage. Il a une bonne parlotte.

Parlotte, n. f. Utilisé dans le sens de «discours» ou «série de discours». Je reviendrai quand la parlotte sera terminée. C'est un homme qui a de la parlotte: qui parle beaucoup. Parloter était un fréquentatif de «parler». «Parlotant comme les oiseaus» (Vauquelin) (DFSS, t. 5, p. 639).

Parlure, n. f. Façon de parler, de s'exprimer un peu archaïque. «En vue des étrangers, nous devons avoir souci de notre parleure (c'est le mot de nos aïeux); car noblesse oblige». (Émile Littré, Comment j'ai fait mon dictionnaire de la langue française, Causerie du 1er mars 1880, D. Lit. Éd. Gallimard-Hachette, 1961, t. 1, p. 112).

Partable, adj. Moment où l'on peut quitter les lieux. C'est pas partable aujourd'hui, il pleut trop fort.

Partance, n. f. Départ. Ce qui est nécessaire pour entreprendre quelque chose. Je vais vous donner 500 $ pour vous aider à trouver un emploi. C'est une partance; avec cela vous pourrez payer votre autobus, vos repas et vous procurer des outils.

Parté, n. m. (Angl.: Party)). Réunion, réception, soirée. Sa mère va nous donner un parté. Mais on dit: assister à une «partie» de sucre, à une «soirée» de cartes.

Particulier (ère), adj. Minutieux, soigneux. Il fait du beau travail: c'est un homme particulier.

Parti (e), absent, e. Sa mère est parti pour la journée. Enceinte: elle est partie (pour la famille).

Partir, v. tr. Partir de la tête: oublier. Voir: «Tête».

Partir, v. tr. et intr. Se lancer dans une entreprise: partir garage; partir magasin. J'ai parti magasin après la première guerre. Être enceinte : elle est partie en famille. Être menstruée: mes affaires sont parties sous moi. On dit aussi: «ça décollé sous moi».

Partner, n. m. (Angl.) Partenaire, associé.

Pas, nég. Au SLSJ on remplace facilement le préfixe «in» par «pas» suivi de l'adjectif. Au lieu de dire: infranchissable on dira: pas passable etc. Voici quelques exemples: Pas brûlable; pas buvable; pas mangeable; pas marchable; pas mettable; pas faisable, etc.

Pas-de-géant, n. m. Instrument de gymnastique. Il consiste en un long pôteau ayant plusieurs câbles fixés à une roue pivotant au sommet du poteau. Chaque participant saisit l'anneau qui termine chaque câble et il tourne en courant autour du poteau, faisant de longues enjambées qui sont des «pas-de-géant».

Pas-fin, pas-fine, n. et adj. Imbécile, personne peu intelligente. Il n'est pas fin; elle n'est pas fine.

Pas guère, loc. adv. Peu, pas beaucoup. Il n'a pas guère d'argent, de talent. Voir «guère».

Pas mal, loc. adv. En assez grande quantité. Il y en a pas mal.

Passable, adj. Praticable, où l'on peut passer. Le chemin est passable.

Passant (e), n. et adj. Étranger: faites attention aux passants. Marchand ambulant: j'ai acheté cela d'un passant. Che-

min passant: chemin public où il passe beaucoup de monde.

Passant (en), adv. Puisque l'occasion se présente. Je te fais remarquer en passant que tu me dois 10 $.

Passage, n. m. Prix de transport par chemin de fer, autobus, bateau, avion. Gagner son passage; prix du passage.

Passe, n. f. Carte d'entrée; laissez-passer; permis d'entrer; de circuler; billet de faveur. Faire la passe: faire beaucoup d'argent en peu de temps, comme si l'argent arrivait de partout, pénétrait par toutes les fissures.

Passé (e), part. Après. Il s'est couché passé minuit. Passée la cabane à Thomas, vous tournerez à droite.

Passée, n. f. Période de travail. On a eu une grosse passée durant les Fêtes. Espace de temps souvent difficile. Ma fille a une mauvaise passée: son mari est malade.

Passe-galettes, n. m. Gorge. Serrer ou trimer le passe-galettes: étouffer.

Passe-partout, n. m. Scie à bout pointu.

Passe-partout, n. m. Le godendard existait autrefois en France mais il portait le nom de «passe -partout». Voici ce que dit le DT à ce sujet: «Passe-partout, n. m. Il y a aussi des scies qu'on appelle passe-partout qui servent à scier le gros bois dans les forêts. Ce sont de grandes scies dont les dents sont entr'ouvertes et détournées et qui n'ont que deux morceaux de bois à chaque bout pour servir de bras» (DT, t. 6, p. 574).

Passer, v. tr. Passer sur: procéder à un examen médical; le docteur a passé sur ma femme. Passer par les maisons: visiter les maisons. Il vendait des bleuets en passant par les maisons.

Patapouf, n. m. Homme gros et lourd.

Patarafe, n. f. Propos sans suite, difficile à comprendre. Il nous a sorti une patarafe.

Patarafe, n. f. Dans le DT, on écrit «pataraffe» et l'on donne comme définition:

«Traits de plume brouillés, confus, où l'on ne connaît rien» (DT, t. 6, p. 588).

Patate, Petate ou petaque, n. f. Voir «Petaque».

Patcher, v. tr. (Angl.: to patch: rapiécer). Poser une pièce, réparer sommairement. Patcher un pneu; patcher un bout de rue avec du pitch.

Pâté, n. m. Pâtisserie ayant une double couche de pâte. Enfant gros et gras. Tache d'encre.

Pâté chinois, n. m. Plat préparé comme suit: «une couche de steak hâché cuit avec de l'oignon...une couche de blé d'Inde et une couche de purée de pommes de terre». Le pâté chinois tire son origine des États-Unis. Il y a dans le Maine une petite localité du nom de China où l'on servait ce pâté très estimé appelé le «China pie». À la fin du XIXᵉ siècle plusieurs Canadiens français de la Beauce et de Rimouski s'établirent dans cette région. «Ce serait donc par l'intermédiaire de ces immigrants qui conservaient des liens avec leurs familles et dont un certain nombre sont revenus au Québec que les Québécois auraient appris la recette du pâté chinois» (*Le Trésor de la langue française,* mai 1988, n° 70, p. 96-97. *Le Caviar des jours ordinaires,* par Claude Poirier).

Patente, n. f. et adj. (Angl.: Patent: invention). Invention, dispositif ingénieux. Cuir patente: cuir verni et luisant.

Patenteux (euse), adj. Ingénieux, habile à trouver des choses nouvelles, à inventer.

Patience, n. f. Jeu de patience: jeu de cartes qui se joue sans partenaire. Jeu du solitaire.

Patiner, v. intr. Tergiverser. Aller dans toutes les directions; être opportuniste. Ne pas prendre de décision; il passe son temps à patiner; on ne sait jamais où l'on s'en va avec lui.

Patinoire, n. m. Au SLSJ, le mot «patinoire» s'employait autrefois au masculin: un grand patinoire. Un patinoire à poux: une tête chauve.

Pâtir, v. intr. Souffrir éprouver une douleur. Son nouveau dentier le fair pâtir.

Pâtir, v. intr. Attendre. Il nous a fait pâtir durant une heure à la porte de son bureau.

Patois, n. m. Expression, interjection que quelqu'un emploie souvent. Joseph a un patois: il dit toujours «tarvisse»; un autre dit «castor». Tarvisse que c'est beau. Tu as un castor de beau piano.

Patron, n. m. En parlant d'une femme, on dira: «C'est un beau patron»; elle est bien faite, bien moulée.

Patronage, n. m. Favoritisme. Pouvoir de donner des emplois, des permis, des contrats, des faveurs. S'emploie dans le secteur politique. On dira de quelqu'un: «Il est dans le patronage» pour indiquer qu'il possède certains pouvoirs que lui donne son allégeance politique. On dit aussi: «Il est dans la crèche.»

Patte, n. f. Être haute sur patte: orgueilleuse; «tirer du grand». Se faire jouer une patte: se faire tromper, se faire prendre au piège.

Pavé (e), adj. Rempli. La rivière est pavée de bois.

Pavillon, n. m. Drapeau. Emblème d'un pays, d'une compagnie, etc. Le pavillon de la France, de la Belgique, de la compagnie Alcan.

Pawnshop, n. m. (Angl.). Bureau de prêt sur gage. Établissement où l'on prête de l'argent à intérêt à condition de recevoir un objet en garantie. On dit aussi «mont-de-piété».

Pays (du). Rustique, fait à la maison: artisanal: étoffe du pays, sucre du pays, savon du pays (savon d'habitant). Voir: «home-made».

Peau, n. f. Aller à la peau: visiter les femmes de mauvaise vie.

Peau de carriole, n. f. Couverture faite avec la peau d'un animal et servant à protéger du froid ceux qui, en hiver, prenaient place dans un «taxi à poil». Voir EGV, p. 129.

Péché, n. m. Elle est laide comme les sept péchés capitaux. Elle est laide en petit péché.

Pédaler, v. intr. Se dépêcher. Il va falloir pédaler si on veut arriver à temps.

Pedigree, n. m. (Angl.: Pedigree; généalogie, ascendant). Description, généalogie, antécédents d'une personne. Veux-tu me donner son pedigree pour que je me fasse une idée de sa capacité.

Pedleur, n. m. (Angl.: Pedlar: colporteur). Colporteur, marchand ambulant.

Pee-wee, n. m. Jeune joueur de hockey faisant partie d'une ligue mineure. Le mot «peet-weet», en anglais, est le nom d'un oiseau échassier, le bécasseau, qui est le petit de la bécasse. Le mot «pee-wee» est une onomatopée imitant le cri du bécasseau.

Peg-top, Les culottes «peg-top» étaient des pantalons très larges aux hanches, mais étroites aux chevilles. Elles furent à la mode vers les années 1858-1865. (OED, t. 7, p. 620). En anglais «clothes-peg» signifie «épingle à linge». Le mot «peg-top» indique donc que la partie supérieure du pantalon est étirée et fixée tandis que la partie inférieure, laissée à elle même, demeure étroite. «Peg-top» veut dire aussi toupie, image qui s'applique à ce genre de pantalon qui ressemble à une toupie.

Peigne, n. m. Pingre, avare. Comparé à un peigne fin qui retient tout. Peigne fin: peigne à dents fines et serrées destiné à éliminer les parasites des cheveux.

Peine, n. f. Valant la peine: assez. Apporte du bois valant la peine: apporte assez de bois. La peine emporte le profit: cela ne vaut pas la peine, le déplacement. Il ne faut pas se déranger pour si peu.

Pelleterie, n. f. Fourrure. Mon grand-père avait un capot de pelleterie.

Pelleteux (euse), n. Qui travaille avec une pelle. Un «pelleteux de nuages» c'est quelqu'un qui vit dans le rêve, qui n'a pas le sens de la réalité.

Peloton, n. m. Boule de laine, de soie, de fil. Un peloton de laine.

Pelote, (ou «plote»), n.f. Région pelvienne de la femme. Signifie aussi «femme». Langage grossier.

Pembina, n. m. Espèce de baie rouge, très amère. (Voir: «Mascot»).

Pendant, n. m. Pente d'une colline; flanc d'une colline. Il fauche dans le pendant. Il bûche dans le pendant.

Pend'oreilles, n. m. Pendant, boucle d'oreille. Elle portait des beaux pend'oreilles. Voir DHAF, t. 8 p. 247.

Pènecolleur, n. m. (Angl.: Pain killer, marque de commerce). Remède puissant qui réchauffe, qui calme la douleur.

Pep, n. m. Entrain. On dit: «Avoir du pep»; être «peppé» pour signifier l'entrain. En latin «piper» signifie «poivre» devenu en anglais «pepper». Or le poivre a la réputation d'être un stimulant digestif. La relation est facile à établir. Celui qui a du «pep» ou qui est «peppé», a de l'entrain; c'est comme s'il était sous l'effet d'une forte dose de poivre provoquant un état de surexcitation.

Pepére, n. m. Grand-père, grand-papa (terme enfantin). Homme âgé. Superlatif: un pepére de grand chapeau. Beaucoup: il mange en pepére.

Pèpeur, n. m. (Angl.: Pipe: tuyau). Plombier. Il était pèpeur au moulin Price. Voir: «palfitteur» (pour «pipe-fitter»).

Perchaude, n. f. Perche canadienne d'eau douce. Corruption de «perche jaune».

Perche, n. f. Canne à pêcher. Il avait une perche en jonc. Tige longue et mince. Gaule que l'on assujettit à chaque extrémité d'une charrette pour en consolider la charge. À pleine perche: beaucoup, à pleine charge. La voiture était chargée à pleine perche. Personne maigre et grande: c'est une grand'perche; il mesure six pieds et trois pouces et il est maigre comme un clou.

Père, n. m. Servir de père: agir comme témoin lors d'un mariage. Mon frère Joseph m'avait servi de père.

Péri, n. m. Péril. Il nous a sauvé du péri.

Personne, n. f. Voir: «Grande personne».

Pesant, n. m. Lourdeur indiquant une digestion difficile et qui se traduit par un sommeil peuplé de rêves, de cauchemars. Avoir le pied pesant, signifie: conduire une automobile à grande vitesse, appuyer fortement sur l'accélérateur.

Peser, v. tr. et intr. Se calmer: il a pesé sur lui. Conduire à grande vitesse: en revenant, il pesait tellement que j'avais peur.

Peste, n. f. Haïr quelqu'un comme la peste.

Petaque, n. f. Patate, pomme de terre. Récolter des petaques. Montre ou horloge qui ne donne pas l'heure juste. Tu serais mieux de jeter ta petaque. Coeur malade. Je sors de l'hôpital; j'avais de la misère avec ma petaque. S'emploie aussi dans certaines expressions. Faire petaque: manquer son coup. Il a ouvert un magasin mais il a fait petaque. Ils s'attendaient d'avoir un enfant mais ils ont fait petaque. Être dans les petaques: se tromper. Vous êtes dans les petaques; aujourd'hui c'est jeudi et non vendredi. «Patraco» est un mot provençal signifiant: monnaie usée, dépréciée et qui est à l'origine du mot français «patraque» qui veut dire: machine usée, vieille montre détraquée ou encore personne faible, maladive, souffrante. (DR). Dans son roman «Une page d'amour», Zola fait dire à Jeanne, une enfant maladive: «Tu sais bien que je suis une patraque» (3ᵉ partie, début du ch. 2).

Pétard, n. m. Jeune fille jolie, bien tournée. C'est un beau pétard.

Pétasser, v. tr. Craqueler, fendiller, fêler. Le mur est pétassé; le plat est pétassé. Ses souliers de cuir patente sont pétassés. Le froid a fait pétasser la peinture de sa chambre. Vient de «pétassar», mot provençal qui veut dire «rapiécer». (DL).

Pet-de-soeur ou **Pet-de-nonne,** n. m. Pâtisserie sucrée et frite remplie d'air au centre.

Peter, v. intr. Faire entendre un bruit sec et éclatant. Il faisait tellement frette que les dents nous petaient dans la bouche. Claquer. Peter plus haut que le trou: essayer d'éblouir l'entourage en menant un train de vie dépassant ses capacités. «Peter plus haut que le cul, pour dire: entreprendre des choses au-dessus de ses forces, faire plus de dépenses qu'on ne peut» (DT, t. 6, p. 715).

Peteux (euse), n. et adj. Organes sexuels: cache ton peteux. Pédant, prétentieux: c'est rien qu'un peteux. Peteux-de-broue: vantard, fanfaron. Peteuse: pièce de musique jouée au violon durant laquelle le musicien fait vibrer les cordes avec ses doigts produisant des sons ressemblant à des pets.

Peteuserie, n. f. Groupe de snobs qui se croient supérieurs aux autres à cause de leurs richesses et qui regardent leur entourage de haut. On dira qu'ils «se prennent pour d'autres» ou encore qu'ils «pètent plus haut que le trou», d'où l'origine de leur nom en tant que classe sociale. On parlera de la peteuserie de Jonquière, de Roberval, de Chicoutimi, etc.

Peti-peta, loc. adv. Peu à peu, à petits pas. Peti-peta, il fait son chemin dans la vie. Le cheval montait la côte peti-peta.

Petitement, adv. À l'étroit. Dans notre ancienne maison, nous étions petitement; mais dans la nouvelle nous sommes grandement.

Petuche, n. f. Chiquenaude, pichenette. Coup appliqué avec un doigt plié et raidi contre le pouce et détendu brusquement.

Peur, n. f. Histoire invraisemblable: il conte des peurs. Hâte subite: il est parti en peur, il s'est emballé, énervé.

Peureux, n. m. pl. Mocassins, pichous, «souliers blancs». La légèreté de ce genre de souliers permet à ceux qui ont peur de s'enfuir plus rapidement.

Philippina, n. m. On dit «feu d'épina». Jeu. Deux personnes s'étant partagé deux amandes jumelles, soudées ensemble conviennent qu'à la prochaine rencontre, celle qui dira la première à l'autre «philippina» aura gagné l'enjeu.

Piailler, v. intr. Se plaindre sans raison, à tort ou à travers. (DB). Elle passe son temps à piailler.

Piastre, n. f. Billet d'un dollar. Payer une piastre, cinq piastres. Pièce de monnaie faite d'argent et qu'on rencontrait dans plusieurs pays. La piastre espagnole était la plus populaire et comme elle valait au pair environ un dollar on comprend pourquoi le Québécois utilise le mot «piastre» comme synonyme de «dollar».

Pic (à), loc. adv. Abrupt, en pente raide. C'est une côte à pic. Irritable, susceptible, cassant, qui a la riposte facile. Elle est très à pic ce matin. Prendre du pic: prendre de l'assurance, devenir frondeur.

Picasse, n. f. (Du vieux français «pigasse»). Mauvais cheval: avoir une vieille picasse. Femme de mauvaise moeurs; personne hargneuse, acariâtre, critiqueuse. C'est une picasse.

Pic-bois, n. m. Pivert: oiseau insectivore. Instrument utilisé dans une usine à papier et qui sert à enlever les noeuds à la surface des billes de bois.

Pichous, n. m. pl. Mocassins, souliers de cuir très souples et dépourvus de semelles; appelés aussi «souliers mous». Il y avait deux sortes de pichous: les «souliers blancs» non traités pour l'humidité et de couleur blanche; les «souliers à l'huile» de couleur noire et à l'épreuve de l'eau.

Picocher ou Picocer, v. tr. Picoter, becqueter: donner des coups de bec ici et là. Taquiner d'une façon continue et agaçante. Il était toujours à me picocher. J'étais tanné de me faire picocer.

Picoceux (euse) ou **Picocheux** (euse), adj. Qui aime taquiner. C'est un picoceux.

Picot, n. m. Point fait avec un objet pointu, une plume, un crayon, parfois en perçant le support (papier, carton, etc.).

Picote, n. f. «On appelle ainsi en Poitou la petite vérole». (DT, t. 6, p. 753). Rabelais: «L'un y avait la picote». (RQL, 52, 682). À propos de «*L'épidémie de picote de 1702-1703 à Québec*»; Voir: BRH, v. 32, n° 3, 1926, p. 152-155. Picote volante: varicelle.

Picoté (e), n. et adj. «Marqué, taché de petits trous... Un visage picoté de petite vérole». (DT, t. 6, p. 753) «Il y avait le cimetière des picotés près des remparts et de l'Hôtel-Dieu, où les morts de la picote avaient d'abord été enterrés». (Pierre-Maurice Hébert, Le curé Hébert, un siècle d'histoire 1810-1888, tome I, p. 142).

Picoué, n. m. Petit pic en acier. Courte gaffe en forme de pic, et à manche de hache utilisé dans les opérations forestières.

Picoune, n. f. L'expression «Ça ne vaut pas de la picoune» signifie: cela ne vaut rien. La picoune était une «espèce de sauce avec de la farine et de l'eau dans laquelle on avait fait dessaler la partie maigre du lard; c'était un mets du matin, fort peu estimé». (HS, p. 268).

Picoune, n. f. Va à la picoune! Laisse-moi la paix! Mange de la picoune: mêle-toi de tes affaires.

Picuite, n. f. Pituite, Vomissement de sécrétion blanchâtre et gluante qui survient le matin chez certains malades. Ce rejet est accompagné d'une sensation de brûlure.

Pièce, n. f. Homme gros et grand: c'est une pièce d'homme, toute une pièce. Morceau de cuir reliant les deux élastiques d'un tire-roches.

Pied cube, n. m. Volume qui correspond à un pied de hauteur, par un pied de longueur et un pied de largeur. Unité de mesurage du bois en Angleterre, utilisée dans les chantiers au Québec.

Pied-de-roi, n. m. Règle pliante ayant généralement 24 pouces de longueur et servant aux travailleurs de la construction.

Pied pesant. Voir: «pesant».

Pieds, n. m. pl. Lever les pieds: partir. Il a levé les pieds et on ne sait pas où il est rendu. Mourir: son père a levé les pieds hier soir.

Pieds, n. m. pl. On disait «Mettre les pieds à l'eau». C'était un rite consistant à faire tremper les pieds du malade dans de l'eau très chaude contenant de la moutarde, de façon à provoquer une «suée». Ce remède était censé guérir les maladies pulmonaires.

Piétonner, v. intr. Piétiner, remuer les pieds sur place en les soulevant. Arrête de piétonner. Au XVIᵉ siècle «Piétonner» était transitif et signifiait: «Fouler aux pieds, piétiner» (DFSS, t. 5, p. 779).

Pieu, n. m. Perche horizontale qui forme une clôture. Les pieux sont supportés par des piquets. Grosse allumette: allumer sa pipe avec un pieu. Fumer des pieux: avoir de la difficulté à allumer sa pipe; utiliser plusieurs allumettes de suite.

Piger, v. tr. Prendre quelque chose au hasard. Piger une carte, un numéro.

Pignocher, v. intr. Manger en ne prenant que de petits morceaux de ce qu'on aime et en laissant le reste. Cet enfant est gâté, il ne fait que pignocher.

Pilasser, v. tr. Salir le parquet, en y marchant avec des chaussures humides, boueuses. Se dit aussi d'un travailleur inefficace qui tourne en rond. Il ne fait que pilasser.

Pilasses, n. f. pl. Marques laissées par les pieds. Arthur a laissé des pilasses; il a fait des pilasses dans la cuisine.

Pilasseux (euse), adj. Qui salit le parquet en y marchant avec des chaussures malpropres. Qui est inefficace à son travail.

Piler, v. tr. Écraser: piler des patates. Empiler: piler des planches, des madriers. Amasser, accumuler: piler des piastres. Marcher sur: il a pilé sur un crapaud. Piler sur les pieds: importuner. Il n'aime pas se faire piler sur les pieds.

Pilot, n. m. Pile, tas, amoncellement. J'ai un pilot de feuilles, de planches, de briques. (DFSS, t. 5, p. 784).

Pince, n. f. Extrémité. La pince d'un canot; prendre un canot par la pince.

Pinceau, n. m. Barbiche. Il portait un pinceau.

Pincer, v. tr. Prendre, attraper. Il s'est fait pincer par la police.

Pincette, n. f. Donner un bec à pincettes: baiser que l'on donne en prenant les deux joues avec le bout des doigts.

Pinch, n. m. (Angl.: to pinch, pincer, comprimer fortement). Barbiche. Voir: «Bouc»; «Pinceau».

Pine, n. f. (Angl.: Pin: épingle). Cheville: rentrer une pine dans une pièce de bois. Réprimande: recevoir une pine.

Piner, v. tr. Semoncer, réprimander, faire des reproches. Mon boss m'a piné.

Pinereau, n. m. Pièce séparée aménagée dans un «campe» de bûcherons et destinée au contremaître et au cuisinier. (HS, p. 268).

Pinière, n. f. Plantation de pins, bois de pins. Faire la pinière: expression utilisée au Saguenay dès les débuts de sa colonisation. La région était en effet couverte de pins. Voici deux textes tirés de l'ouvrage de l'abbé Louis-Antoine Martel, écrit vers 1865 et intitulé: Notes sur le Saguenay: «Faire la pinière: se livrer au commerce du bois et à l'exploitation des forêts» (p. 5). «Dans l'hiver suivant, la pinière fut de beaucoup plus considérable que les années précédentes» (p. 27).

Pinotte, n. f. (Angl.: peanut: cacahuète). Pistache, arachide, cacahuète. Manger des pinottes salées. De peu de valeur: ça ne vaut pas une pinotte. On n'a pas ça pour des pinottes. Il a eu sa maison pour des pinottes: pour peu. Être «rien que sur une pinotte»: être très nerveux, instable. Quand le ministre est arrivé, la secrétaire du maire était rien que sur une pinotte; elle voulait sauter au plafond.

Pinouche, n. f. Cheville de bois ou de métal. Mets une pinouche pour faire tenir les deux morceaux.

Pinte, n. f. Boire une pinte: s'enivrer.

Pintocher, v. intr. Boire avec excès; faire la noce. Pintocher toute la nuit. «Pinteur grand buveur» (DHAF, t. 8, p. 312).

Pintocheux, adj. Qui boit avec excès.

Pioche, n. f. Il a une tête de pioche: il a la tête dure, il ne comprend rien.

Piocher, v. intr. Trépigner, piétiner. Donner des coups de pied au même endroit. Étudier avec acharnement; avoir de la difficulté dans ses études.

Piocheur, n. m. Écolier qui travaille beaucoup.

Pipe, n. f. Tête de pipe: individu, personne. Le billet est de un dollar par tête de pipe (par personne). Tirer la pipe: tenter de connaître un secret, tirer les vers du nez. Être grosse pipe: réussir, être au-dessus de ses affaires. Quelqu'un qui gagne le gros lot est «grosse pipe». Pipe neuve: indique quelque chose en parfait état. Un moteur bien réparé marche «comme une pipe neuve».

Pipée, n. f. Contenu d'une pipe. Fumer une pipée de tabac.

Piquant (e), adj. Barbelé (e). La vache était prise dans la broche piquante (fil barbelé).

Pique, n. f. Querelle, altercation, engueulade. Je viens d'avoir une pique avec mon voisin.

Piqué, n. m. Protège-matelas qu'on place dans le lit d'un jeune enfant. Il est fait de plusieurs épaisseurs de tissu, quadrillé de coutures.

Piquer, v. tr. et pr. Jouer en étant chanceux. Je leur ai piqué plusieurs parties de cartes: j'ai gagné toute la veillée. Faire l'acquisition de: il s'est piqué une belle maison.

Piquet, n. m. Pièce de bois pointue enfoncée dans le sol et supportant les pieux d'une clôture. Cogner, planter des piquets: sommeiller assis en faisant, avec la tête, des mouvements de haut en bas et de bas en haut. Sa mère était fatiguée: elle plantait des piquets.

Piquoué, n. m. Perçoir.

Pire, adj. Au pire aller: en mettant les choses au pire. Pas pire; pas trop pire: pas mauvais, assez bon: Une jeune fille pas pire; une peinture pas trop pire. Pire que pire: très mal. Je pensais que tu ne prenais plus de boisson mais c'est pire que pire. Moins pire, indique une amélio-ration: il est moins pire que je pensais. Il était très malade hier; il est moins pire aujourd'hui. Aussi pire, indique la similitude: elle est aussi pire que lui.

Piroche, n. f. Femelle de l'oie. Cette femme crie comme une piroche. Personne qui marche en se déhanchant. Il s'en venait en marchant comme une piroche sur la glace; je pensais qu'il allait s'enfarger dans les fleurs du tapis.

Piron, n. m. Jeune canard. Sentir le piron: avoir une mauvaise senteur. Tu pourrais prendre ton bain: tu sens le piron.

Pish-pang, n. m. (Angl.: pitch pine). Pinus rigida: pin dur. Pin à feuilles rigides. Peut atteindre 60 pieds de hauteur et un diamètre de deux pieds. Rare au Canada. Sert à construire des roues hydrauliques et des cages pour les écluses. Bois qui résiste à la fois à l'humidité et à l'absence d'humidité, qui ne «travaille» pas, qui ne «renfle» pas, qui ne change pas de volume. Il s'emploie avantageusement dans les endroits susceptibles de passer de l'état sec à l'état humide. (Voir: Hosie, R. C., *Native trees in Canada*, p. 46).

Pistage, n. m. Faire du pistage: aller à pied. Il voulait que je fasse du pistage mais le campe était trop loin.

Pisse-fin, adj. timide, gêné.

Pissenlit, n. m. «Enfant qui pisse au lit» (DB).

Pissette, n. f. Verge des hommes et des animaux. Voir: «agace-pissette».

Pisseux (euse), adj. Celui ou celle qui se dérobe, se sauve. Une religieuse. Elle va à la classe chez les pisseuses. Ce mot de dédain était utilisé par les jeunes garçons qui avaient enfin un professeur masculin et qui n'étaient plus soumis à une direction féminine assurée en général par des religieuses.

Pisse-vinaigre, n. m. Individu hargneux, insociable, critiqueur.

Pissoire, n. m. Urinoir, pot de chambre. (DLFSS, t. 6, p. 1). Passe-moi la pissoire au plus sacrant.

Pissou, n. et adj. Lâche, poltron, peureux. C'est un pissou; il est pissou.

Pister, v. intr. Aller vite: notre canot pistait sur le lac quand le vent tombait. J'ai lâché un cri et le chien a pisté.

Pitch, n. m. (Angl.: Pitch: bitume). Bitume: Mettre du pitch sur un toit; pitcher un toit.

Pitcher, v. tr. (Angl.: To pitch: lancer). Lancer. Il lui a pitché un morceau de pain. (Angl.: To pitch: enduire de bitume). J'ai pitché le toit de mon garage.

Piton, n. m. Aspérité servant à retenir une charge de billots. Vieux cheval, rendu à bout de forces. Argent sous forme de billet émis localement et à circulation restreinte. D'après l'abbé François Pilote, le mot «piton» serait un dérivé de Peter. La tradition veut qu'il s'agisse de Peter Mc Leod. Voici ce que dit l'abbé Pilote: «L'argent a toujours été chose fort rare au Saguenay. La monnaie y est remplacée par des bons ou billets appelés «pitons», par les habitants de l'endroit. Ces «pitons» sont payables au porteur en marchandises seulement prises à tel magasin» (*Le Saguenay en 1851*, p. 66). Dans l'*Histoire du Saguenay*, éd. 1969, on lit à propos des pitons: «Système très commode mais peu satisfaisant pour les employés, qui n'avaient pas la liberté d'utiliser à leur gré le prix de leur travail, et qui n'en pouvaient obtenir de l'argent sonnant, qu'en sacrifiant 6 % et jusqu'à 10 % de la valeur» (p. 274). (Voir aussi: Sag. mai-août 1975, p. 67). Durant la crise économique des années 30, les «pitons» ont refait surface au Saguenay. Ces billets avaient mauvaise presse; c'est probablement pour cela qu'un vieux cheval rendu à bout de forces a pris le nom de «piton» au Saguenay. Voir aussi; «python».

Pitonné (e), adj. Muni de pitons. Un travers de time (team) pitonné.

Pitoune, n. f. Bille de bois mesurant quatre pieds de longueur. Bûcher de la pitoune; bûcher du «quatre-pieds». Pénis d'un homme ou d'un animal.

Placarder, v. tr. Poser une affiche à la porte d'une maison pour indiquer qu'un membre de la famille est atteint d'une maladie contagieuse: rougeole, diphtérie, variole, etc.

Place, n. f. Endroit. À quelle place que vous restez? (Où habitez-vous?). Plancher, parquet. Danser dans le milieu de la place. Par places: à certains endroits. Le gazon était brûlé par places. Être à sa place: être rangé. Un jeune homme à sa place. Pour donner un conseil, on fait usage de l'expression «à ta place», «à sa place», «à leur place»... Ainsi on dira: À ta place (si j'étais à ta place) je garderais le silence. À la place de, loc. prép. Au lieu de. J'aime mieux lire à la place d'aller au cinéma. Changer le mal de place: faire diversion, détourner l'attention vers autre chose. Mon neveu s'ennuyait et, soudain, il a eu mal aux dents: cela à changé le mal de place.

Placer, v. pr. Se placer: trouver un emploi. Tous les printemps, je me plaçais au moulin des Price.

Placotage, n. m. Potin, commérage, racontar; il aime beaucoup le placotage.

Placoter, v. intr. Bavarder, parler sans arrêt à propos de rien. Dire des choses insignifiantes. Être indiscret, ébruiter des secrets.

Placoteux (euse), adj. Qui aime colporter des racontars.

Plafond, n. m. Vouloir sauter au plafond: être excessivement nerveux. Dès que ce chanteur a ouvert la bouche, les jeunes criaient et voulaient sauter au plafond.

Plaignard (e), adj. Qui se plaint sans raison, pour des riens. On dit aussi «lamenteux», «lamenteuse».

Plaine, n. f. Platane. Variété d'érable.

Plaint, n. m. Plainte, gémissement. Il laissait entendre un plaint. En 1771, le DT le donne déjà comme un «vieux mot». (DT, t. 6, p. 811). On trouve ce mot dans Jean Froissart qui a vécu aux environs de 1333-1400 et Monstrelet, vers 1390-1453. «(Il) jeta un plaint» (DHAF, t. 8, p. 327).

Plaisant (e), adj. Aimable, affable. C'est un homme plaisant; une femme plaisante.

Plan, n. m. Mode de paiement. Projet de paiement. L'ajusteur d'assurance m'avait fait un plan (projet). Répartie comique, plaisanterie, badinage. Il aimait faire des plans.

Planche, n. f. et adj. Être sur les planches. Situation d'un défunt qui repose sur un lit de parade. Autrefois le défunt n'était pas exposé dans un cercueil mais était déposé sur des planches. Uni, plat. Un terrain planche. Marcher sur le planche (le terrain planche). Les expressions «travailler à la planche», «être à la planche», «y donner à la planche», font référence à l'accélérateur d'une automobile et signifient qu'on va au bout de ses forces jusqu'à l'épuisement.

Planche à laver, n. f. Surface côtelée sur laquelle on peut frotter le linge pour en enlever la saleté. Chemin de gravier ayant beaucoup de cahots. Conduire une automobile sur la planche à laver. Petits seins: avoir l'estomac comme une planche à laver.

Planche à pain, n. f. Planche sur laquelle on tranche le pain.

Plancher, n. m. Prendre le plancher: s'imposer comme orateur; parler haut, fort et surtout… longtemps, agaçant ainsi l'assistance. Lui, quand il prend le plancher ça ne finit plus.

Plancher d'haut, n. m. Plafond d'une pièce. Le plancher d'haut de la cuisine est peinturé jaune.

Planchon, n. m. Tronc d'arbre, planche rudimentaire. Faire des menoires en se servant de planchons de merisier.

Planter, v. intr. et pr. Se planter, se présenter. Plante-toi devant moi si tu es brave. Faire un effort surhumain pour réussir. Il s'est planté pour réussir aux examens. Dégringoler: planter tête première.

Plaqué, part. p. Posé, fixé, cloué. Le pont-flottant était plaqué sur des grosses tonnes.

Plaquer, v. tr. Faire une marque sur un arbre à l'aide d'une hache, etc.

Plasteur, n. m. (Angl.: Plaster). Emplâtre adhésive pour protéger une blessure. Sparadrap.

Plastrage, n. m. Plâtrage.

Plastrer, v. tr. Plâtrer; enduire de plâtre pour rendre une surface unie. Voir: (DHAF, t. 8, p. 334).

Plastreur, n. m. Plâtrier.

Plate, adj. Uni, ennuyant, sans intérêt. Conter une histoire plate. Le temps est plate. C'est plate ici. On dit aussi d'une femme aux petits seins qu'elle est plate comme une galette.

Platée, n. f. La quantité d'un mets qu'un plat contient. Une platée de fèves au lard. Une platée (une assiettée) de soupe.

Platin, n. m. Plateau, étendue de terrain uni et plat. «Banc de sable dont la surface affleure à mer basse» (DHAF, t. 8, p. 337).

Plée, n. f. (Angl.: to play: jouer). Se préparer à frapper un adversaire; agiter les poings pour indiquer son intention. Il a fait une plée et il a commencé à lui donner des coups de poing. Faire des parades (des «sparages»). (Voir: «sparage»).

Plein (e), adj. Ivre. Quand il est plein, il brise tout. Il était plein (ou paqueté) comme un oeuf. Enceinte: elle est pleine. À plein: beaucoup, en abondance. Il y avait de l'eau à plein ruisseau. J'ai vu du blé à pleine clôture. En plein ça: justement cela. En plein dans: au milieu de. L'enfant est tombé en plein dans la rue.

Plein de soupe, n. m. Homme lourd et ventru. C'est un gros plein de soupe.

Plema, n. m. Plumeau, balai fait avec de fortes plumes.

Plemer, v. tr. Arracher, enlever les plumes d'un oiseau. Prendre beaucoup d'argent à quelqu'un. Il l'a plemé: il lui a fait saisir sa maison, etc. Un capot de poils tout plemé.

Pleurer des yeux. Verser des larmes pour une autre cause que la peine. On «pleure des yeux» en pelant des oignons, en étant aveuglé par du sable ou encore allergique à la poussière ou à certains animaux.

Pli, n. m. (Angl.: Ply: épaisseur). Lame contenue dans une feuille de contre-plaqué. Une feuille de cinq plis.

Plissé (e), adj. Ridé. Elle avait le visage plissé.

Plog, n. f. (Angl.: plug: bouchon). Cheville, bouchon.

Ploguer, v. tr. Boucher. Brancher sur une prise électrique. J'ai plogué mon char.

Plombeur, n. m. (Angl.: Plumber: plombier). Plombier. Au XVI⁰ siècle, «plombeur» veut dire «plombier» (DHAF, t. 8, p. 345).

Plume, n. f. Exprime la légèreté physique. Être léger comme une plume.

Plume-fontaine, n. f. (Angl.: fountain-pen). Plume-réservoir.

Poche, n. f. Petit, manqué: une assemblée de poche. Indique quelque chose de petit, qu'on peut porter dans sa poche: livre de poche; sous-marin de poche. (pocket-book). Scrotum: sac contenant les testicules. Prendre sa poche: déguerpir, être forcé de s'en aller.

Pochetée, n. f. Ce qu'une poche peut contenir: une pochetée d'avoine. À pochetée: beaucoup, abondamment. Il neige à pochetée. Il y avait de la truite à pochetée.

Poffe, n. m. (Angl.: to puff: souffler, gonfler, bomber la poitrine). Vantardise. Il aime à faire du poff. Manger du «riz poffé».

Poffer, v. intr. Se vanter. Jeter de la poudre aux yeux. Arrête donc de poffer.

Poignasser, v. tr. Tripoter, manier avec maladresse. Manier salement, sans précaution. Arrête de poignasser le pain.

Poignasser, v. pr. Se poignasser: tourner au mauvais temps. On devrait partir tout de suite le temps commence à se poignasser: il va mouiller.

Poignée, n. f. Voir «Tombe».

Poigner, v. tr. et intr. Prendre. Poigner un fusil. Poigner le rhume. Poigner le premier train. Poigner, la rue, le trottoir. Il a poigné la manche de son manteau. Avoir du succès, être populaire. La drogue poigne auprès des jeunes. C'est un chanteur qui poigne.

Poignet, n. m. Se casser le poignet: se masturber.

Poil, n. m. Fourrure. Porter un capot de poil. Voiture à poil, taxi à poil: voiture tirée par un cheval. Avoir le poil droit: être de mauvaise humeur. Ne pas être d'un beau poil: être faché.

Point, n. m. Avoir des points de côté: avoir mal au ventre. En arrivant les points de côté m'ont pris.

Poireauter, v. intr. Duper, se ficher de quelqu'un, faire attendre inutilement. Il nous a fait poireauter pendant une heure.

Poison, n. f. Donner de «la» poison aux rats.

Poivrer, v. tr. Cribler. Il s'est mis à le poivrer, à lui donner des coups de poing.

Pôle, n. m. (Angl.: Poll: votation, vote, scrutin). Bureau de votation.

Pôle, n. f. Une pôle est une perche de batelier. On dit: pousser un canot avec une pôle ou encore: pôler un canot. Tringle de rideau: mettre des rideaux sur des pôles.

Pôler, v. tr. et pr. Chasser rudement. Pôler un chien: le chasser à coups de bâton. S'enfuir rapidement: il s'est pôlé en me voyant. Manoeuvrer avec une perche.

Policeman, n. m. (Angl.) Policier. J'ai rencontré un policeman.

Polisson (ne), n. Personne mal élevée, grossière, qui insulte.

Pôlok, n. m. et f. (Angl.: Polack: d'origine polonaise). Étranger d'origine slave. Au SLSJ, un Pôlok n'est pas nécessairement un Polonais; ce peut être un Russe, un Yougoslave, un Roumain. Une Pôlok peut être l'épouse, la fille ou la soeur d'un Pôlok mais ce peut être aussi une cigarette roulée à la main. On dira: fumer une pôlok, se rouler une pôlok. En français «polaque» signifie «un cavalier polonais au service de la France au XVII⁰ siècle». (GLE). En anglais, «polack» est un terme de mépris désignant une personne d'ascendance polonaise (ACD). Au XVI⁰ siècle, «à la polaque» signifiait «à la mode polonaise» (DFSS, t. 6, p. 60).

Pomme, n. f. Jeu de pommes. L'enjeu consistait en un certain nombre de pommes. Au début, on jouait avec les pommes elles-mêmes qu'on plaçait dans un «plat à vaisselle», c'est-à-dire un grand plat qui servait à laver la vaisselle. Au cours des années, on adopta le système de jetons qui remplaçaient les pommes. Car à force de se servir des pommes, elles devenaient «machées» c'est-à-dire meurtries par suite des coups répétés dont elles étaient l'objet.

Pommette, n. f. Petite pomme.

Pomonique, adj. Poitrinaire, pulmonique; malade des poumons. Personne faible, peu résistante.

Ponce, n. f. Mélange de whisky, de sucre et d'eau chaude. Prendre une bonne ponce, pour se réchauffer. Vient probablement du mot «punch», une boisson à base de rhum, de sirop de canne et de citron.

Ponce-Pilate. Cabinet d'aisance. Il va revenir dans quelques minutes: il est allé chez Ponce-Pilate. Référence biblique: Ponce-Pilate, assis sur son trône, servit de juge durant le simulacre de procès qu'on fit à Jésus.

Ponceau, n. m. Petit pont. On dit aussi «ponton». Un ponceau emjambe un très court accident de terrain, un «fosset» par exemple, un ruisseau.

Poncer, v. tr. et pr. Soigner ou recevoir quelqu'un en lui servant une ponce. Je vais te poncer. Se poncer: s'enivrer.

Ponner, v. tr. et intr. On entendait parfois: «Les poules ponnent». Voici ce qu'on trouve dans le DHAF: «Si verrez une géline se tenir plus grasse en ponnant

chaque jour, que ne fera un coq» (DHAF, t. 8, p. 373). On disait aussi d'une poule qui pondait beaucoup: «C'est une ponneuse». Au XVI⁰ siècle, «pondeuse» se disait «ponneuse» ou «ponneresse» (DFSS, t. 6, p. 73). Par ailleurs, le mot «ponant» signifiait «couchant» ou «occident» ou encore le... «derrière». Évidemment, on en profitait pour faire des jeux de mots quand il s'agissait du vent. G. Bouchet écrit: «Le vent de ponant était toujours facheux et puant» (DFSS, t. 6, p. 71). Rabelais: «Au monde ou quel ils furent ponnus» (RCL, 4, 759). «Qui pour lors ponnent...» (RCL, 6, 762).

Pont, n. m. Section d'un poêle. Les poêles anciens avaient 2 ou 3 ponts superposés. Le poêle à 2 ponts était composé d'un foyer monté sur pattes et servant à chauffer; au-dessus se trouvait un four pour cuire les aliments. Le poêle à 3 ponts comptait une section de plus installée sur le four et dont le rôle était de tenir au chaud les aliments déjà cuits.

Pont, part. Pondu. Rabelais: "La cocque d'un oeuf pont." (RGA, 6, 24). Voir aussi "répond" (pour répondu).

Pontage, n. m. Pavage. Tablier de bois facilitant l'accès à un pont.

Pont-flottant, n. m. Pont appuyé sur des objets flottants.

Ponton, n. m. Petit pont enjambant un très court accident de terrain. (Voir: «ponceau»).

Popormane, n. f. (Angl.: peppermint). Pastille à la menthe.

Poque, n. f. (Angl.: Puck: rondelle). Rondelle, au jeu de hockey; il a reçu la poque sur une jambe. Marque résultant d'un coup; il s'est fait une poque sur le front.

Poqué (e), adj. Bosselé, (e); qui a une bosse, une marque.

Poquer, v. tr. Marquer par un coup. Il lui a poqué un oeil d'un coup de poing. Il a poqué le mur en passant trop près avec le piano.

Poqueur, n. m. (Angl.: Poker: tige de métal servant à remuer les bûches d'un brasier pour en exciter la flamme). Tisonnier. Cet instrument servait à attiser le poêle mais il pouvait servir aussi d'arme défensive. Il lui a donné un coup de poqueur. Menacer quelqu'un avec un poqueur.

Porc, n. m. Oeil de porc frais. Voir «oeil».

Portage, n. m. Un sentier, un chemin utilisé pour transporter canots, provisions, effets divers d'un endroit à l'autre en forêt. Chemin permettant aux canotiers d'éviter de s'aventurer dans des endroits trop dangereux. Prendre le portage: s'engager dans un tel chemin.

Portager, v. intr. Là où l'on ne peut ni monter ni descendre les rapides en canot, on emprunte un chemin pour les éviter. On porte ainsi le canot et tout son contenu au-delà des rapides. C'est ce qu'on appelle «portager». Le portage est le chemin que l'on emprunte pour faire ce trajet.

Porte-bagage, n. m. (Angl.: jack-strap). Support athlétique pour protéger les organes génitaux de l'homme.

Porte-crottes ou **(Porte-queue)** n. m. Lanière de cuir entourant la queue d'un cheval et servant à retenir son attelage, son harnais; culeron du harnais des chevaux.

Portemanteau, n. m. Valise de cuir ou d'étoffe pour mettre du linge ou de menus objets. Mets ton peigne dans ton portemanteau. «Pièces d'étoffe taillées en rond en forme de valise, dans lesquelles on enveloppe les manteaux et qu'on met sur la croupe du cheval quand on va en campagne. Ils ont d'ordinaire les couleurs du maître» (DT, t. 6, p. 907).

Porter, v. tr. Porter la boisson: avoir la capacité de prendre une grande quantité de boisson alcoolique avant de ressentir les effets de l'ivresse. On dira: il boit comme un cochon mais il porte cela comme un cheval.

Porte-ordures, n.m. Pelle à main servant à ramasser les balayures, la poussière, etc. (Voir «Ramasse-poussière»).

Portion, n. f. Ration de grains donnée à un cheval. Donne-lui sa portion.

Portrait, n. m. Photographie. Ton père fait un beau portrait: il est photogénique. Se faire organiser ou arranger le portrait: être malmené, recevoir de durs coups. L'expression «être dans le portrait» indique une présence gênante, imposée. Enlève-toi du portrait. Nous n'avons pas besoin de toi dans le portrait. Nous étions tranquilles mais ma tante s'est présentée dans le portrait, elle a gâté la sauce.

Poste, n. m. Endroit, site. Le poste est beau ici.

Postillon, n. m. Dans la campagne, homme préposé au transport du courrier et qui le dépose dans les «boîtes à malle» installées sur le bord de la route. «Bâtiment ou petite patache entretenue dans un port pour aller à la découverte et porter des nouvelles» (DT, t. 6, p. 922).

Poteau-de-vieillesse, n. m. Soutien. Personne jeune qui aide un vieillard. François sera son poteau-de-vieillesse.

Potée, n. f. péj. (Ang.: Potty : petit, insignifiant.) Groupe, clan. Mélange de personnes de peu de valeur, gens de réputation louche. Une potée de profiteurs. Autrefois le mot «poté» signifiait «roture» c'est-à-dire la classe sociale inférieure formée de ceux qui ne faisaient pas partie de la noblesse. «Les autres roturiers et non nobles que l'on nomme gens de poté» (DHAF, t. 8, p 394).

Potte, n. m. (Angl.: Melting-pot: creuset). Endroit très chaud. Cette maison est chaude comme un potte. Grosse somme d'argent. J'avais fait un potte cet hiver-là. Creuset pour cuire l'aluminium. Travailler sur les pottes. Il est sourd comme un potte: très sourd.

Pouce, n. m. Avoir les mains pleines de pouces: être maladroit. Se mordre les pouces: avoir du regret. Se tourner les pouces: faire de la paresse. Manger sur le pouce: rapidement et avec des moyens de fortune. Donner un coup de pouce: aider. Faire du pouce: prendre place gratuitement dans une voiture.

Poudrerie, n. f. Neige que le vent fait tourbillonner. Catherine marchait dans la poudrerie.

Poudrer, v. intr. Se soulever, voler en tourbillonnant dans le vent. La neige avait commencé à poudrer. Le sable poudrait.

Pouilles (chanter). (D'un ancien mot français: Pouil: pou). Dire des bêtises à quelqu'un: il lui à chanté pouilles. En d'autres mots, c'est insulter quelqu'un en lui disant qu'il a des poux. «Pouilles c'est-à-dire poux en Bourgogne» (DHAF, t. 8, p. 398).

Poule, n. f. (Angl.: Pull: effort). Donner une poule, une bonne poule. Période de travail courte mais intense. Se coucher à l'heure des poules: de bonne heure. C'est la première poule qui chante qui a pondu. L'auteur d'une action répréhensible se trahit en s'y intéressant le premier.

Poule mouillée, n. f. Personne craintive, qui a une peur maladive. Ton frère est une vraie poule mouillée: il a peur de son ombre.

Poulette grasse, n. f. Plante servant à faire de la soupe. «Chenopode blanc, appelé aussi chou gras». (DB et GI).

Pouliche, n. f. Femme bien tournée qui sait se servir de ses atouts. Il sort avec une moyenne pouliche.

Poupa, n. m. Papa. Poupa et mouman étaient encore du monde (vivants) à ce moment là.

Pour, prép. Avec «pour» on utilise souvent une tournure anglaise en reportant ce mot à la fin de la phrase (to look for what for? etc.) Voici quelques exemples: Il y avait beaucoup d'eau mais il était chaussé pour. Si tu veux avoir cette voiture, tu n'as qu'à payer pour. Il a de la misère mais il a travaillé pour. En faveur de: le boss était pour moi (de mon côté). Pendant: j'ai été pour dix ans à travailler là. À cause de cela: il aime la bière mais il n'est pas ivrogne pour cela. Pour ça: quant à cela.   Pour ça vous avez raison. Pour de bon: définitivement:

arriver pour de bon.

Pourchas. n. m. Habileté, adresse, aptitude. C'est un marchand qui est de pourchas: qui s'entend bien dans les affaires. «Forme verbale de, pour chasser». (DHAF, t. 8, p. 405). Celui qui est de pourchas est donc habile à la chasse.

Pourite, adj. Pourrie. J'ai une pomme pourite.

Pourri (e), adj. Corrompu, en pourriture. Neige pourrie: fondante. Enfant pourri: capricieux, gâté. Il est gâté pourri. Il est pourri de dettes: accablé de dettes. Indique aussi une grande quantité. C'était pourri de bois.

Poussailler, v. tr. Bousculer. Les enfants se poussaillent.

Pousse. n. f. Croissance. Ce rosier a une belle pousse.

Pousser, v. tr. Faire entendre, entonner d'une voix forte. Il a poussé une chanson. Pousse-nous une de tes chansons. S'enfuir: En me voyant, il s'est poussé à toute vitesse.

Poussière, n. f. Faire de la poussière: aller très vite. Le cheval est parti au grand galop: il faisait de la poussière.

Poussiérer, v. tr. Chasser au loin comme on le fait en poussant de la poussière à l'aide d'un balai. Par exemple, une personne qui nettoie sa galerie avec un balai dira à un enfant qui lui nuit: Si tu ne t'enlèves pas je vais te poussiérer.

Poutch à tabac, n. f. (Angl.: Pouch: petit sac, bourse. Tobacco-pouch). Sac pour mettre le tabac.

Poutine, n. f. (Angl.: Pudding). Elle a fait une bonne poutine au riz. Personne grasse: à dix ans, c'était une grosse poutine.

Pouvoir, n. m. (Angl.: Power: énergie, puissance). Centrale hydro-électrique. Il travaille au pouvoir de Shipshaw.

Pow-wow, n. m. (Mot amérindien). Fête populaire à grand déploiement. Nous avons eu tout un pow-wow entre Noël et le jour de l'An. «Cérémonie où il y a de la magie, un festin, de la danse et qui a pour but d'obtenir une guérison, le succès à la chasse, etc.» (ADC, p. 950).

Praticien (ne), n. m. ou f. Personne habile au travail ou encore économe; qui sait tirer parti de tout.

Pratique, n. f. Client d'un commerce: M. Tremblay est une de mes pratiques. J'ai sa pratique depuis dix ans. Exercice, entraînement: une pratique de hockey, de base-ball, de chant. On peut lire dans Balzac: «Si vous pouvez me donner... de bonne crème et des oeufs frais vous aurez ma pratique». (*L'Envers de l'histoire contemporaine,* Le livre de Poche, 1970, n° 2641, p. 214).

Précautions, n. f. pl. Prendre ses précautions: Aller à la chambre de toilette avant d'entreprendre une longue randonnée, etc. Prends tes précautions avant de partir par autobus.

Prélart, n. m. Linoléum, toile peinte servant de tapis. Poser du prélart.

Prendre, v. tr. int. et pr. Ce verbe a de multiples sens. En voici un certain nombre: Travailler pour: il a pris la Compagnie Price. Aller dans les chantiers: il prend le bois cet automne. Commencer ses études: il va prendre le séminaire. Se promener à pied: elle prend une marche. S'enivrer: il aimait prendre une brosse. Revenir à la santé: sa mère prend du mieux. Décamper, se retirer en vitesse: Il a pris le bord. Aller en direction de: j'ai pris le bord de Chicoutimi. Passer par: tu vas prendre par ici. Commencer: «Un sentier de pied prenant à L'Anse-Saint-Jean et conduisant à La Malbaie» (L.-A. Martel, Notes sur le Saguenay, p. 37). Cueillir: il a pris sa boîte de bleuets aujourd'hui. Être populaire: c'est un chanteur qui prend beaucoup. Se quereller: quand ils se rencontrent, ils se prennent. S'appuyer, s'agripper, se cramponner: si je peux me prendre, je vais attacher ma chaloupe après le quai. Geler: le lac est pris.

Preneux (euse), adj. Qui prend. C'était un preneux de boisson.

Préparant (e), n. m. et f. Celui qui se pré-

pare à faire quelque chose: Les préparants à la Communion solennelle. «Les préparants marchaient au catéchisme dès le premier lundi...». «Mes préparants m'ont fait l'honneur de réussir leurs examens préparatoires au certificat de connaissances religieuses...» (Antoinette T. Gilbert, *Au Royaume des souvenirs,* p. 72).

Présent, n. m. Portion de viande fraîche offerte à un voisin. Voir «Boucherie».

Presser, v. tr. (Angl.: To press). Repasser. J'ai pressé ton habit.

Pressitude, n. f. Hâte. Il n'y a pas de pressitude: tu peux prendre ton temps.

Prêt (e). adj. Avec cet adjectif, on supprime la préposition «à». Je suis prêt partir; il est prêt manger, les enfants sont prêts se coucher.

Prévenant (e), adj. Débrouillard, prévoyant. tu n'es pas prévenant, tout est à l'envers dans la maison.

Prie-Dieu, n. m. Escabeau, plate-forme.

Prime, adj. Qui comprend vite. Qui se fâche facilement: Il est prime comme de la poudre à fusil.

Prise, n. f. Mauvaise odeur. N'allez pas là, car vous allez avoir toute une prise. Au temps où c'était la mode de priser du tabac, une prise était la quantité de tabac qu'un priseur, ou une priseuse se mettait dans le nez pour provoquer en éternuement.

Privés, n. f. pl. Lieux d'aisances. Je suis allé aux privés. «D'icelle prison eschappa le comte de Namur par le trou d'une privée» (DHAF, t. 8, p. 449). «Lieux d'aisance, commodités» (DHAF, t. 8, p. 449). «Gadoue n .f. Matière fécale qu'on vide des privés» (DT, t. 4, p. 369).

Profit, n. m. Être loin de son profit: trop éloigné. Veux-tu me passer le sucre? Je suis loin de mon profit. La peine emporte le profit: cela n'est pas avantageux.

Profiter, v. intr. Engraisser. Cet enfant profite à vue d'oeil.

Promeneux (euse), n. et adj. Visiteur. Nous

avons eu des promeneux la semaine dernière. Qui aime voyager. Sa mère est une promeneuse, elle est toujours prête à partir.

Promissoire, adj. (Angl.: Promissory). Qui contient une promesse. Signer un billet promissoire.

Promoteur, n. m. (Angl.: promoter: instigateur, auteur). Organisateur.

Propre, adj. Cousin propre: cousin germain. Mère ou père propre: véritable mère, véritable père.

Prospect, n. m. (Angl.: prospect: avenir, espérance). Client en perspective, acheteur possible. Ma maison est à vendre et j'ai déjà trois prospects.

Prospecter, v. intr. (Angl.: to prospect: examiner minutieusement). Aller à la recherche de clients. Un agent d'assurances ou un agent d'immeubles dira qu'il est allé «prospecter».

Prune, n. f. Coup, bosse, bleu. Il a une prune sur la tête. Pour peu de chose: il a eu cette maison pour des prunes. Évanouissement: il est tombé dans les prunes. En le voyant, elle est tombée dans les prunes. Au XVIᵉ siècle, l'expression «abattre des prunes» signifiait: se livrer à des jeux amoureux. Voici un texte de Marguerite de Navarre à ce sujet: «Les deux amans... feirent semblant

d'aller abbattre des amendes à un coing du préau, mais ce fut pour abbattre des prunes» (DFSS, t. 6, p. 238).

Pulperie, n.f. Usine où l'on fabrique la pâte à papier.

Punch, n. m. Poinçon, emporte-pièce. Instrument permettant aux employés d'indiquer l'heure de leur entrée au travail et de leur sortie.

Puncher, v. intr. (Angl.: to punch: enfoncer un poinçon). Commencer ou terminer son travail. Je punche à 8 heures le matin et à 4 heures le soir.

Pus, adv. Pour «plus»; Je n'ai pus de force. «Relevé, en Auvergne, dans les Comptes des consuls d'Hermont en 1398» (DGHF, p. 93).

Putôt, adv. Plutôt. Putôt partir que de moisir ici.

Python, n.m. Rumeur, potin. Es-tu au courant du python? Il paraît que...

Pythonner, v. intr. Faire circuler des rumeurs, des ouï-dire, des «pythons». Il passe son temps à pythonner.Dans la mythologie grecque, le serpent Python rendait des oracles à Delphes. Apollon le tua sur le mont Parnasse.

Pythonneux (euse), adj. Qui aime répandre des rumeurs, des ouï-dire, des «pythons». Ce sont deux pythonneux.

Q

Quaduque. Aqueduc: Voir «Caduc».

Quart, n. m. Baril. Un quart de lard, de farine de bière. «Il a fait mettre tout son vin en quart, c'est-à-dire en petites futailles qui contiennent le quart d'un tonneau» (DT, t. 7, p. 76). «Quart de farine: petit baril contenant de 90 à 100 kilogrammes de farine» (D. Lit., t. 6 p. 666).

Quatre-Pieds, n. m. Bille de bois d'une longueur de quatre pieds, appelée aussi «pitoune». Une corde de quatre-pieds, un truck de quatre-pieds. Bûcher du quatre-pieds.

Quatre oeillets, n. m. pl. Synonyme de «robbeurs», chaussures rustiques de caoutchouc dépassant un peu la cheville et ayant quatre rangées de trous pour recevoir les lacets.

Quatre-roues, n. m. Grosse voiture de type boghei, à quatre roues sur ressorts. Il est allé au village en quatre-roues. Le quatre-roues à planches n'avait pas de ressorts; les longues planches qui formaient le fond de la voiture avaient une grande flexibilité et tenaient lieu de ressorts.

Quedette, n. f. Pomme de pin, cône, bourgeon. On dit aussi «cocotte». Pour imiter le cri de la poule annonçant qu'elle vient de pondre un oeuf, on se sert des onomatopées suivantes: Quette, quette, quette, quedette.

Quêtage, n. m. Action de quêter, de demander l'aumône.

Quétaine, adj. (De Keating, nom de personne). Mot assez récent au SLSJ. Il indique un manque de goût dans la façon de s'habiller, de se présenter, d'offrir un cadeau, etc. Un «quétaine» n'est pas nécessairement pauvre mais ce peut être un parvenu, un nouveau riche qui manque d'éducation et de raffinement. (Voir:

Gilles Colpron, *Les anglicismes au Québec*, Beauchemin, 1970, p. 132-133).

Quêteux (euse), adj. Mendiant, mendiante.

Queue, n. f. Donne lieu à plusieurs expressions et mots composés. S'en aller «la queue sur la fesse»: à toute vitesse. Avoir la «queue basse» ou «entre les deux jambes»: être craintif. Cette manière de parler fait référence à l'attitude d'un chien qui éprouve de la peur.

Queue de chemise (en). Sans pantalon.

Queue de corps (en). En camisole, sans caleçon.

Queue d'égoïne (en). En redingote, en habit à queue.

Queue de la chatte. Lâcher la queue de la chatte signifie être parrain ou marraine pour la première fois.

Queue de poêlon. Têtard, petit crapaud. Voile court que portaient les postulantes dans une communauté religieuse.

Queue de rat. Mèche pour allumer les cierges. Voir: «ratelle». Outil: lime ronde servant à polir. «Cordages qui sont plus gros par le bout où ils sont attachés et qui diminuent depuis les deux tiers jusqu'à l'autre bout qui se trouve dans la main des matelots» (DT, t. 7, p. 92).

Queue de renard. Plante: mélampyre des prés.

Queue de veau. Personne qui s'active beaucoup.

Queue d'oignon ou **d'échalote**. Tige comestible de ces plantes.

Quincher, v. intr. Hennir de mécontentement en parlant d'un cheval.

Quioune, n. f. (Angl.: Tune: air de musique). Air, chanson. Joue une de tes quiounes.

Quinteaux, n. m. pl. Ensemble de gerbes disposées debout et s'appuyant les unes sur les autres. Ils faisaient des quinteaux.

Quinze-cennes, n. m. Quincaillerie. Va me chercher des frisattines au quinze-cennes; ou encore «au cinq-dix-quinze». Voir: «cinq-dix-quinze».

Quioque, n. f. pl. Repousses de framboises. Les cochons mangent des quioques derrière la grange.

Quoi (en), loc. adv. C'est en quoi: c'est normal, à plus forte raison, le contraire serait surprenant. Évidemment. Exemple. Une fille de 12 ans dira: «Je n'ai pas encore d'ami de garçon.» Et on pourra lui répondre: «C'est en quoi», c'est-à-dire: «C'est compréhensible car tu es bien trop jeune.» Y a pas de quoi. N'en faites pas mention. Je vous remercie de votre gentillesse. Réponse: Y a pas de quoi. «Avoir de quoi» c'est être à l'aise financièrement. Voir: FCPM, p. 126. «Il a d'quoi, pour sûr.» (Maupassant, *Les contes de la bécasse, Les sabots*).

Quouincheux. (Voir: «couincheux»).

R

Raboudinage, n. m. Récit incompréhensible. Elle m'a fait tout un raboudinage: je n'ai rien compris.

Raboudiner, v. tr. Bafouiller. Il m'a raboudiné quelque chose que je n'ai pas compris.

Racinages, n. m. pl. Plantes, racines médicinales. Il est allé chercher des racinages au trécarré.

Rac, n. m. (Angl.: Rack (wrack): dommage, désastre; varech déposé sur le rivage). Être en rac: en panne. Ma voiture a resté en rac à deux milles du village. (To go to rack and ruin: aller à la ruine).

Râche, n. f. Dépôt, lie d'un liquide quelconque. Il y a de la râche au fond du verre.

Rachever, v. tr. Achever: rachever les récoltes; les terminer. Faire mourir: rachever un cheval malade.

Rack, n. m. (Angl.: Rack: porte-bagage, filet). Grand panier installé sur une voiture pour transporter du foin, du fourrage.

Racoviller, v. pr. Recroqueviller. Il s'est tout racovillé.

Racoin, n. m. Endroit minable d'une maison. Son lit est dans un racoin. Vient de «recoin», «Lieu étroit, caché et obscur, coin plus caché» (DT, t. 7, p. 193).

Radio, n. m. Appareil de radio. Ouvre le radio.

Radoter, v. intr. Dire des choses dépourvues de sens. Répéter les mêmes choses.

Radouage, n. m. Action de réparer quelque chose. Le radouage de ma maison va commencer demain.

Radoub, n. m. Réparations de toutes sortes: à une chaise, une table, une maison, etc.

Radouer, v. tr. (pour «radouber» c'est-à-dire réparer un bateau). Effectuer des réparations. Il a radoué la couverture de son garage.

Rafaler, v. intr. La neige rafale: elle tourbillonne par rafale, poussée par des coups de vent violents, imprévus et de peu de durée.

Rafistoler, v. tr. Réparer grossièrement.

Râfle, n. f. Loterie. Tirage au sort.

Râfler, v. tr. Mettre en loterie. Faire râfler une automobile, une maison.

Rafraîchissant, n. m. Rafraîchissement. Boisson fraîche servie en dehors d'un repas. Sers-nous un bon rafraîchissant.

Raft, n. f. (Angl.: Raft: radeau) Train de bois flotté. Billes réunies en radeau pour en faciliter le flottage.

Raftman, n. m. Homme qui travaille sur les cages de bois.

Ragoût, n. m. Curieux mélange. Il était arrivé ben chaud et avait tout brisé dans la maison. Il avait fait un moyen ragoût.

Raide, adj. et adv. Fort, résistant. Il est jeune mais il est raide. Ça va faire raide. Il y aura du brouhaha. Brusquement: arriver un peu raide. Subitement: se faire tuer raide. Lever au raide: soulever une personne qui se tient rigide et à l'horizontale, ce qui demande beaucoup de force.

Raide, adv. Il est mort raide. Il est tombé raide-mort: subitement, sans faire de résistance. Rabelais: «Il départit si roidement (vite)» (RPA, 28, 287).

Raie, n. f. Petit fossé, petit canal. Quand la voiture a pris les raies de côté, le bonhomme a culbuté dans le champ. Ligne médiane qui sépare les deux fesses. Injure: ma grand'raie, efface-toi au plus vite!

Raille, n. f. (Angl.: ride: promenade, balade à cheval). Aller faire un tour en voiture, à bicyclette, etc. (Angl.: rail: barre d'appui). Marcher sur les railles: sur la voie ferrée. (Voir aussi: «rèle»).

Railletrou, adv. (Angl.: right through, tout droit). Sans arrêter. Il a fait ce travail railletrou.

Rainettes, n. f. pl. (Angl.: rain: pluie). Souliers légers en toile imperméable.

Raisin, n. m. Niais. C'est un beau raisin. Fais pas le raisin. Maudit raisin.

Raison. Comme de raison: évidemment, c'est entendu que, il va de soi. Comme de raison, j'ai pas manqué ma joute de hockey.

Raisonner, v. intr. Répliquer, contester; arrête de raisonner, dira une mère à son enfant qui conteste.

Rallonge, n. f. Annexe d'une maison, d'une grange, etc. La cuisine est dans la rallonge.

Ramancher, v. tr. Réduire une fracture. Il s'est fait ramancher un bras.

Ramancheur, n. m. Rabouteur, qui répare les fractures. Voir «Bonhomme Sept-Heures».

Ramasse, n. f. Cueillette: il a fait une bonne ramasse de bleuets. Réprimande: il a eu toute une ramasse.

Ramasser, v. tr. et pr. Cueillir: elle a ramassé des fraises. Réprimander: son boss l'a ramassé. Il s'est fait ramasser, prendre: si tu voles, la police va te ramasser. Se retrouver: il s'est ramassé sans le sou.

Ramasse-poussière, n. m. Objet qui permet à la poussière de s'accumuler. Des gros rideaux dans une chambre c'est un ramasse-poussière. Porte-ordures: petite pelle à manche très court servant à recueillir la poussière, les balayures, etc.

Ramasseux (euse), adj. et n. Qui aime collectionner différentes choses.

Rambris, n. m. lambris.

Rambrisser, v. tr. Lambrisser.

Ramoner, v. tr. Gronder, réprimander, traiter rudement. Je l'ai ramoné; il va faire attention à l'avenir.

Rance, n. f. Levier. Soulever une pierre avec une rance. Se dit aussi des troncs d'arbres que l'on place au bout d'une corde de bois pour lui servir d'appui, ou encore qui servent de lit pour empiler des pièces de bois.

Rang, n. m. Suite de fermes le long d'un chemin. Le rang «simple» a des maisons d'un seul côté du chemin; le rang «double» en a des deux côtés.

Rapailler, v. tr. Réunir des choses ou des personnes de peu de valeur.

Raplisser, v. tr. et intr. Rapetisser. Voudrais-tu raplisser cette robe? On dirait que ton mari raplisse à vieillir.

Raplomber, v. tr. et pr. Remettre d'aplomb: sa femme l'a raplombé. Se remettre d'aplomb: depuis qu'il est marié il s'est raplombé. Corriger la situation de quelque chose qui n'est plus à la verticale. Raplomber un mur, une table, un édifice. Au sens figuré: remettre de l'ordre. On peut raplomber un budget, un ivrogne, un voleur, etc.

Rapporteur (euse), n. m. f. Dénonciateur (surtout chez les écoliers). C'est un rapporteur: il dit tout à la maîtresse d'école.

Raqué (e). En panne, en ruine, épuisé. Mon auto est raquée. Je n'ai pas pu dormir, j'étais raqué.

Raquetteur (euse), n. Personne qui se sert de raquettes pour marcher sur la neige.

Rare. Il voyait comme rare de chien. En d'autres mots: les chiens qui ont une aussi bonne vue sont rares.

Ras, adj. adv. et prép. Tondu de près, coupé jusqu'à la peau. Loc. adv. À ras, au ras, proche, tout près, près de. Il était assis à ras moi. Je reste (demeure) à ras mon oncle Arthur. Notre maison est à ras la station. Il lui a envoyé la balle à ras la tête.

Raser, v. tr. et pr. Se faire raser: tout perdre au jeu. Raser de: venir près de: j'ai rasé de me noyer. «Dans le sens figuré, c'est passer fort près avec rapidité... Un coup de canon lui a rasé le bord de son chapeau». (DT, t. 7, p. 158).

Rassader, v. tr. Orner au moyen de petites perles de verre avec lesquelles on fait des dessins. Les Indiens sont très habiles pour rassader des mocassins, des habits.

Ratatouille, n. f. Ragoût grossier. Canaille, vaurien. Cette famille, c'est de la ratatouille.

Râtelier, n. m. Dentier. Cela ressemble à un râteau. Il a mis son râtelier sur le bureau. «Se dit aussi figurément et familièrement, de deux rangées de dents» (DT, t. 7, p. 164).

Ratelle, n. f. (Angl.: rat-tail). Mèche à mine qu'on allume pour faire sauter quelque chose à la dynamite.

Ratoureur, n. et adj. Qui est rusé, qui aime à jouer des tours.

Ravage, n. m. Chemin battu dans le bois par un ruminant: orignal, chevreuil, caribou. Trace de leur séjour dans la neige.

Ravalements, n. m. pl. Partie d'un comble située sur le sommet des murs. (DB). Mettre des tomates ou des gourganes sur les ravalements. Grenier. (DB). Il a dormi sur les ravalements.

Ravaud, n. m. Bruit, tapage. Les enfants faisaient du ravaud dans le grenier. «Ravau: grande perche munie de branches pour rabattre les oiseaux dans la chasse aux flambeaux» (DHAF, t. 9 p.51; DT, t. 7, p. 168).

Ravauder, v. tr. Aller ici et là, passer et repasser; fureter, fouiller. Faire du bruit, du tapage. Il ravaudait dans le grenier. Au temps de Montaigne, ce mot signifiait «bouleverser» (DFSS, t. 6, 356).

Ravigoter, v. tr. Revigorer. «Terme populaire qui signifie redonner de la vigueur... Ce verre de vin l'a ravigoté» (DT, t. 7, p. 170).

R'brôder (se), v. pr. On dit d'une poule qui change de plumage qu'elle se r'brôde. Cette expression vient vraisemblablement du verbe «rebroder» qui signifie: refaire une broderie. Par analogie, on dit d'une personne qui change de coiffure et de vêtements, pour se donner une allure plus jeune, qu'elle «se r'brôde».

R'double, n. m. Deux fois. Je bûchais le r'double de lui, deux fois comme lui.

Ré, n. f. Filet dans lequel le poisson se maille par les ouïes.

Rebicheter (se), v. pr. Se rebiffer. Regimber. Elle s'est rebichetée contre ses parents. Refuser d'obéir avec brusquerie, en poussant des cris.

Recasser, v. tr. Casser de nouveau, casser encore. Mademoiselle, vous allez me recasser des oeufs. Voir: DHAF, t. 9, p. 66.

Recevant (e) adj. Accueillant, hospitalier.

Rechange, n. f. Vêtement de rechange. Ta rechange est dans le tiroir d'en-haut.

Réchapper (se), v. pr. Réussir à survivre. Gagner sa vie. Joseph travaille maintenant. Il ne gagne pas cher, mais il se réchappe.

Record, n. m. (Angl.: To record: enregistrer pour conserver). Disques. On avait des beaux records dans ce temps-là; avec des belles chansons, des belles valses. «Témoin qui se souvient d'une chose qui s'est passée» (DT, t. 7, p. 199). «Mémoire... Enraciné... au plus profond de votre record» (DHAF, t. 9, p. 80).

Reculer, v. intr. et pr. Prendre du retard dans le paiement d'une dette. Je me suis reculé dans mon loyer. Revenir sur sa parole, ne plus accepter les conventions concernant un marché. Il avait promis, mais il a reculé.

Reculon, n. m. Envie, pellicule qui se détache de la peau autour des ongles.

Reculons (à, de), loc. adv. De reculons, à reculons: sortir de la cour de reculons. Mécanisme de marche arrière; se mettre sur le reculons.

Redéchanger, v. tr. Annuler un échange déjà fait, chacun reprenant son bien. J'ai vu deux maquignons qui redéchangeaient de cheval.

Redécoller, v. intr. Repartir, Recommencer à fonctionner. Le moulin a redécollé en 1928.

Redouble, n. m. Double. Il en avait mangé le redouble de lui.

Réduction, n. f. Rabais, diminution du prix d'une marchandise.

Refforcer (se), v. pr. Faire un effort, s'efforcer de faire quelque chose qui nous est difficile. Le coeur lui levait, mais il s'est refforcé pour finir de boire son verre de lait.

Regâgnant, adj. Avoir avantage à. Vous êtes plus regâgnant de vous reposer toute la journée. Demain vous serez frais et dispos.

Regardant (e), adj. S'emploie surtout négativement et signifie «être généreux». Cet homme n'est pas regardant (à la dépense), il reçoit bien ses visiteurs.

Régenter, v. tr. Dominer, imposer sa volonté. C'est un enfant gâté: il veut régenter tout le monde. «Ce mot est quelquefois employé au figuré en parlant d'un homme impérieux qui aime à dominer sur les autres... et qui cherche à soumettre les idées des autres aux siennes propres» (DT, t. 7, p. 231).

Regiber, v. intr. Jaillir, être projeté, être lancé, rebondir. L'eau regibait, revolait de tous les côtés.

Règle, n. f. Lame de bois ou de métal portant des graduations et servant d'instrument de mesure.

Règne, n. m. Vie. Je ne passerai pas mon règne ici. Il a fini son règne à Chicoutimi.

Régrandir, ragrandir, v. tr. Agrandir. Il a régrandi sa maison.

Reguine. n. f. (Angl.: rigging: équipement, installation, gréage d'un navire). Ensemble de tout ce qui est nécessaire pour faire chantier: sleigh, chevaux, batterie de cuisine, instruments divers (haches, sciottes). Il a vendu toute sa reguine. Les radio-amateurs utilisent le mot «rig» pour désigner l'ensemble de leur équipement: émetteur, récepteur, antenne, microphone, etc.

Reinquier, n. m. Région lombaire, reins. Il avait mal au reinquier.

Rèle, n. f. (Angl.: rail). Une rèle de chemin de fer, Dérèler: v. intr. Dérailler, sortir des rails; divaguer, tenir des propos confus, sans suite. (Voir aussi «raille»).

Relever, v. tr. et intr. Aller aider, soigner une accouchée, faire sa besogne, avoir soin des enfants. Je suis allé relever ma fille. Se rétablir après avoir enfanté: sa fille vient juste de relever. «Cette femme ne fait que relever, pour dire, qu'elle commence à sortir pour la première fois depuis ses couches» (DT, t. 7, p. 255).

Remarque, n. f. Critique, observation désobligeante (DB). Elle passe son temps à me faire des remarques. On dira pour s'excuser: «Ne passez pas de remarques: je n'ai pas eu le temps de laver la vaisselle, de faire mon lit et de balayer la cuisine».

Rembellir, v. intr. Embellir, devenir plus beau, plus belle. On dirait qu'elle rembellit.

Remontant, n. m. Boisson alcoolique qui pousse quelqu'un à l'action. Il a pris un petit remontant pour se donner du «gohède», de l'entrain, du courage.

Rempirer, v. intr. Empirer.

Remplumer, v. tr. et pr. Il va falloir le remplumer, l'engraisser, lui faire prendre de l'embonpoint, refaire sa santé. Il se remplume à vue d'oeil depuis qu'il se repose.

Renard, n. m. Faire le renard: faire l'école buissonnière (DB). Voir aussi: FCPM, p. 120. Faire des pâques de renard: faire sa communion pascale au dernier moment. Voir: Gl. et DB.

Renchausser, v. tr. Butter, exhausser la terre au pied d'une plante, d'un arbre. Entourer quelqu'un d'attention pour en retirer certains avantages.

Renchérir, v. tr. Donner ou recevoir un montant plus élevé que prévu. Mon boss m'a renchéri. Je me suis fait renchérir.

Rencontrable, adj. Où deux voitures peuvent se rencontrer. Le chemin était rencontrable. Ce n'était pas rencontrable à cet endroit.

Rendu, part. Arrivé. Arrête ici, je suis rendu.

Rendu que, loc. conj. Pourvu que, du moment que. Rendu que le couvre-lit sauve les apparences, peu m'importe que mon lit soit mal fait.

Renfler, v. intr. Prendre beaucoup de poids. Le cochon était tellement bien soigné qu'il commençait à renfler.

Renforcir, v. intr. Reprendre des forces, revenir à la santé. Depuis qu'il a fait de l'exercice, il renforcit. Renforcer: j'ai renforci mon plancher avec des deux par quatre.

Renforcissant, n. m. Tonique. Mon garçon était malade et on lui a fait prendre un renforcissant: une bonne bouteille d'huile de foie de morue.

Renipper, v. tr. et pron. (Nippes: vêtements usés). Réparer, améliorer. Il a renippé sa maison. Être plus propre, mieux s'habiller. Depuis qu'il est marié il s'est renippé.

Renoter, v. tr. Rappeler à quelqu'un quelque chose qu'il n'aime pas entendre. Elle passe son temps à lui renoter qu'il a déjà pris de la boisson. «Chanter en refrain» (DHAF, t. 9, p. 153).

Renoteux (euse), n. Rabâcheur, rabâcheuse. C'est un vieux renoteux: il répète toujours les mêmes choses.

Renouveler, v. intr. Vêler de nouveau. Ma vache a renouvelé au mois d'avril: elle a eu un veau.

Rentoureur (euse) ou **(Ratoureur).** Rusé, diplomate. Il est tellement rentoureur qu'il obtient toujours ce qu'il veut.

Rentrer, v. tr. Commencer à travailler. J'ai rentré au moulin dans le printemps.

Renverse, n. f. (Angl.: To reverse, renverser). Marche arrière, en parlant du mécanisme d'une automobile. Mets-toi sur la renverse, sur le «reculons».

Renvoi d'eau, n. m. Tuyau de chute des eaux usées, des eaux de pluie. Larmier.

Renvoya, n. m. Vomissure.

Renvoyer, v. intr. Vomir. Mon bébé a renvoyé dans son lit..

Repogner, v. tr. Rempoigner, reprendre. La police l'a repogné dans sa cave. Attraper de nouveau: il a repogné la grippe.

Répond, part. Répondu: je lui ai répond; il m'a répond.

Répondu (e) part. Avez-vous été répondu? (Have you been answered?)

Repousser, v. intr. Pousser en arrière, en parlant d'un fusil ou d'un canon. Il avait un vieux fusil qu'il repoussait.

Repousson, n. m. Nouvelle pousse. Envie, petite portion de peau qui se détache autour des ongles.

Requien-ben, n. m. Retenue. Quand il est ivre il n'a pas de requien-ben. Émission involontaire d'urine ou de matières fécales: cet enfant est malpropre, il n'a pas de requien-ben.

Résidence, n. f. Domicile, demeure, adresse. Ma résidence est 228, rue Racine.

Résoudre, v. pr. Se résigner, en prendre son parti. C'est dur de partir mais il fallait m'y résoudre.

Respir, n. m. Respiration. Cette nouvelle lui à coupé le respir. En se réveillant, il a pris un grand respir , un gros respir. «Souffle, respiration» (Marot 1496-1544). (DHAF, t. 9, p. 189). «Respiration souffle» (DFSS, t. 6, p. 541).

Ressortir, v. intr. Sortir de nouveau. J'ai ressorti du moulin: j'ai abandonné une fois de plus mon travail au moulin.

Ressoudre, v. intr. Arriver: quand tu le verras ressoudre, tu me le diras. Rebondir: la balle a ressoud de l'autre côté de la clôture. Reparaître: plonger et aller ressoudre cent pieds plus loin. Sortir de terre: les carottes ressoudent.

Restant, n. m. Ce qui reste d'un repas:

donne les restants aux cochons. Ce qui reste d'un plat: il a mangé un restant de tarte. Personne minable: c'est un restant. C'est le restant: Il ne manquait plus que cela.

Reste (de), adv. Assez, trop, suffisamment. Arrête de travailler, tu en fais déjà de reste.

Resté (e), adj. Fatigué, exténué. Quand il a fait sa journée, il est resté.

Rester, v. intr. Arrêter, ne pas continuer: tu peux continuer, moi je reste ici. Résider, habiter: Je reste dans la maison bleue là-bas. «Signifie: «demeurer» en un lieu. Les Normands peuvent se défaire de leur «rester»; ils disent, je resterai ici tout l'été, c'est mal parler... on ne s'en sert guère que dans la conversation» (DT, t. 7, p. 337).

Restituer, v. tr. Vomir. Il a restitué son dîner.

Resuer ou **ressuer**, v. tr. et intr. Retremper un outil usagé pour le faire servir à nouveau. Faire ressuer un fer à cheval, une hache. Les fenêtres ressuent: l'eau se condense sur les vitres.

Ressuage, n. m. Eau exsudant du bois. Condensation de l'eau de l'atmosphère sur une surface froide.

Retenir de, v. tr. Posséder les qualités ou les défauts de. Elle retient de sa mère. Il retient de son père: Il aime la musique.

Retenue, n. f. Punition donnée à un étudiant turbulent ou désobéissant. On l'obligeait à rester «en retenue» après la classe pour s'acquitter de certaines tâches peu agréables en guise de punition: mémorisation de textes, stations debout ou à genoux.

Retiré (e), adj. Pâle, les traits tirés. Après avoir vu son père gravement blessé, il avait le visage retiré.

Retontir, v. intr. Se répercuter: le bruit a retonti jusqu'ici. Rebondir: la balle a retonti sur le toit. Arriver subitement et rapidement: en apprenant la nouvelle il a retonti chez son frère.

Retour, n. m. Soulte. Dans un échange, le «retour» c'est ce que donne une personne en plus d'un certain objet. Exemple: deux maquignons changent de cheval mais l'un donne à l'autre 25 $ de «retour». Quand il n'y a pas de «retour» on dit que c'est «change pour change».

Retrousser, v. tr. Frapper une balle vers le haut. Il a retroussé la balle.

Revenez-y, n. m. Chose intéressante ou situation de non-retour. Ton dessert a un goût de revenez-y; si tu ne soupes pas il n'y aura pas de revenez-y.

Revenge, n. f. Il a pris sa revenge. Il s'est vengé.

Revenger, v. tr. et pr. Venger. Il s'est fait battre mais son frère l'a revengé. On l'a insulté mais il s'est revengé. Rabelais: «Icy la mer se revenche de ce long calme» (RCL, 6, 762).

Revirage, n. m. Action de retourner. Si tu viens avec moi, il ne sera pas question de revirage.

Revirer, v. tr. et intr. Tourner et retourner. Rendu à La Tuque, il a décidé de revirer. Revirer des crêpes, une roche, une auto. Mal recevoir: il l'a reviré; il s'est fait revirer. Changer de religion. Il y en a cinq qui ont reviré. Malmener en paroles: quand il m'a dit des bêtises je l'ai reviré. Faire une fausse couche. Ma femme était en famille mais elle a reviré.

Revoler, v. intr. Lancer avec force, faire voler. Il a donné un coup de pied au ballon et l'a fait revoler chez le voisin. Rabelais: «Avant de revoller, ont leur pennage laissé parmy les orties et espines». (RCL, 4, 760).

Revoyure, n. f. À la revoyure: au revoir. Dans «Le père Amable», Maupassant fait dire à Césaire: «À la revoyure, m'sieu l'curé; merci ben»... On se croirait au Québec.

Rhumatimes, n. m. pl. Rhumatismes.

Riant (e), adj. Comique, de nature à faire rire, à montrer le ridicule d'une situation. «Quelque riants que soient ces souvenirs, on peut se les rappeler...». (L-A. Martel, *Notes sur le Saguenay*, p. 53).

Ricanage, n. m. Action de rire en se moquant. Je déteste le ricanage.

Ricaneux (euse), adj. Qui rit à propos de rien. Sa fille est ricaneuse. Autrefois «ricaner» voulait dire «braire», imiter le cri de l'âne.

Riche, adj. Sur un riche temps: très vite, rapidement. Il l'a engueulé sur un riche temps. Si je trouve un acheteur sérieux, ma maison va embarquer sur un riche temps.

Richement, adv. Très. Il est richement laid, richement... pauvre.

Rideaux, n. m. pl. Grimper dans les rideaux: se fâcher.

Rien (de). De peu de valeur. Une femme de rien (de petite vertu).

Rien que, Loc. adv. Seulement. Il n'y a pas rien que moi d'impliqué là-dedans.

Rimette, n. f. Assonance, rime verbale. (DB) Il aime à faire des rimettes.

Rince, n. m. et f. Volée de coups. Son père lui a donné une bonne rince. Couleur pâle qu'on applique aux cheveux: se faire donner un rince.

Rince-dalot, n. m. Boisson fortement alcoolisée. On dit aussi: se rincer le dalot, c'est-à-dire: prendre de la boisson alcoolique.

Rincer, v. tr. Battre: je l'ai rincé aux cartes. Réprimander vertement: il s'est fait rincer par son patron.

Rincer (se), v. pr. Boire, prendre de l'alcool. Il s'est rincé le dalot.

Rin'che, n. m. (Angl.: Wrench, clé à écrous). Clé anglaise.

Ripe, n. f. (Angl.: To rip: déchirer). Copeau mince et étroit, planure. Chauffer le poêle aux ripes.

Rire. Pas pour rire: sérieusement, réellement, beaucoup, fortement. Elle s'était ennuyée de moi pas pour rire. J'ai travaillé pas pour rire. Il bûchait pas pour rire.

Risée, n. f. Plaisanterie, badinage. Entendre la risée: bien prendre la plaisanterie, ne pas se fâcher. Être la risée de tout le monde: être un souffre-douleur; être l'objet de rires moqueurs.

Risette, n. f. Rire d'enfant. Fais une risette à maman.

Risqueux (euse), n. et adj. Qui s'expose trop volontiers au hasard, au danger. Il est trop risqueux, cela lui portera malheur.

Riz crevé, n. m. Riz bouilli qu'on mange en le mélangeant à du lait et à du sucre ou à de la cassonade.

Robbertaille, n. m. (Angl.: Rubber tire). Véhicule tiré par un cheval. Sorte de boghei à quatre roues recouvertes de caoutchouc.

Robbeur, n. m. Pneu d'une voiture. Acheter quatre robbeurs d'hiver.

Robine, n. f. (Angl.: Rubbing alcohol: alcool à friction). Alcool frelaté.

Robineux (euse), n. m. et f. Ivrogne. Qui absorbe de l'alcool clandestin, frelaté, altéré.

Rôdeux (euse), adj. et n. Rusé, qui rôde, qui tourne autour de quelqu'un, qui se fait gentil pour en obtenir des faveurs. Rude, dur à cuire: un rôdeux de type.

Rog, rug, n. m. (Angl.: Rug: couverture). Tapis de voiture, tapis de pieds.

Romaine, n. f. Balance à ressort.

Rond, n. m. et adj. Patinoire. Il est allé jouer du hockey sur le rond des frères maristes. Ivre: il était rond comme un oeuf. On dit aussi: il était paqueté comme un oeuf.

Rond de course, n. m. Hippodrome.

Ronde, n. f. Tournée: garçon! passe une ronde à tout le monde. Raclée: il lui a donné une ronde. Il a mangé une ronde.

Rondin, n. m. Bois de chauffage de très petit diamètre et fait de petits arbres, de branches. Chauffer aux rondins. «Morceau de bois de chauffage qui est rond, qui n'est point fendu en quartiers» (DT, t. 7, p. 423).

Ronne, n. f. (Angl.: To run: courir). Course, tournée, parcours. Il a une ronne de lait. Circuit, ensemble de clients: il fait dix-huit maisons dans sa ronne. Période plus ou moins longue de travail au loin: il est allé faire une ronne dans les chantiers. Il a fait une bonne ronne.

Ronner. (Angl.: To run: diriger, conduire). Conduire.   Il ronne un tracteur. Ronner une gang d'hommes.

Ronneur, n. m. Livreur. Le ronneur du magasin Tremblay. Bras: il s'est fait casser un ronneur. Patin, support d'une voiture d'hiver qui lui permet de glisser sur la neige: une voiture à deux ronneurs.

Roquer. (Angl.: To rock, balancer, basculer). S'emploie au jeu de croquet. Il l'a roqué avant qu'il fasse son panier.

Rosiner, v. intr. Pleuvoir légèrement.

Roteux (euse), adj. Qui rote. Insignifiant. Vantard: C'est un beau roteux: il en dit plus qu'il n'en fait.

Rôti, n. m. Coucher sur le rôti. Passer la nuit sous le même toit que son amie, sa fiancée à cause d'une circonstance imprévisible: tempête, manque de moyen de transport, etc. S'endormir sur le rôti veut dire: négliger ce qu'on a à faire. Patates rôties: pommes de terre frites dans la poêle. Graisse de rôti: provenant d'un rôti de porc.

Roue d'erre, n. f. Roue lourde qui sert à régulariser le régime d'un moteur, d'une machine. L'erre, n. f. c'est le train, l'allure ou encore la vitesse d'un navire. Se donner de l'erre: prendre de la vitesse.

Rouge, n. m. Libéral en politique. C'était un rouge; il votait pour les rouges.

Rough, adj. (Angl.: Rough: rude). Rude, brutal, dur, bourru: c'est un homme rough. Raboteux: le trottoir est rough. Pénible: être malade, c'est rough par boutte. Mal fini, ébauché: une planche rough.

Rougeaud (e), adj. S'emploie négativement. Il n'est pas rougeaud: il est malade depuis un certain temps. La semaine dernière elle n'était pas rougeaude: elle a failli mourir. Durant l'incendie, je n'étais pas rougeaude, j'avais peur.

Roulant, n. m. Ensemble de ce qui sert au transport, à l'exercice d'un métier, à une exploitation agricole: matériel, bétail, etc.

Roule, n. m. (Angl.: To roll: rouler). Dans un chantier, pile de billots le long d'un chemin secondaire qu'on appelle une «virée».

Rouleau, n. m. Essuie-mains. Bande de tissu servant à s'essuyer les mains et qui est cousu de manière à ce qu'on puisse la faire tourner de façon continue autour d'une tige de bois ou de métal.

Rouler, v. tr. Tromper. Il l'a roulé en lui vendant cette voiture: c'est un bazou.

Rouleuse, n. f. Cigarette que l'on fait à la main. Il fume des rouleuses; il se tortille des rouleuses. Voir «Taponneuse».

Roulière, n. f. Trace creusée dans un chemin non pavé, par le passage des roues (ornière).

Roupie, n. f. Excroissance charnue rougeâtre qui pend à la base du bec du dindon. Caroncule.

Rousselé (e), adj. Qui a des taches de rousseur sur la peau. Une fille rousselée.

Roûtir, v. tr. Rôtir. Elle a fait roûtir de la viande. Rabelais: «Me faisoient roustir tout vif». (RPA, 14, 227). «Mon roustisseur» (RPA, 14, 228).

R'poigner, v. pr. Se reprendre, recommencer. Dans l'après-midi, je me suis r'poigné et j'ai bûché jusqu'à sept heures.

R'sortir, v. intr. Sortir, quitter de nouveau. J'ai r'sorti après le souper.

Ruine-babines, n. m. Harmonica. On dit aussi une «musique-à-bouche».

Russeau, n. m. Ruisseau. Va chercher de l'eau avec ton cassot dans le russeau.

R'voler, v. intr. Sauter en l'air, en parlant d'un objet. Il a fait r'voler le bouchon de la bouteille.

R'voyure (à la), Au revoir. Il lui a dit: a la r'voyure.

S

Sa, adj. poss. Employé pour «ma». Bonjour sa tante; bonjour sa mère: Employé aussi pour «la». Elle fait sa belle (la belle).

Sac-à-chicane, n. m. Voir «Cherche-la-chicane».

Sac-à-eau-chaude, n. m. Bouillotte. Récipient de caoutchouc que l'on remplit d'eau chaude et qui sert à soigner un malade.

Sac-à-glace, n. m. Contenant en caoutchouc servant à mettre de la glace pour l'appliquer ensuite sur une partie du corps pour fin thérapeutique.

Sac-bord, sad-bord ou **sadebore**. (Angl.: Sideboard: buffet). Buffet dans lequel on peut ranger différentes choses: coutellerie, articles ménagers, etc.

Saccage, n. m. Désastre. La tempête a fait un saccage: beaucoup d'arbres étaient renversés. Grand nombre. Il y avait un saccage de monde à ces noces.

Sacoche, n. f. Sac à main pour dame. Mes clefs sont dans ma sacoche.

Sacrant (e), adj. Ennuyeux, fâcheux. C'est sacrant. Va chercher le docteur au plus sacrant (au plus vite). Situation tendue qui incite quelqu'un à sacrer, à utiliser des expressions osées.

Sacrer, v. tr. et intr. Jurer, blasphémer. Envoyer, mettre, donner, jeter, abandonner. Il l'a sacré à l'eau (pousser, envoyer). Il l'a sacré à la porte (jeter). Il a sacré sa pipe dans le poêle (échapper). Il a tout sacré là (abandonner). Il a sacré son camp (partir). Je m'en sacre (s'en ficher).

Sacrégué, interj. Juron, corruption de «sacredieu», «sacrebleu».

Sacres. Voir «Jurons».

Safre, adj. Gourmand. C'est un enfant qui est safre: il ne mange que du dessert et des bonbons.

Safre, adj. «Terme populaire. Qui se jette avidement sur le manger. Un enfant safre». (D. Lit., t. 6, p. 1820). «Friand, appétissant» (DHAF, t. 9, p. 304). Voir aussi: (DFSS, t. 6, p. 670). «Glouton, goulu. On le dit particulièrement des animaux qui se jettent avidement sur le manger et populairement des hommes. Ce chien est safre, il emporte tout» (DT, t. 7, p. 487).

Safreté, n. f. Sucrerie, friandise. Il aime les safretés.

Saganer, v. tr. Briser, froisser. Cet enfant sagane ses habits. Il a travaillé trop fort; il est sagané (éreinté, fatigué).

Sages, n. m. pl. Pour les fous et les sages. Voir: «Fous».

Saigner, v. tr. Vérifier le niveau d'eau d'un calorifère et, par la même occasion, en faire sortir l'air. J'ai saigné tous mes calorifères avant déjeuner.

Saint (e), adj. Sert à souligner, à appuyer. Il n'y a pas de saint danger que j'y aille (aucun danger). Il a travaillé toute la sainte journée (sans arrêt). Elle n'a jamais travaillé de sa sainte vie (de toute sa vie).

Sainte bénite. Exclamation. Sainte bénite! Elle est encore rendue ici. Cela équivaut à «Mon Dieu»!

Saint-Pierre, n. m. Whisky de contrebande distillé illicitement. Alcool venant des îles Saint-Pierre et Miquelon, au temps de la prohibition aux États-Unis entre 1919 et 1933.

Salaud, n. et adj. Malpropre: un travail salaud. Un homme salaud, cochon. Avare: il est tellement salaud qu'il ne veut pas dépenser une cenne.

Salir, v. tr. et pr. Faire ses besoins. Son bébé s'est sali; il a sali sa couche.

Salope, adj. Féminin de «salaud»: malpropre ou avare.

Saloper, v. tr. Salir. Attention! Tu vas saloper ta robe.

Samson, n. p. Être Samson: être fort, en santé. Arthur vient de sortir de l'hôpital: il n'est pas Samson.

Sandwich, n. f. Au SLSJ ce mot est souvent au féminin. Viens manger une bonne sandwich. Pour l'origine de ce mot on peut consulter le Dictionnaire Robert 1 qui dit: «Tiré du nom du comte de Sandwich dont le cuisinier inventa ce mode de repas pour lui épargner de quitter sa table de jeu.»

Sang blanc, n. m. sperme.

Sang-de-dragon ou **sang-dragon**, n. m. Plante. Sanguinaire du Canada. Son latex rouge servait aux Amérindiens pour teindre certaines parties de leur corps.

Sanguine, n. f. Gros crayon servant aux charpentiers et aux bûcherons et qui peut être de différentes couleurs.

Sanne, n. m. Sanatorium, hôpital spécialisé dans le traitement des tuberculeux. Il a fait deux ans de sanne.

Sans-bon-sens, adv. Beaucoup. Cette année, il y a des bleuets sans-bon-sens. Il y avait du monde sans-bon-sens à cette soirée.

Sans-dessein, n. m. Personne sans initiative, maladroite, sans maturité. C'est un sans-dessein; il ne fera rien de bon dans la vie.

Sans-talent, n. et adj. Dépensier, dissipateur, prodigue. Joseph est un sans-talent. Cette femme est sans-talent, elle n'a aucun sens de l'économie.

Sans-coeur, adj. et n. m. et f. Dépourvu de sentiments humains. Dur, rude, intraitable. C'est un sans-coeur, une sans-coeur.

Sans-génie, adj. et n. m. ou f. Personne peu douée, qui ne comprend rien. C'est un «sans-génie», il ne comprend ni d'un bout ni de l'autre. Il est bouché des deux «bouttes». Le DT emploie «sans génie» dans le sens utilisé au SLSJ, soit: étourdi, écervelé, irréfléchi, etc. Voir ci-dessus

au mot «gandole» et, dans le DT, à «gandolin».

Saouest, n. m. «Chapeau à bords rabattus, en toile huilée dont se coiffent les pêcheurs». (DB)

Saoulomètre. Voir «ivrognomètre».

Sapré (e), adj. Forme atténuative de «sacré» considéré comme un juron. Sapré tannant!

Saprer, v. pr. Forme atténuative de «sacrer». Se jeter, tomber, se précipiter. Il s'est sapré en bas de la bâtisse; hauten-bas de la maison. S'en aller: saprer son camp. Saprez votre camp: allez-vous en!

Sarabande, n. f. Vacarme, tapage, volée de coups. Les enfants ont mené toute une sarabande la nuit dernière. Il a mangé une sarabande en arrivant à la maison.

Sarge, n. f. Serge (tissu). Rabelais: «Sarge de soye» (RGA, 56, 157). En 1647, Vaugelas fait remarquer que «toute la ville de Paris dit SERGE, et toute la cour SARGE» (VRLF, p. 250).

Sasser, v. tr. et pr. Talonner pour forcer à agir, se dépêcher, être généreux. Sassetoi, mon taxi attend. Joseph s'est sassé, il m'a donné cent piastres. On entend parfois: sasse-toi les gosses. (Voir ce mot). Le verbe «sasser» signifie: faire fonctionner le sas c'est-à-dire l'intervalle qui sépare les deux portes d'une écluse et dans lequel se loge le bateau durant l'opération.

Sasse-gosses, n. m. Bicyclette. Il voyageait avec son sasse-gosses. Expression plutôt vulgaire signifiant «brasse-testicules».

Satchel, n. m. (Angl.: Satchel; sacoche, petit sac). Sac de voyage, sac à main, sacoche.

Sauce, n. f. Gâter la sauce: déranger, perturber, bouleverser. Il est arrivé paqueté (ivre) à deux heures du matin: cela a gâté la sauce.

Sauce-à-la-poche, n. f. Sauce à la farine, au pain et au lard salé. On la mettait dans des plats pour la faire geler puis on vidait le contenu des plats dans des poches que les hommes de chantier apportaient avec eux pour s'en servir pendant l'hiver.

Saucer, v. pr. Faire une brève visite. Vous n'avez fait que vous saucer; la prochaine fois prenez le temps de fumer. Envoyer, jeter. Je l'avais saucé à l'eau.

Saucette, n. f. Courte visite. J'étais pressé; je n'ai fait qu'une saucette.

Saucisse, n. f. L'expression «petites saucisses» désigne des jeunes garçons. Il est facile d'en imaginer la provenance. Pour indiquer que quelqu'un est économe on dira: Il n'attache pas son chien avec de la saucisse.

Saudit, interj. Forme atténuative de «maudit».

Sauts, n. m. pl. Par sauts, par buttes. Irrégulièrement, sans plan déterminé, sans réfléchir; agir sous l'impulsion du moment. C'est un homme qui agit par sauts, par buttes.

Sauter, v. tr. Avaler rapidement. Il a fait sauter une tarte. S'abstenir de manger. Il a sauté le dîner, le souper.

Sautereau, n. m. Lièvre. Enfant agile. Mon sautereau! Au XVIe siècle, «sautereau et sauterelle» signifiaient «danseur et danseuse» (DFSS, t. 6, p. 708). Par ailleurs «sotereau» était le diminutif de «sot» (DFSS, t. 7, p. 39).

Sauvage, sauvagesse, n. et adj. Personne timide, renfermée, aimant la solitude. Il est un peu sauvage; elle est sauvagesse. Pour cacher aux enfants le mystère de la vie, on prétendait autrefois que les bébés étaient apportés par des sauvages qu'on ne voyait pas puisqu'ils passaient durant la nuit.

Sauvagerie, n. f. Attitude bizarre d'une personne timide à l'excès qui se sent mal à l'aise en société.

Sauver, v. tr. (Angl.: To save: économiser). Économiser, épargner. Il avait sauvé pas mal d'argent.

Savane, n. f. Terrain marécageux, humide.

Savaté (e), adj. (Savate, n. f. Vieille chaussure). Usé, déformé, fatigué. Son chapeau est savaté. Cet homme a l'air savaté.

Savater, v. intr. Défraîchir, friper.

Savon, n. m. Savon d'habitant: savon domestique, fait à la maison. Savon d'odeur: savon parfumé, produit industriel. Réprimande: il lui a donné un savon. Sueurs excessives: mon cheval était en beau savon. Autrefois «laver la teste sans savon» signifiait «faire des reproches». (DFSS, t. 6, p. 714).

Savonnette, n. f. Savon dissous dans l'eau et servant de lubrifiant. Blaireau pour se faire la barbe.

Savoyane, n. f. Racine amère de couleur jaune servant de remède contre le mal de gorge ou les plaies à l'intérieur de la bouche.

Scab, n. m. (Angl.: Scab: gale, renard, canaille, sale type). S'emploie dans le milieu syndical pour parler d'un briseur de grève, d'un type qui trahit.

Scandale, n. m. Catastrophe. Cette maison est complètement pourrie: c'est un vrai scandale.

Scarf, n. m. (Angl.: Scarf: foulard, écharpe). Foulard: mets ton scarf pour ne pas attraper le rhume.

Scène, n. f. Faire une scène: s'emporter violemment et manifester son indignation en paroles et en actes. Quand son fils est arrivé «chaudette», il lui a fait une scène: il a brisé la table et cassé deux vitres.

Scie-ronde, n. f. Scie circulaire.

Sciotte, n. m. Scie légère avec un cadre que peut manier une seule personne contrairement au godendard.

Sciotteux, n. m. Qui scie du bois au moyen d'un sciotte.

Scoop, n. m. (Angl.: To scoop: puiser, ramasser. Scoop: primeur). Reportage exclusif. Nouvelle à sensation qu'un journaliste obtient en primeur.

Scrabble, n. m. (Angl.: To scrabble: râcler

avec les mains, chercher à quatre pattes).
Jeu ressemblant à celui des mots croisés.
Le but est la formation de mots et chacune des lettres se voit attribuer un certain nombre de points.

Scrap, n. f. (Angl.: Scraps: restes, déchets).
Déchets de métaux. Il a envoyé sa minoune à la scrap. Il a envoyé sa vieille
automobile aux rebuts.

Scraper, v. tr. (Angl.: To scrap: mettre aux
rebuts). Il vient d'avoir un accident et il a
scrapé son char.

Scrépe, n. m. (Angl.: To scream: hurler,
pousser un cri perçant). Grande colère.
«Lever un scrépe» c'est s'emporter violemment, perdre le contrôle, hurler, frapper, etc.

Scréper, v. tr. (Angl.: To scrape: râcler).
Gratter, polir, râcler, égaliser. Il a scrépé
le plancher de sa cuisine.

Scrigne, n. m. (Angl.: Screen: écran). Treil-
lis métallique pour protéger des mous-
tiques. Ferme la porte-à-scrigne pour ne
pas faire entrer les mouches. Il a mis les
scrignes dans les chassis.

Scrupuleux (euse), adj. Délicat. Ma mère
n'était pas scrupuleuse. Elle nous faisait
les cheveux avec des «forces» qui servaient à tondre les moutons.

Sec, adv. Rapidement: il a arrêté sec. Il a
cessé net, frette, sec. Faire sec: être fanfaron, sans gêne. C'est un gars qui fait
sec.

Sécher debout, v. intr. Maigrir rapidement,
à vue d'oeil.

Seconde main (de), adj et n. Usagé, en
parlant d'un objet. J'ai acheté des patins
de seconde main. C'est un marchand
qui vend du seconde main.

Seconder, v. tr. Appuyer une résolution.

Secondeur, n. m. Celui qui appuie une résolution.

Secousse (ou "escousse"), n. f. Espace
de temps, période, intervalle de temps.
Attendre une secousse. On a eu une
secousse de chaleur, de frette, de vent.

Séfe, n. m. et adj. (Angl.: Safe: hors de

danger, en sécurité). Coffre-fort; il a mis
son argent dans le séfe. Fiable: il est
séfe, tu peux lui faire confiance. Non éli-
miné du jeu: il est séfe, il peut continuer
de jouer à la balle.

Seiner, v. intr. (Prendre du poisson avec
une seine, un filet). Essayer d'obtenir de
l'argent sans travailler, en utilisant des
subterfuges, des ruses, des faux- fuyants.

Seineux (euse), adj. et n. Paresseux qui
essaie d'obtenir de l'argent des passants,
des amis, en faisant valoir différents pré-
textes.

Selqué, n. m. (Angl. : Sulky). Voiture légère
à une place et à deux roues pour les
courses de vitesse.

Semaine, n. m. On entend souvent UN fin
de semaine. J'avais UN fin de semaine
de lofage; j'en ai profité pour aller à Québec.

Senelle, n. f. Fruit rouge de l'aubépine.

Senellier ou **Cenellier**, n. m. Aubépine.

Sent-bon, n. m. Parfum. Je vais mettre du
sent-bon.

Senteux (euse), n. et adj. Qui aime à flairer,
à écornifler, à fureter afin de surprendre
des secrets.

Sentir, v. tr. et pr. Épier, fureter, espionner,
écornifler. Il est allé sentir chez le voisin.
Éprouver des désirs sexuels: il est âgé
mais il se sent encore.

Serre-la-poigne, n. m. Très économe. C'est
un serre-la-poigne.

Serrer, v. intr. Engranger. Un cultivateur
en train de serrer du foin , de l'avoine.
Bloqué, coincé: mon sciotte n'a pas de
chemin, il serre. Mettre en lieu sûr, mettre
de côté: serrer des cruchons de confitures
dans la cave en prévision des Fêtes.
Abandonner: serrez vos jeux.

Service, n. m. Pas de service: turbulent,
désagréable, «malcommode», tapageur.
C'est un enfant pas de service, il peut
inventer le diable.

Set, n. m. (Angl.: Set: ensemble, série).
Danse: il aimait bien les sets carrés.
Mobilier, ensemble, jeu, assortiment. Set

de chambre. Set de cuisine. Set de salon. Set de ciseaux. Set de couteaux.

Settlement, n.m. (Angl.: Settlement: règlement, paiement). Règlement, entente. J'ai eu un bon settlement avec la compagnie Price.

Settler, v. tr. et intr. (Angl.: To settle: régler, solder). Acquitter une dette; j'ai settlé mon compte. Mettre au pas: il faisait son frais mais je l'ai settlé. Recevoir son dû: j'ai settlé avec la compagnie.

Seû. Seuls. Ses parents sont restés tout seû. Voir: (FCPM, p. 132).

Sévère, adj. (Angl.: Severe: vif, intense, grave). Intense, grave, sérieux. Il s'est infligé une blessure sévère.

Shack, n. m. (Angl.: Shack: hutte, cabane). Abri de fortune, maison rudimentaire. Son frère demeure dans un shack. Maison rustique ordinairement petite, à toit plat et n'offrant que le minimum de confort. Le shack se situe entre le «campe» du bûcheron construit en bois rond et la maison bourgeoise qui possède un certain luxe.

Shallaquer, v. tr. (Voir «chalaquer»). Laquer, vernir. Il a shallaqué son armoire.

Shed, n. f. (Angl.: Shed: hangar). Construction rustique pour mettre le bois de chauffage, de même que certains instruments d'usage courant: hache, sciotte, râteau, pelle, etc. Va chercher le râteau dans la shed.

Shéver, v. tr. et pron. Faire la barbe; se faire la barbe. Il l'a shévé; il s'est shévé.

Shift, n. m. (Angl.: Shift: changer). Période de travail d'une équipe, d'une durée de huit heures en général. On dit aussi un «quart». J'étais sur les shifts. Il travaille sur les shifts.

Shipper, v. tr. (Angl.: To ship: envoyer par bateau). Expédier, envoyer par différents moyens de transport: bateau, train, avion, camion. Éloigner quelque chose ou quelqu'un: je l'ai shippé aux États-Unis.

Shire, n. f. (Angl. : To sheer: dévier de sa course comme un navire, ACD). Prendre une embardée ou déraper au propre ou au figuré. Son char était parti à glisser: il a pris toute une shire. Le bonhomme était paqueté et il était parti sur une shire: il disait n'importe quoi.

Shirer, v. intr. Déraper, prendre une embardée, dévier se sa route, divaguer.

Shoe-claques, n. m. pl. (Angl.: shoe: soulier) Chaussures légères à semelle de caoutchouc. Il a mis ses shoe-claques pour jouer au tennis.

Show boy, n. m. (Angl. : Chore boy. Chore: travail de routine, travaux de ménage). Un show boy désigne un aide-cuisinier dans les camps de bûcherons.

Siam, n. m. Rutabaga, chou de siam ou chou-siam.

Siau, n. m. Seau. Il mouille à siau: il pleut à verse. On peut lire dans Émile Zola: «La pluie tomberait à seau dans mon lit» (*Au Bonheur des Dames*, p. 214). En poitevin, un «seilleau» est un petit seau. Rabelais: «Mettez dedans un seilleau de eaue» (RTL, 51, 507).

Siffle, n. m. Coup de sifflet. Si tu as besoin d'aide lâche-moi un siffle; c'est-à-dire dis-le-moi, avertis-moi.

Sifflette, n. m. Couper le sifflette à quelqu'un: l'interrompre brusquement; le mettre hors d'état de répondre.

Siffleux, n. m. Marmotte.

Signe, n. m. (Angl.: Sink). Évier. Mets ça dans le signe pour le faire tremper.

Siler, v. intr. Gémir. Mon chien silait à la porte. Respirer avec difficulté. Il silait en dormant. «Siler pour siffler, comme une oie, un jars...est un mot bien poitevin. On dit même: les oreilles me silent» (FCPM, p. 118).

Simple, adj. Faire simple: faire le nigaud. Fais pas simple. Des gestes simples: de nature sexuelle. Des discours simples: libres, osés. Avoir l'air simple: niais, peureux, dépenaillé. C'est bien simple: en bref, pour résumer: c'est bien simple j'étais abasourdi.

Simplicité, n. f. Niaiserie, farce douteuse,

façon d'agir de mauvais goût. Les enfants! arrêtez vos simplicités. Veux-tu cesser de dire des simplicités.

Singe, Payer en monnaie de singe: payer en gambades, être exempté de payer. Le roi Louis IX (1214-1270) avait établi un règlement qui établissait un droit de péage que devaient acquitter ceux qui empruntaient le Petit-Pont reliant l'île Notre-Dame et le Quartier Saint-Jacques. Toutefois «les joculateurs pouvaient s'exempter de payer en faisant jouer et danser leurs singes devant le péager». (MOLP, p. 33). Rabelais: «Et les paya en monnaie de cinge» (sic) (RQL, 2, 543).

Singer, v. tr. Imiter. Il essaie de me singer.

Singerie, n. f. Exagération. Il y avait pas mal de singerie durant la réception.

Siphonneux (euse), n. (De «Siphon»: tube recourbé servant à transvaser un liquide). Exploiteur, profiteur, personne qui abuse à son profit de la confiance ou de la naïveté d'autrui.

Sirop, n. m. Mélasse ou «gros sirop». On parlait souvent du «bol de sirop» ou de la «cruche de sirop». En voici la description. Bol de sirop: bol dans lequel on versait de la mélasse et que l'on plaçait sur la table aux heures des repas. Chaque convive pouvait y tremper des morceaux de pain qu'il transperçait préalablement de sa fourchette. Cruche de sirop: contenant d'un gallon en grès ou en verre qu'on faisait remplir de mélasse à l'épicerie. On vidait une partie du contenu de la «cruche de sirop» dans le «bol de sirop».

Skéler, v. tr. (Angl.: To scale: écailler un poisson). À l'usine d'aluminium d'Arvida, certains travailleurs «skélaient» les tinques (tank). Ils enlevaient à l'intérieur la croûte qui s'y était accumulée.

Skidder, v. intr. (Angl.: To skid: glisser). Traîner des billes de bois du lieu de coupe au dépôt d'empilement.

Slacks, n. f. pl. (Angl.: To slack: détendre, desserrer). Mot assez récent au SLSJ. Pantalon sport, large, non ajusté. Il portait une paire de slacks.

Slaille, n. f. (Angl. : Slide: glissade). Nom donné à la paroisse Saint-Joseph d'Alma au LSJ. On y avait installé vers 1860 une glissoire qui servit au transport des billots jusqu'aux environs de 1890. On disait: aller à la «Slaille», rester à la «Slaille». Cette glissoire, appelée la «dalle» ou la «slaille» était construite dans la partie accidentée de la Petite Décharge et elle avait 5026 pieds de longueur et 5 pieds de largeur. Sa profondeur, prise à l'intérieur, variait de 2,5 pieds à 5 pieds. (ALSJ, p. 32-36).

Slailler, v. intr. Courir, s'enfuir, partir précipitamment. J'ai lâché un cri et le chien à slaillé.

Slang, n. m. (Angl.: To slang signifie: injurier quelqu'un, lui dire des sottises, des bêtises, des choses désagréables, l'engueuler). Parler le slang veut dire: s'exprimer en argot américain, utiliser le langage vulgaire des vagabonds, des personnes sans éducation, faire usage du langage du peuple. Le «slang» équivaut au «joual» du Québec ou au «cockney» de Londres.

Slappe, n. f. (Angl.: Slap-stick: batte), Planche ayant conservé d'un côté l'écorce de l'arbre. On dit aussi une «croûte».

Slaque, n. et adj. (Angl.: To slack: détendre, desserrer). Lâche, détendu. Ma ceinture est slaque. La corde était trop slaque. Période de relâche, congé. Quand j'aurai un slaque, j'irai t'aider.

Slaquement, n. m. Chômage.

Slaquer, v. tr. Congédier temporairement. S'oppose à «clairer», qui signifie «congédier définitivement». J'étais slaqué à l'automne et je recommençais au printemps.

Slée, n. f. Voir: «Sleigh».

Sleigh, n .f .(Angl.) Traîneau rustique formé de deux sections et servant au transport des billots dans les chantiers. «Slée: terme de marine. C'est une machine avec laquelle les Hollandais tirent à terre un vaisseau de quelque grandeur qu'il soit» (DT, t. 7, p. 739).

Sline, n. f. (Angl.: Sling: courroie). Ceinture pour homme.

Sliner, v. tr. Entourer avec une courroie, une chaîne. Sliner un voyage de bois avec une chaîne à billots.

Slip, n. m. (Angl.: Slip: formule; sleeping-bag: sac de couchage). Facture, addition: ajoutez ça sur mon slip. Sac de couchage: il a dormi dans son slip.

Slippers, n. f. (Angl.: To slip: glisser). Chausson, pantoufle. Chaussure dans laquelle on glisse le pied facilement.

Slouce, n. f. (Angl. Sluice: écluse, canal de décharge). Canal de dérivation; bief (canal parallèle à un cours d'eau) servant à faire passer les billes au-delà d'une écluse.

Slow, adj. inv. (Angl.). Lent. Il est slow. Qui manque d'initiative, calme, tranquille. On dira d'un jeune jomme qui est timide avec les jeunes filles: il est slow.

Slush, n. f. (Angl.: Slush: neige à demi fondue). Neige fondue. Ils pataugeaient dans la slush.

Smatte, adj. (Angl.: Smart: vif, prompt, alerte). Adroit, intelligent, vif, rapide. C'est un enfant qui est smatte.

Smoque, n. m. (Angl.: Smoking-jacket: veston d'intérieur). Tablier, couvre-tout pour protéger les habits. Mets ton smoque pour ne pas salir ta robe.

Snack, n. m. (Angl.: Snack: repas léger). Bon repas, gros repas. J'ai fait un bon snack. Il s'est piqué un snack.

Snap, n. m. (Angl.: To snap: saisir, happer). Sorte de savon granuleux qui sert à nettoyer les mains. Fermoir, agrafe, bouton-pressoir.

Snob, adj. (Angl.: Snob: qui admire les grands). Vient du latin «sine»: sans; et «nobilis»: noblesse. Qui admire tout ce qui est en vogue; qui attache trop d'importance au rang social, à la fortune.

Snoreau, n. m. Bougre, enfant espiègle, fanfaron, désobéissant. Espèce de snoreau! Ce mot semble venir du mot espagnol «señor» qui signifie «monsieur»; à cela s'ajoute le diminutif français «eau». Par exemple un «damoiseau» est un jeune gentilhomme. Un «snoreau» ce serait un petit monsieur mais dans le sens péjoratif du terme, c'est-à-dire un individu plus ou moins vil. C'est pourquoi on entend parfois: c'est un moyen snoreau... Au XVIe siècle «amoureau» était le diminutif d'«amour» (DFSS, t. 1, p. 200).

Snowmobile, (ou «snow»), n. m. (Angl.: Snow: neige). Autoneige, munie de chenilles. Il faisait tempête; alors j'ai pris le snowmobile.

Sobriquet, (ou "**soubriquet**"), n. m. Surnom donné à une personne et qui tire son origine d'une particularité quelconque. On appellera, par exemple, Ti-noir celui qui a les cheveux noirs ou Baloune, celui qui est gros et court.

Soin, n. m. Y a pas de soin: c'est certain, pas besoin d'être inquiet. Y a pas de soin, Pierre est capable de faire ce travail. Dur de soin: difficile d'entretien. En parlant d'un animal qui demeure maigre même s'il est bien nourri.

Soir, n. m. Lorsque les jeunes gens se fréquentaient on parlait de «bons soirs» et de «mauvais soirs». Bon soir: soir où un jeune homme peut aller rendre visite à une jeune fille, c'est-à-dire: mardi, jeudi, samedi et dimanche. Mauvais soirs: lundi, mercredi et vendredi.

Solage, n. m. «Fondation d'un édifice en bois, en maçonnerie ou en béton et plus particulièrement la partie des fondations qui excède la surface du sol» (DB). «Terroir: ces fruits sont d'un bon ou d'un mauvais solage. On ne le dit plus» (DT, t. 7, p. 754). Au SLSJ, le «solage» comprend la base d'un édifice au complet c'est-à-dire enfoncée à quelques pieds sous terre pour empêcher la gelée de faire des ravages. Autrefois «solage» signifiait aussi «soleil». «Au solage: au soleil» (DFSS, t. 7, p. 16). «Qui veut aller au solage» (Baïf). (DHAF, t. 9, p. 453).

Solide, adj. Sérieux, mûr. Il est solide pour son âge. Massif, plein. Montre en or solide. Indique l'exagération: il prend un coup solide. (Il boit trop.)

Solider, v. tr. Consolider, solidifier. Solider un mur. «La Société des Vingt-un (sic) s'était procuré les chaînes nécessaires pour solider le bôme» (L.-A. Martel, *Notes sur le Saguenay*, p. 31).

Somme, adj. et n. Gros, important. Ce cheval transportait des sommes voyages. Repos. Il a fait un petit somme après le dîner. (DT, t. 7, p. 767).

Son, adj. poss. Employé parfois pour «mon». Bonjour SON oncle, SON père (mon oncle, mon père). Il a fait SON homme: il veut paraître fort, courageux, etc.

Son, n. m. Partie périphérique des grains de céréales. Pisser dans le son: être effrayé. Il a les yeux comme une chatte qui à pissé dans le son (et qui, par conséquent, a peur d'être battue).

Sonnage, n. m. Action de mettre une cloche en marche. Demande au bedeau de s'occuper du sonnage. (Voir à ce sujet: DFSS, t. 7, p. 30).

Sonner, v. tr. et pr. Rosser, battre. Si tu l'agaces, il va te sonner. Se faire mal, se heurter. Il s'est sonné la tête contre le coin de la table.

Sonnette, n. f. Défectuosité mécanique produisant certains bruits inusités dans une automobile. Ma voiture a une sonnette et je n'ai pas encore trouvé le trouble.

Soroît, n. m. Vent du sud-ouest. Le soroît était très violent, la chaloupe a viré de bord.

Sortable, adj. Qui permet de sortir. Ce n'est pas sortable avec une robe aussi sale. Il fait tellement froid que ce n'est pas sortable. Que l'on ne peut sortir en public. Tu es trop mal habillé: tu n'es pas sortable.

Sorteux (euse), n. et adj. Qui aime sortir, participer aux manifestations sociales. Comptez pas les tours, on n'est pas sorteux. Ma tante est sorteuse mais mon oncle n'est pas sorteux. Qui est infidèle à son épouse: c'est un sorteux. Femme volage et infidèle: c'est une sorteuse.

Sortir, v. tr. intr. et pr. Avoir des aventures amoureuses: c'est un jeune homme qui a sorti. Gagner: j'ai sorti pas mal d'argent cet hiver-là. Donner, accorder: le gouvernement ne sortait pas beaucoup d'octrois. Se libérer: j'essayais de me sortir de ma dette.

Sotereau. Voir «Sautereau».

Sottise, n. f. Mot ou expression osée, grivoise. «Se dit encore des paroles et des actions trop libres, déshonnêtes, obscènes. Dire des sottises devant les femmes» (DT, t. 7, p. 789).

Sottiseux (euse), adj. Qui aime les histoires osées, épicées, à double sens. C'est un sottiseux; une femme sottiseuse.

Sou, n. m. Un «trente sou» signifie un 25 cents. Tiens, j'ai trois trente sous. L'ancien «sou» valait les cinq sixièmes de notre cent actuel (Dict. Bélisle). On utilise l'expression: «C'est quatre trente sous pour une piastre», pour indiquer qu'une chose n'est pas plus avantageuse qu'une autre. Être sans le sou: être pauvre.

Soubassement, n. m. Sous-sol, étage inférieur au rez-de-chaussée. Le soubassement d'une église. Habiter un soubassement.

Soue, n. f. Étable pour les porcs. Pour faire taire une personne qui a un langage un peu vert ou désagréable, on lui dira: ferme ta soue.

Souèteur. (Angl.: Sweater: chandail). Chandail. Gilet de laine tricotée.

Souffle, n. m. (pour «soufre»). Partie inflammable d'une allumette. Le mot «souffle» vient probablement du fait que pour éteindre une allumette on «souffle» dessus et que pour attiser un feu on «souffle» aussi dessus.

Souillon (ne), adj. et n. Malpropre. Sa tante est souillonne: tout traîne dans la maison, ses enfants portent des guenilles et ne se lavent jamais ou presque. «Valet de cuisine» (DHAF, t. 9, p. 494).

Souleureux (euse), adj. Employé surtout dans le cas d'un cheval. On parlait d'un cheval souleureux ou d'une jument souleureuse, pour décrire le tempérament d'un animal nerveux, sournois, dont il fallait se méfier, qui pouvait ruer ou mordre à tout moment sans avertir. Fais attention, mon cheval est souleureux. **Souleur**, n. f. Vieux mot français signifiant: frayeur subite, saisissement (D. Lit., t. 7, p. 340); pressentiment de quelque chose de malheureux (Gl., p. 635); peur très vive, serrement de coeur (GR, t. 8, p. 876).

Soulevant, adj. Entraînant, en parlant d'un morceau de musique.

Soulier, n. m. Souliers mous: souliers blancs; souliers à l'huile: pichous de caribou sans semelle.

Souliers à l'huile, n. m. pl. Voir «pichous».

Souliers blancs, n. m. pl. Voir «pichous».

Souliers mous, n. m. pl. Voir «pichous».

Soûlon (ne), n. m. et f. Ivrogne, soûlard.

Soupane, n. f. Gruau très épais.

Souper, n. m. Repas du soir. Rabelais: «Desjeuner... dipner... soupper». (RQL, 46, 664) «Soupper à cinq, coucher à neuf». (RQL, 64, 718). «Sus le soir... beuvans et souppans» (RQL, 28, 617).

Souple, adj. Agile. Cet enfant est très souple.

Souquer, v. tr. Exciter un chien pour qu'il poursuive quelqu'un ou un autre animal.

Sour, n. m. (Angl.: Sewer: égoût). Évier, égoût. Jeter l'eau dans le sour.

Sourannée, n. f. Truie qui n'a pas eu de petits dans l'année. Qui a plus d'un an.

Souris-chaude, n. f. Chauve-souris. Rabelais: «Puis les gressa d'axunge de souris-chauves». (RPA, 24, 270). «Quelles son ès souriz chaulves» (RQL, 3, 546).

Sous-bassement, n. m. (Voir «soubassement»).

Soute, n. f. (Angl.: Suit: complet). Combinaison, ensemble, costume complet. Vêtement d'une seule pièce comprenant pantalon, veste et capuchon utilisé durant la saison froide ou encore pour la plongée sous-marine, par les astronautes, les enfants, etc.

Soutiendre, v. tr. Soutenir.

Sparage, n. m. (Angl.: To spare: protéger des coups). Gestes exagérés faits avec les bras. Il faisait des grands sparages pour me dire d'arrêter.

Spère, n. m. (Angl.: Spare: pièce de rechange). Pneu de rechange: Prends le spère dans le coffre de mon char. De réserve: J'ai deux bouteilles de spère pour la visite.

Spide, n. m. (Angl.: To speed: faire de la vitesse). Boisson contenant du gingembre et une forte quantité d'alcool. Au temps de la prohibition, les ivrognes pouvaient s'en procurer dans les pharmacies.

Spider, v. intr. Prendre du spide: j'avais un boss qui spidait. Aller très vite: il spidait avec son vieux Ford.

Spideur, n. m. Petite voiture à moteur pouvant voyager sur un chemin de fer et servant à effectuer les réparations, les vérifications, etc.

Sport-jacket, n. m. (Angl.: Jacket: veston). Veston sport: mets ton sport-jacket pour sortir.

Spotteur, n. m. (Angl.: To spot: repérer). Surveillant de la route pour découvrir ceux qui violent la loi: agent de circulation.

Spring, n. m. (Angl.: Spring: ressort). Sommier à ressorts. Il a mis le matelas sur le spring.

Sprigner, v. intr. (Angl. : To spring: bondir, sauter). Avoir du ressort, de l'élasticité.

Sproutte (en). (Angl.: Sprout: rejeton, pousse). Être en sproutte: surexcité, en dehors de son état normal. Afficher une attitude bizarre, un comportement inhabituel. On dira d'une femme en chaleur qu'elle est «en sproutte».

Squâre, n. m. (Angl.: Squall: bourrasque). Bourrasque, coup de vent violent et de courte durée. Ferme les chassis, on va avoir un squâre.

Staff, n. m. (Angl.: Staff: le personnel). Personnel: il fait partie du staff. Résidence du personnel: il pensionne au staff (house).

Stag, n. m. (Angl.: Stag : cerf). Petit garçon, messager, commissionnaire.

Stâler, v. intr. (Angl.: To stall: bloquer). Bloquer, arrêter. Mon char était stâlé près du magasin.

Stand, n. m. et f. (Angl.: Stand: support). Support pour un habit: Mets ma veste sur le stand. Poste de taxi: Le stand de taxi était tout près de chez nous.

Starter, v. intr. (Angl.: To start: démarrer). Faire démarrer. Il a eu de la misère à starter son char.

Starteur, n. m. Démarreur.

Steady, adj. et adv. (Angl.: Steady: ferme, solide, régulier). Elle sort avec lui steady. Elle a un ami steady. Il vient la voir steady (régulièrement).

Steam, n. m. et f. (Angl.: Steam: vapeur). Bateau: on chargeait les steams; il y avait un steam au quai. Vapeur: légumes cuits à la steam.

Steamer, v. tr. (Angl.: Steam: vapeur sous pression). Passer à la vapeur dans le but de nettoyer: steamer une pipe. Cuire à la vapeur: je veux un hot-dog steamé.

Step, n. m. (Angl.: Step: saut, gambade). Il faisait des steps, dans le milieu de la place. Marche d'un escalier. Il y a trois steps pour monter chez nous.

Stepper, v. intr. (Angl.: To step: sauter, danser). Quand il a vu sa mère, l'enfant s'est mis à stepper. Son grand-père avait 85 ans et dès qu'il entendait de la musique, il se mettait à stepper.

Stèque, n. m. Utilisé au jeu de cartes. Voir «estèque». Dernière levée. Il a fait le stèque.

Stick, n m. (Angl.) Bâton pour jouer au hockey.

Stinclenne, n. m. (Angl.: Scantling). Madrier d'une dimension de 2 pouces sur 4 pouces. «To have a scantling of two by four inches: avoir un équarrissage de deux pouces sur quatre» (HNSD, p. 682 et *A Glossary of House-Building* and *Site-*

Development Terms, 1982, p. 47)

Stock, n. m. (Angl.: Stock: provision). Marchandise d'un commerce. Mon stock baisse beaucoup. Mélange utilisé pour la fabrication d'une boisson domestique: houblon, grains, sucre, eau, etc. Il a jeté le stock derrière l'étable et les cochons l'on mangé. On rapporte que souvent les cochons, les dindes et les poules étaient «en air» après avoir mangé le stock... se comportant alors comme des... humains.

Stod, n. m. (Angl.: Stud: clou, bouton). Bouton de manchette. Tes stods sont dans le tiroir du bas.

Stoffe, n. m. (Angl.: Stuff: étoffe). Ta robe est faite en bon stoffe. Le vieux français avait le mot «estoffe» pour signifier «tissu»; il est devenu «étoffe». On utilisait même ce mot au figuré. Quand une personne dévoilait son caractère par une action énergique, on disait qu'elle montrait «de quelle estoffe estoit sa robe» (DHAF, t. 6, p. 95).

Stomboat, n. m. (Angl.: Stone-boat). Traîneau sans patins, tiré par un animal et sur lequel on place de grosses pierres.

Stommecoppe, n. m. (Angl.: Steamcut: valve servant au contrôle de la vapeur). Au SLSJ on appelle «stommecoppe» la valve servant à contrôler l'entrée d'eau dans une maison. On dira: ouvre, ferme le «stommecoppe» pour qu'on puisse réparer la toilette.

Stomper, v. tr. (Angl.: To stump: provoquer en duel). Provoquer en combat singulier. Je l'avais stompé.

Stopper, v. tr. et intr. (Angl.: To stop): Arrêter: Je l'ai stoppé avant qu'il aille trop loin. En latin «stuppa» veut dire «étoupe», cette partie la plus grossière de la filasse qui est la matière textile végétale brute tirée du chanvre ou du lin. Ce matériau servait à boucher, à calfater, à arrêter les fuites. On trouve dans le vieux français les mots «estouper» et «stoppeir» dans le sens de boucher, de fermer, d'arrêter, en utilisant de l'étoupe. Par ailleurs «estoupée» voulait dire: fin, terme, arrêt, et «estoupelle» était un instrument utilisé pour étouffer un four. «Estouper» et «stopper» ont comme ancêtre commun le latin «stuppa». Quand nous disons «stopper» nous revenons donc à un vieux mot français en utilisant la filière anglaise. Le même phénomène se produit pour «flirter». L'ancien français possédait le verbe «fleureter» signifiant «aller de fleur en fleur», comme c'est le cas de nos abeilles de grand format qui voltigent de femme en femme. (Voir: DFSS).

Stoqué (e), adj. (Angl.: Stuck-up: prétentieux, vaniteux, hautain). Bien habillé, très chic. Il est arrivé stoqué.

Store, n. m. (Angl.: Store: magasin). À Saint-Joseph d'Alma, le «store» était le magasin appartenant à la compagnie Price. On disait: il a acheté cela au STORE, il est allé au STORE. Il n'était pas nécessaire d'en dire plus.

Straight, adj. (Angl.: Straight: droit). Sévère: c'est un homme straight. Sans mélange: je prend mon gin straight. Consécutif, de suite: j'ai été malade trois jours straight.

Strappe, n. f. (Angl.: Strap: courroie). Courroie pour actionner une machine. Pièce de cuir servant à aiguiser les rasoirs ou à corriger les enfants «malcommodes». Si tu n'arrêtes pas tu vas goûter à la strappe. «Estrappe: faucille à long manche pour couper le chaume». (DHAF, t. 6, p. 110). Au XVIe siècle, l'estrape ou estrapade était un châtiment corporel consistant à élever et à laisser retomber le patient suspendu à une corde. (DFSS, t. 3, p. 731).

Strapper, v. tr. Lier avec une courroie. Il a strappé sa valise.

Su, prép. À: su le moment, cela m'a surpris: à ce moment... Sur: mets ça su la table: sur la table. Chez: allez su Joseph Tremblay. Rabelais: «Sus mon honneur». (RCL, 27, 828) «Sus les sept heures...» (RTL, 14, 376). «Argent sus luy». (RTL, 23, 410). «Sus ses vieulx jours». (RTL, 28, 433). «Sus sa grand jument»

(RGA, 34, 102). «Sus la fin de juillet» (RQL, 5, 552).

Suce, n. f. Tétine. Il a donné la suce au bébé. Avoir les yeux comme des trous de suce: être encore endormi; avoir les yeux à demi ouverts.

Suceux, n. m. Exploiteur, profiteur, qui abuse de la confiance ou de la naïveté d'autrui.

Suçon, n. m. Bonbon disposé à l'extrémité d'une tige et que l'on peut sucer sans se gommer les mains.

Sucre à la crème, n. m. «Bonbon fait d'un mélange de sucre et de crème» (DB).

Sucrerie, n. f. Installation pour la fabrication des produits de l'érable: sirop, tire, sucre.

Suède. Voir: «Suerie».

Suer, v. intr. Avoir de la difficulté. Durant son examen, il a sué. Suer à grosses gouttes: suer beaucoup.

Suerie, n. f. Action de suer abondamment. Joseph a pelleté tout l'après-midi: il a pris une bonne suerie. Au XVIe siècle, on se plaisait à faire des jeux de mots avec «Suède» et «Suerie» pour référer à la syphilis. «Faire un voyage en Suerie (Syrie) ou au Royaume de Suède voulait dire: se faire traiter pour la syphilis» (DFSS, t. 7, p. 109; D. Lit., t. 7, p. 528).

Sueux (euse), adj. Qui sue, qui transpire beaucoup. Il est sueux des pieds.

Suisse, n. m. Tamia, sorte de petit écureuil à rayures longitudinales, en un mot: vêtu comme les gardes suisses. Costume de séminariste qui avait des nervures blanches.

Suit, part. Pour «suivi». Un règlement c'est pour être suit.

Suivant (e), n. Garçon ou fille d'honneur escortant les nouveaux mariés. «Suivante: demoiselle attachée au service d'une dame» (DT, t. 7, 894).

Suiveux (euse), n. et adj. Qui n'a pas d'idée personnelle, qui est à la remorque des autres, qui est gêné et n'ose s'affirmer. Qui suit les autres plutôt que de les entraîner. Son père est un suiveux.

Supplémentaire, adv. S'il travaillait le soir il fallait le payer supplémentaire. C'est-à-dire lui donner un montant en surplus.

Support, n. m. Cintre. Mets ton habit sur un support.

Supposément, adv. (Angl.: Supposedly: censément, soi-disant). Prétendument, soi-disant. Il a un numéro de téléphone supposément confidentiel mais, en réalité, tous ses amis le connaissent.

Sûr, Voir: «Ben sûr».

Surette, n. f. Bonbon acidulé de couleur jaune. Il aimait les surettes.

Surir, v. intr. Devenir aigre. L'été, le lait surissait vite.

Surrey, Voiture (voir: ceré).

Surtout, n. m. Redingote appelée également «habit à queue». Manteau protecteur qu'on revêt par-dessus un habit pour le protéger quand on effectue un travail malpropre. À propos de «surtout», le *Dictionnaire de Trévoux* dit: «Ce mot est nouveau et n'a été en usage qu'en l'année 1684» (DT, t. 7, p. 919).

Swell, adj. (Angl.: Swell: élégant). Habillé avec élégance, recherche. Il partait en voyage et il était swell.

Swigner, v. tr. et intr. (Angl.: To swing: tourner, pivoter). Abattre: je swignais un arbre, c'était pas long. Danser: dans ce temps-là ça swignait sur un riche temps (beaucoup).

Swompe, n. f. (Angl.: Swamp: marais, marécage). Fondrière, marais, marécage.

Syllabus, n. m. Document remis aux étudiants et qui donne le sommaire d'un cours. «Formule publiée par Pie IX en 1864, et qui contient les affirmations contemporaines jugées inacceptables par le pape» (D. Lar.).

Syrien (ne), n. Étranger venant du Moyen-Orient. Au SLSJ, un Libanais était un Syrien; un Japonais pouvait devenir un Chinois. Un Slave se transformait en Pôlok (Polonais). Il faut dire qu'on ne voyageait pas beaucoup autrefois. Nos ancêtres étaient «ben recevants» mais «pas sorteux»... alors la géographie en souffrait.

T

Tabaconiste, n. m. (Angl.: Tabaconist). Marchand de tabac, restaurateur.

Tabagane, n. f. (Indien: adabagane: traîneau). Traîneau sans patins fait de planches minces recourbées par le devant, dont on se sert pour glisser. On dit aussi: une traîne sauvage.

Tabarsac! Dérivé de Tabernacle. On déforme les mots «défendus» lorsqu'on est en colère. On dira: Tabarsac; tabernique; tabarnouche. (Voir «Juron».)

Table, n. f. Passer quelque chose (une vente) sous la table: faire une transaction en cachette pour éviter l'impôt. Passer en dessous de la table: sauter un repas. Si tu arrives trop tard pour le souper, tu vas passer en dessous de la table.

Tablette, n. f. Poste effacé. Mettre sur une tablette: donner, à quelqu'un qu'on juge encombrant, un poste effacé qui lui permet de ne pas nuire.

Tabletter, v. tr. Mettre quelqu'un sur une tablette: lui donner un poste effacé, sans éclat.

Taco, n. m. Vieille voiture défectueuse. Voir «Minoune».

Taffetas, n. m. Essence à briquet. Veux-tu m'acheter du taffetas pour mon battefeu?

Tag, n. f. (Angl.: To tag after s. o.: suivre quelqu'un de très près). On dit: jouer à la tag. Il s'agit d'un jeu d'enfant appelé aussi le jeu du chat et des souris. Un joueur poursuit les autres jusqu'au moment d'en toucher un qui devient à son tour le poursuivant.

Tag-day, n. m. Insigne, macaron, cocarde, que l'on porte ordinairement attaché à son veston à l'occasion d'une fête populaire. Le jour de la Saint-Jean-Baptiste, ma soeur offrait des tag-days. Son père portait un tag-day. En anglais, le mot «tag» s'applique à un morceau d'étoffe qui pend et «tag-day» signifie un jour durant lequel on recueille des dons pour une oeuvre de bienfaisance. Ceux qui participent à cette oeuvre reçoivent un insigne, un «tag» qu'ils fixent à leur habit.

Taillant, n. m. Tranchant d'une hache. Hache à deux taillants (bipenne). Une «face à deux taillants» fait allusion à une «hache à deux taillants» et signifie «hypocrite, fourbe». On disait aussi: un «visage à deux faces». Voir «Face» et EGV, p. 28.

Taille, adj. et adv. (Angl.: Tight, tendu, ajusté, serré, étroit). Juste, à peine, à la limite. J'ai eu à peine assez de planches pour terminer ma chambre. Je suis arrivé taille. De force égale: les deux clubs sont tailles.

Taille, n. f. (Angl.: Tie: lien, attache). Dormant, traverse de chemin de fer. Bûche de bois équarrie sur laquelle on fixe les rails. Il pose des tailles.

Tailleur, n. m. Vêtement pour dame formé d'une jupe et d'un veston.

Talent, n. m. Vigoureux: un cheval de talent. Débrouillard en finance: un homme de talent. Entreprenant: il a un grand talent. Dépensier, prodigue: c'est un sans-talent (Voir: «Grand» et «Sans-talent»).

Talle, n. f. Touffe d'une plante portant beaucoup de fruits: une talle de bleuets, de framboises, de fraises, de noisettes. L'expression: Ôte-toi dans ma talle signifie: mêle-toi de tes affaires. Groupe: une talle de bûcherons.

Talon, n. m. Avoir l'estomac dans les talons: être affamé.

Tambour, n. m. Petite pièce placée à l'entrée d'un édifice et qui permet de le protéger du vent, de la pluie ou de la neige. Laisse tes claques dans le tambour.

Tannant (e), adj. Qui ennuie, fatigue,

importune: un homme tannant. Très extraordinaire: une tannante de belle maison; un tannant de beau jardin.

Tanné (e), adj. Fatigué, harassé. Je suis tannée des enfants. «Ennuyé: se print Floridas à chasser moult longuement, tant que le roy fust tané de la chose». «Vous nous tanés de tant parler» (DHAF, t. 10, p. 11). «Tous les notables de la ville de Bruges se tannèrent de la guerre» (DHAF, t. 10, p. 12).

Tanner, v. tr. «On disait autrefois «taner» pour dire donner de la peine à quelqu'un, le molester et on le dit encore (1771) en Picardie, on le dit aussi en Normandie pour ennuyer. Taner vient de tanar, mot celtique ou bas-breton qui signifie géhenne» (DT, t. 7, p. 974). Pour le DFSS «tanner» veut dire «ennuyer» (DFSS, t. 7, p. 180). «Tanner, tannant s'emploient beaucoup avec le sens d'ennuyer, d'ennuyeux, dans la région de Rochefort» (FCPM, p. 119).

Tapant, adv. Exactement. Il est arrivé à six heures tapant.

Taper, v. tr. (Angl.: To tap: percer). Espionner. Brancher un téléphone à une table d'écoute. Il s'est fait taper sa ligne. (Angl.: To type: dactylographier). Écrire à la machine: Il a tapé deux lettres.

Tapette, n. m. Efféminé

Tapis, n. m. Se barrer les pieds dans les fleurs du tapis: ne pas être débrouillard.

Tapis-de-table, n. m. Grande pièce de toile cirée à motif répété couvrant toute la table. Avant le repas on recouvrait le «tapis-de-table» d'une nappe qu'on secouait après le repas et qu'on plaçait dans le «sideboard» ou dans un tiroir près de «l'armoire à vaisselle».

Tapocher, v. tr. Donner des coups de poings, des tapes. Il s'est fait tapocher.

Tapon, n. m. Tampon, bouchon. (DFSS, t. 7, p. 185). «Paquet, tas: un tapon de linge sale» (DB). «Terme de marine. Bouchon, plaque de liège avec laquelle on bouche l'âme du canon pour empêcher

que l'eau n'y entre» (DT, t. 7, p. 978).

Taponner, v. tr. et intr. Friper: taponner une serviette. Éterniser le règlement d'un problème. Viens-en au fait et arrête de taponner. Boucher. (DFSS, t. 7, p. 185).

Taponneuse, n. f. Cigarette roulée à la main, «rouleuse».

Taquer, v. tr. Coudre temporairement. Faufiler. Je vais taquer le bas de ta robe et je lui passerai une couture quand j'aurai le temps.

Taquette, n. m. Taquet, crochet à deux branches. Quand il est en position horizontale, la porte est fixée. S'il est à la verticale, il ne sert plus à retenir la porte. Le taquet est alors tourné vers le bas. D'où l'expression: «avoir le taquette à bas» pour signifier un état d'affaissement. On dira, par ailleurs, à quelqu'un qui est trop sûr de lui: «Baisse le taquette» pour lui conseiller d'être moins fanfaron.

Taquineux (euse), adj. et n. Taquin, qui aime à taquiner.

Taraud, n. m. Un adolescent: c'est encore un jeune taraud.

Tarauder, v. tr. Boulonner.

Tarte, n. f. Pâtisserie faite d'une couche de pâte sur laquelle on étend de la confiture, des fruits, de la crème.

Tarteau, n. m. Crêpe faite directement sur le dessus du poêle. Le cook nous a fait cuire des tarteaux pour le souper. Certains appelaient cela des «pets». Voir «Pet-de-soeur».

Tassé (e), adj. Serrés l'un contre l'autre. Ils sont tassés comme des sardines.

Tasserie, n. f. Partie d'une grange où l'on entasse le foin, la paille etc.

Tata, n. m. Efféminé. Il a l'air tata; c'est un tata. Voir «Tapette». Un «tata» est une lisière attachée au dos d'une robe d'enfant à qui on apprend à marcher. On retient l'enfant par ce «tata» pour l'empêcher de tomber. On appelait tata un père nourricier, un pédagogue, c'est-à-dire quelqu'un qui s'occupait des enfants. (DT, t. 7, p. 992). À propos du redoublement utilisé dans le langage enfantin, comme par exemple: bobo, bonbon, caca, coco, coucou, dada, dodo, maman, mémère, papa, pépère, pipi, tata, tonton, toutou etc. Il est intéressant de consulter Dauzat (Voir: DHLF, p. 579).

Tataouinage, n. m. Hésitation exagérée. Écoute! Pas de tataouinage, décide-toi une fois pour toutes.

Tâtonneux (euse), n. Lambin, indécis. C'est fatigant de travailler avec lui: il est tâtonneux.

Taurause, n. f. Féminin de taureau. Se dit dans l'expression: Une «taurause de belle maison»; une «taurause de belle affaire», etc.

Taxi à poil, n. m. Voiture à traction animale.

Technicalités, n. f. pl. (Angl.: Technicalities). Détails techniques confiés à des spécialistes en la matière: ingénieur, avocat, notaire, etc.

Télégraphe, n. m. Personne qui vote sous le nom d'une autre. Plusieurs télégraphes ont voté dans tel bureau de votation.

Tel que tel, loc. adv. Sans importance. C'est tel que tel à condition qu'il soit disposé à payer le transport. Je pourrai lui envoyer sa commande dès demain.

Temps, n. m. Recevoir son temps: être congédié. Demander son temps: abandonner son emploi. Faire du temps: faire des heures supplémentaires ou un séjour en prison. Dans le temps de le dire: rapidement. De temps; de suite: jouer durant trois heures de temps. Dans le temps comme dans le temps: en temps et lieu; attendez les événements.

Tempête, adv. Beaucoup. Ça marchait tempête. Il mouillait tempête.

Tender, n. m. (Angl.: To tend: surveiller. Tender: gardien). Wagon d'approvisionnement contenant l'eau et le charbon nécessaires à la locomotive. Un «jumper de tender» c'était ordinairement un chômeur qui prenait place clandestinement dans ce wagon pour voyager sans frais. Il descendait ici ou là au gré du parcours

cherchant un abri et du travail. Il sortait du «tender» noirci par le charbon.

Tendre, adj. Indique la facilité. Il a la tête tendre: il a de la facilité dans ses études.

Tenter, v. intr. et v. pron. Dresser une tente. Nous avons tenté près du lac. Il s'est tenté à côté de la rivière.

Tèpe, n. m. (Angl.: Typewriter). Machine à écrire. Il écrit au tèpe.

Tépe, n. m. (Angl.: Tape). Ruban gommé. Apporte-moi un rouleau de tépe.

Tèper, v. tr. et intr. Écrire à la machine. Il tèpe très vite; il a tèpé une lettre.

Téper, v. tr. Solidifier ou protéger à l'aide de ruban gommé.

Tépeur, adj. et adv. (Angl.: To taper: ajuster en cône, en diminuant). Ajuster deux pièces coniques de sorte que plus on les insère d'une dans l'autre, plus l'étanchéité augmente. Mets ces deux pièces «tépeur». Ces deux bouts de tuyau sont «tépeurs»

Terme, n. m. Mot recherché indiquant de l'affectation. Il parle en termes, dans les termes, en «tarmes», dit-on par dérision.

Terminaisons: Voir «age» et «eux».

Terre, n. f. Se mettre à terre raide: se ruiner, se rendre au bout de ses forces; s'épuiser au travail ou par des abus divers.

Terre (à), adv. Une batterie à terre: accumulateur qui n'a plus de pouvoir. Se dit aussi d'une personne qui n'a plus d'énergie: sa batterie est à terre.

Terre faite, n. f. Prête à être ensemencée; débarrassée des souches, des pierres, des mauvaises herbes.

Terrible, terriblement. Mots très populaire au SLSJ. Beaucoup: Il était porté pour moi terriblement. Il y avait du bois, c'était terrible.

Tête, n. f. Tête de pioche; tête de cochon: personne têtue, qui ne change pas d'idée facilement. Tête d'oreiller (pour «taie d'oreiller»): étui de tissu dans lequel on place un oreiller. Tête carrée: au Québec, désigne un anglophone. Par contre, aux

États-Unis, «Square head» est un terme de mépris s'adressant à un Allemand, un Hollandais ou à un ressortissant de la Scandinavie. (ACD, p. 1172, col. 2). Avoir dans la tête: être déterminé à faire quelque chose. Parler à pleine tête: parler très fort. Partir de la tête: oublier. Je le savais mais cela m'a parti de la tête.

Tête, n. f. Monter la tête: exalter, enflammer, fanatiser, passionner. «Dans l'expression familière «monter la tête» le substantif «tête» signifie l'esprit, l'imagination, l'idée, etc., qui on leur siège dans la tête; et comme ces choses-là peuvent augmenter d'intensité, être exaltées, montées, pour ainsi dire, on dit qu'on «monte la tête à quelqu'un» pour signifier qu'on exalte chez lui un sentiment, une idée» (MOLP, p. 150).

Tête baissée, n. f. Se jeter tête baissée: avec énergie, sans hésitation. Au Moyen Âge les soldats en vinrent à porter des visières qu'on pouvait lever ou abaisser. Pour ne pas être atteint par cette ouverture, ils devaient pencher la tête en avant au moment du combat; ce qui donna naissance à l'expression «se jeter tête baissée dans la bataille» (MOLP, p. 152).

Teter, v. tr. Teter les oreilles: aduler, flatter quelqu'un pour en obtenir des faveurs. Il a tellement teté les oreilles de son boss qu'il a eu une augmentation de salaire.

Teteux, n. m. (Angl.: Sucker). Goujon, poisson de la famille des cyprinoïdes.

Tette, n. f. ou m. Mamelle en parlant d'un homme ou d'un animal. Dans le cas d'une femme, on employait «teton».

Théâtre, n. m. Cinéma, On n'allait pas au théâtre souvent.

Thébord, n. m. (Angl.: Tea: thé; board: table). Plateau, cabaret.

Thépot, n. m. (Angl. : Tea-Pot). Théière.

Ti. Ce mot est utilisé dans le parler populaire pour interroger: Maman, je me frise-ti? Tu veux-ti venir ici? Paul veut-ti aller à la chasse? Vous voulez-ti arrêter? I sont-ti prêts? Cette pratique remonte au XVIe siècle. (Voir: BGHF, p. 530-532).

Tibône, n. m. (Angl.: T-bone Steak). Bifteck en forme de T.

Timber, (pour «tomber») v. tr. et intr. Frapper: je lui ai timbé dans la face. Tomber: il a timbé haut-en-bas de la maison. Rabelais emploie «tumber». Les premiers... tumbèrent, eux et leurs chevaulx» (RPA, 25, 274).

Time, n. f. (Angl. : Team: attelage de deux chevaux, équipe). Équipe de deux chevaux. Une belle time de chevaux. Traîneau à deux sections réduit à deux paires de patins pour transporter des billots (sleigh double).

Tinette,n. f. (Angl.: Tin: étain, fer-blanc). Récipient: une tinette de beurre. Il ne prend pas goût de tinette: il est rapide. Le beurre qui n'était pas longtemps dans la tinette ne prenait pas de mauvais goût. On entend aussi: il ne prend pas «bout» de tinette.

Tinton, n. m. Tintement espacé de la cloche de l'église indiquant que la messe va commencer.

Tip, n. m. (Angl.: Tip). Pourboire.

Tipper, v. intr. Donner un pourboire.

Tippeux (euse), adj. Personne qui a l'habitude de donner des pourboires.

Tire, n. f. Sirop épais fait avec le produit de l'érable, avec la mélasse ou avec du sucre blanc.

Tirer, v. tr. Lancer: tirer une balle. Traire: va tirer la vache.

Tire-pois ou **Tire-bines,** n. m. Au SLSJ, on donne le nom de tire-pois ou de tire-bines à un jouet que les jeunes gens fabriquent au moyen de deux «épingles à linge». Le ressort permet de projeter un pois à une grande distance.

Tire-roches, n. m. Instrument dont se servent les garçons pour lancer des pierres. Ordinairement composé des parties suivantes: une fourche: branche d'arbre en forme de Y. Deux élastiques taillés dans une «tripe» (chambre à air d'un pneu d'automobile). Une pièce: morceau de cuir reliant les élastiques et dans lequel on place la pierre qui passe à travers la «fourche».

Tireux (euse), n. Personne capable de traire une vache. Chez le voisin ça va vite pour tirer les vaches, ils sont sept tireux.

Tobule, adj. Dur, rude, intransigeant. Il est tobule. C'est un tobule. Tobule semble venir de «stubborn» qui signifie obstiné, opiniâtre, entêté, tenace, dur, rebelle, rigide, coriace. Par ailleurs le mot «stubble» veut dire une barbe longue et négligée ou des cheveux raides coupées en brosse. La racine de ce mot étant «stub» qui veut dire souche, chicot, mégot, bout de crayon. Ce pourrait être aussi la déformation de Théodule, nom que portait le chef d'une famille comptant plusieurs fiers-à-bras, dans la région de Charlevoix.

Tocson (ne), adj. et n. Grossier, mal élevé, têtu, rude, obstiné: c'est un tocson (vient peut-être du mot «texan»). Vache qui n'a pas de cornes: vache tocsonne.

Toffe, adj. (Angl.: Tough). Dur, résistant, coriace. Il est toffe: il ne pleure jamais.

Toffer, v. intr. Endurer, persister. C'est beau un homme qui toffe.

Toile cirée, n. f. Au SLSJ, on mettait une «toile cirée» sur la table pour la protéger. Rabelais: «Vestuyes de corne, de papier, de thoille cirée» (RCL, 33, 847).

Toilette, n. f. Bol d'aisance: être assis sur la toilette. Pièce où se trouve le lavabo, le bain et le bol d'aisance: entrer dans la toilette. On dit aussi «chambre de toilette».

Toilette (papier à), n. m. papier hygiénique.

Toiletter, v. tr. et pr. Se toiletter, se parer, s'habiller avec de l'exagération. Parer, orner: cette femme toilette sa fille.

Token, n. f. Je n'ai pas une token qui m'adore: je n'ai rien. Cela ne vaut pas une token: cela vaut rien. En anglais «a token coin» est un jeton, une pièce de monnaie symbolique, fictive, dont l'usage est limité, comme par exemple pour couvrir un passage en autobus. Ceci vaut donc moins qu'une pièce de véritable monnaie.

Tôle, n. f. Sou, pièce d'argent de peu de valeur. Il ne lui restait pas une tôle. Prison: il a passé deux semaines en tôle.

Tomate, n. f. Dollar. Combien vendez-vous cela? Cinq tomates.

Tombe, n. f. Cercueil. Jouer avec les poignées de sa tombe: s'exposer à un très grand danger.

Tomber, v. intr. Devenir. Le mois prochain ma maison va tomber claire (complètement payée). Être: je vais tomber en vacances vendredi prochain. Frapper: il lui à tombé dans la face. Réprimander: il lui a tombé sur la fripe.

Tomberie, n. f. Chute: il a fait toute une tomberie: il a glissé du troisième étage et il s'est enfoncé cinq côtes.

Tom-pouce, n. m. (Angl.: Tom thumb: le petit poucet). Homme de très petite taille.

Tondre, n. m. Champignon qu'on recueille sur un arbre. Excroissance en forme de tablette. Le «tondre» s'embrase aisément; il brûle lentement et longtemps. Les fumeurs s'en servaient pour allumer leurs pipes.

Tonne, n. f. Sentir la tonne; sentir le fond de tonne. Dégager une forte senteur d'alcool.

Top, n. m. (Angl.: Top: sommet). Toit d'une voiture. Mon char était viré sur le top. Mégot de cigarette. Maximum, limite, sommet. Je m'ennuie au chalet: quand j'y reste deux jours c'est le top.

Topper, v. tr. Couper la tête d'un arbre. Je toppais mes arbres avec un coin.

Toponymie. Voici un texte de nature a faire frissonner les toponymistes. Dans ses «*Notes sur le Saguenay*», L.-A. Martel affirme candidement: «Jusqu'à présent, plusieurs des concessions de la paroisse (Saint-Alexis) portaient des noms passablement ridicules tels que Cayouton, Frémillon, Carcasson; alors le curé profita des annonces qu'il devait faire à l'occasion de la Quête de l'Enfant-Jésus pour donner des noms de saints à ces concessions. Il baptisa donc la concession qui se trouve le long de la Rivière-à-Mars, du nom de Saint-Louis, celle qui se trouve le long de la Rivière Ha! Ha! du nom de Saint-Jean, et celle qui est formée par le 2e Rang Sud du nom de Saint-Charles» (p. 73). Quand André Laliberté affirme, dans un article paru en 1943, que notre «géographie d'origine populaire n'a pas le pittoresque de celle de Charlevoix» (PPB, p. 367), il faudrait peut-être s'interroger sur l'influence qu'à joué ce genre de prosélytisme sur notre toponymie. Heureusement, beaucoup de noms de lieux ont échappé à ce carnage et l'on a eu l'heureuse idée de conserver un grand nombre de noms amérindiens empreints d'images et de poésie. Pour les noms amérindiens, Voir (HIS, p. 247-249).

Toque, n. f. Bardane, plante à fleurs composées. Ses graines sont contenues dans des capitules (fleurs) à griffes multiples, des piquants, qui s'attachent aux cheveux, aux vêtements.

Toqué (e), adj. Celui qui ne veut pas changer d'idée. Il est toujours toqué.

Toquer, v. tr. Frapper avec sa tête, en parlant d'un bélier. Il passait son temps à me toquer. «Vieux mot qui signifie heurter et qui ne se dit plus que dans les provinces» (DT, t. 8, p. 89).

Toradie, n. f. Truite de lac, truite saumonée.

Torcher, v. tr. Servir quelqu'un, faire ses travaux domestiques. «Les nourrices torchent les enfants qui ne sont pas nets» (DT, t. 8, p. 93).

Tordage de bras, n. m. Forte pression pour provoquer une décision, pour forcer quelqu'un à agir contre sa volonté.

Tort (en), loc. adv. Être en tort signifie être responsable, avoir tort, être fautif, avoir commis une faute. Joseph a eu un accident d'automobile; le juge a déclaré qu'il était «en tort».

Tôsse, n. f. «Tostée: rôtie; nous avons déjeuné des tostées à l'ypocras et à la poudre de duc» (DHAF, t. 10, p. 62). Au SLSJ, se faire «passer les tôsses» c'est se faire malmener. Ce lutteur a «passé les tôsses» à son adversaire.

Tôsse dorée, n. f. (Angl.: Toast: pain grillé). Tranche de pain qu'on trempe dans une préparation faite d'oeuf battu mélangé à du lait et à du sucre. Cette tranche est ensuite placée dans un poêlon et on la fait rôtir des deux côtés. Elle prend ainsi une couleur dorée d'où son nom.

Touche, n. f. Fumée que le fumeur tire à chaque aspiration. Tirer une touche: fumer. Reste fumer une touche: reste ici, ne pars pas tout de suite.

Toucher, v. intr. Tenir les guides d'un cheval qui est attelé à une charrue, à une herse à mancherons, pendant que le conducteur se sert de ses deux mains et ne peut diriger le cheval. «Mon père m'a retiré de l'école pour toucher».

Touisse, n. f. (Angl.: To twist: tordre, tortiller). Tour, secret, ruse, habileté. Il a la touisse pour ouvrir les serrures. C'est un bon pêcheur: il a la touisse. Les femmes l'aiment: il a la touisse.

Toujours. Il reste que, cependant, au moins. C'est curieux de se soigner avec de la gomme de sapin mais c'est un remède toujours (au moins). C'est toujours ben lui? C'est lui n'est-ce pas?

Toupine, n. f. (Angl.: Two-pint) Récipient contenant deux pintes.

Tour, n. m. Occasion: trouve le tour de venir nous voir. Visite: venez donc faire un tour. Avoir le tour de: être adroit, habile: il a le tour du crayon, du pinceau, de la pelle. Savoir s'y prendre, savoir manoeuvrer: c'est un homme qui a le tour avec les femmes. Tour de cou: espèce de boa en fourrure qui entoure le cou. Tour de reins: douleur forte aux reins par suite d'un mouvement brusque et faux. Tour d'ongle: tourniole; panaris; inflammation autour d'un ongle. Prendre le tour de : prendre l'habitude. Jouer un tour: agir pour plaisanter.

Tour-d'ongle, n. m. Voir «panaris».

Tourne-avisse, n. m. Tournevis.

Tourtière, n. f. Gros pâté qu'on fait cuire au four dans une rôtissoire et qui peut nourrir jusqu'à 25 personnes. Il se compose de pommes de terre taillées en cubes, d'oignons et, ordinairement, de veau, de boeuf, de porc et de lard salé. Certains y incorporent l'une ou plusieurs de ces viandes: perdrix, lièvre, chevreuil, orignal ou caribou. On y met parfois du lapin ou du poulet. Autrefois, on appelait «tourtière» un vaisseau de cuivre rond et plat dont les pâtissiers se servaient pour faire cuire des «tourtes» c'est-à-dire des pièces de pâtisserie contenant des pigeonneaux. Dès 1771, le mot «tourtre» (sic) est considéré comme un «vieux mot qui se disait autrefois pour tourterelle» (DT, t. 8, p. 124). En latin «turtur» signifie «tourtereau» ou «tourterelle». D'après la tradition, le mot «tourtière» viendrait de «tourte» ou de «tourtre» une perdrix blanche de petite taille qui abondait au SLSJ. (Voir «Coulombier»). On a prétendu que la disparition des tourtes était due à une punition divine parce qu'on les chassait le dimanche. Mais le carnage qu'on en a fait explique aisément son extinction.

Tout. Au SLSJ, on utilise une construction particulière avec «tout». Au lieu de dire: Il ont démoli toute la maison, on dira: Ils ont tout démoli la maison. Au lieu de dire: c'est lui qui a payé tout ça, on dira: c'est tout lui qui a payé ça.

Tout-à-lui; toute-à-elle. Pour signifier qu'une personne n'est pas saine d'esprit, on dira: Joseph n'est pas tout-à-lui. Marie n'est pas toute-à-elle.

Tout-chacun, pron. N'importe qui. C'était mal organisé: tout-chacun venait sans avertir, à n'importe quelle heure.

Tout-suite, loc. adv. Tout de suite, immédiatement. Venez tout-suite.

Toupie, n. f. Chipie, femme agaçante. C'est une vieille toupie.

Township, n. m. Canton. Division territoriale partageant les terres qui appartiennent à la Couronne c'est-à-dire au gouvernement du Québec. Voir «Canton».

Tracel, n. m. (Angl.: Trestle: tréteau, chevalet). Viaduc fait de tréteaux robustes et permettant aux trains d'enjamber un cours d'eau, un précipice.

Tracé, n. m. Ligne de parcours d'une voie de communication. Le tracé d'un chemin, d'une voie ferrée. Destin, destinée d'une personne. C'était mon tracé.

Tracer, v. tr. Retracer, retrouver la trace. J'ai réussi à le tracer. Destin, destinée. Il faut suivre là où l'on est tracé: Il faut suivre son destin.

Track, n. f. (Angl.: Track: piste, voie, sentier). Voie ferrée. Il s'est fait frapper par le train alors qu'il marchait sur la track.

Train, n. m. Bruit. Faire du train avec une clochette. Arrête de faire du train, ça m'agace. Ménage; nettoyage, soin des animaux, etc. Mon père fait le train dans l'étable.

Train (petit), n. m. Voir «École à queue».

Traîne, n. f. Traîneau bas... Être à la traîne, ne pas être à sa place. Le marteau était à la traîne dans le salon. Autrefois, une «traîne» était une «menue corde où les matelots et les soldats attachaient leur linge pour le laisser traîner à la mer et le blanchir par ce moyen» (DT, t. 8, p. 137). Ceci explique l'origine de «laisser à la traîne». Traîneau bas glissant sur la neige. Rabelais emploie «traîne» pour un «char fait d'une poutre sur deux roues servant à transporter des troncs d'arbres» (RGA, 12, 40, note 5). «Une grosse traîne» (RGA, 12, 40). «Sur une traîne à beufz» (RGA, 22, 64).

Traînerie, n. f. Caractère d'un objet qui n'est pas à sa place. Les enfants, ramassez vos traîneries; mettez les jouets dans leurs boîtes.

Traîneux (euse), n. m. et f. et adj. Vagabond, traînard. Négligent, paresseux, sans ordre. Tout est en désordre dans sa chambre: c'est un traîneux.

Traite, n. f. Boisson alcoolique, consommation. Payer la traite, payer une traite: servir une consommation. Rosser, malmener, donner une volée: il lui a payé la traite.

Traître. S'emploie négativement. (Voir aussi «Vargeux»). Pas avantageux: mon marché n'était pas traître. Pas bon, pas habile, pas compétent, pas fameux: cet ouvrier n'est pas traître. Pas fort, pas vigoureux: ce malade n'est pas traître.

Trâlée, n. f. On dira: il a une trâlée d'enfants; c'est-à-dire plusieurs enfants. On trouve dans le *Dictionnaire de Trévoux* le mot trôlée n. f. qui signifie: groupe, bande.

Trappe, n. f. Bouche. Ferme-toi la trappe; ouvre-toi la trappe.

Travaillant (e), adj. et n. Actif au travail: il est travaillant, elle est travaillante. Ouvrier, ouvrière: c'est un travaillant à l'usine d'Arvida. Elle est travaillante à l'hôpital.

Travers, n. m. Pièce de bois posé dans le sens de la largeur. Un travers de team. Au travers: parmi. En parlant de vos pommes, il y en avait au travers qui étaient gâtées. De travers: indique la délinquance. Il est toujours de travers.

Traverse, n. f. «Endroit où l'on franchit un cours d'eau en bateau». «Passage à niveau: traverse de chemin de fer» (DB).

Traverse (en). Loc. adv. Se mettre en traverse: se préparer à traverser; commencer à traverser. J'ai approché de la rivière et je me suis mis en traverse.

Traversier, n. m. Bateau-passeur.

Trécarré, n. m. Ligne qui marque les extrémités d'une terre, d'une ferme. Aller jusqu'au trécarré.

Trempe, adj. Humide, il était mouillé, tout trempe.

Tremper, v. tr. Puiser, prendre un liquide à l'aide d'une grande cuillère pour le verser dans un récipient. Elle lui a trempé une assiettée de soupe.

Trempette, n. f. Tranche de pain trempée dans le lait, la crème, le sirop d'érable.

Trente-six, n. m. Se mettre sur son trente-six: s'habiller en grande toilette. Se mettre sur son trente-six, ou sur son trente et

un: s'habiller en grande toilette. Quant à l'origine de cette expression, elle viendrait d'une altération de «trentain» (trente-un) servant à désigner un drap de luxe. En effet, c'était un «drap dont la chaîne était composée de trois mille ou trente fois cent fils qui s'employait pour la confection des vêtements de cérémonie». (GLE). Eman Martin, y voit une allusion à un jeu de hasard où il fallait accumuler trente et un points avec trois cartes mais l'explication précédente est plus admissible. (MOLP, p. 180).

Trente-sous, n. m. Pièce de 25 cents. Donner quatre trente-sous pour une piastre: conserver le statu quo. (Voir «SOU»).

Trépied, n. m. Support pour déposer un fer à repasser. L'expression «toast sur le trépied» désigne une tranche de pain qu'on fait griller directement sur le «rond» du poêle et non à la porte du poêle ou dans un grille pain.

Très, adv. On remplace parfois le superlatif absolu par «en maudit» ou «maudit ment». Elle est belle en maudit; il est maudit ment grand.

Trichage, n. m. Tricherie. Je n'aime pas le trichage.

Tricotage, n. m. Action de tricoter, de faire des mailles avec du fil, de la laine, etc. Manoeuvre d'un joueur de hockey avec la rondelle, ou d'un chauffeur de taxi dans le trafic.

Triller (pour «trier»), v. tr. Séparer les objets désirés, des autres qu'on ne veut pas. Choisir d'après certains critères.

Trillon, n. m. Trayon. La vache a mal aux trillons.

Trimer, v. tr. (Angl.: To trim: arranger, mettre en ordre). Arranger, remettre en bon état: trimer un moteur. Ajuster: trimer la pompe à essence. Adapter: trimer une fournaise. Couper: trimer les cheveux. Préparer: j'ai trimé mon linge.

Trimbaler, v. tr. et pr. Transporter d'un endroit à un autre; il trimbale des barils d'huile; il se trimbale avec sa chaise roulante.

Trimbaleux (euse), adj. et n. Qui se promène d'une place à une autre.

Trimpe, n. m. (Angl.: To tramp: vagabonder). Clochard, vagabond, chemineau.

Triompher, v. intr. «Célébrer bruyamment une victoire électorale» (DB). Certains faisaient brûler un «bonhomme de paille» ou une simple botte de foin non loin de la demeure d'un membre trop agressif du parti défait. Le «bonhomme» était fabriqué sur le modèle de celui qui servait à chasser les oiseaux de proie c'est-à-dire, à l'aide d'habits hors d'usage bourrés de paille et surmontés d'un vieux chapeau. La botte de foin était cependant plus facile à utiliser. On peut consulter à ce sujet: (EGV, p. 104).

Tripe, n. f. Chambre à air d'un pneu.

Tripoter, v. tr. et pr. Tâter, flatter, caresser: il tripotait la soeur de son ami. Qui aime à brasser des affaires louches: il est toujours à tripoter.

Tripoteux (euse), adj. Qui aime tâter, flatter, caresser. Fais attention: c'est un tripoteux. Qui brasse des affaires louches.

Troisses, adj. num. Féminin de trois. Combien veux-tu de bouteilles? J'en veux troisses. Comme dans le cas de «deusses», ce mot s'emploie en plaisantant et sans le mot qu'il détermine. As-tu apporté des bouteilles? Oui, j'en ai troisses. (Voir: BGHF, p. 300).

Trognon, n. m. Région avoisinant la queue d'une volaille plumée.

Trôle, n. f. Cuillère à pêche. Il pêche à la trôle, c'est-à-dire avec une ligne traînante munie d'une cuillère.

Trôler, v. intr. Pêcher en utilisant une trôle. Dans le cas d'une fille: essayer de se trouver un amoureux, flirter. Cette fille trôle tous les jours. Au XVIᵉ siècle, «troller» signifiait «aller çà et là» (DFSS, t. 7, p. 351).

Trompe, n. f. Erreur, méprise. C'est une trompe: je croyais que ce gilet était le mien.

Troquage, n. m. (Angl.: Truck: camion). Transport par camion. Le troquage m'avait coûté 25 $.

Troster, v. tr. (Angl.: To trust: se fier à). Faire confiance. Je ne peux pas le troster. On peut lire sur la monnaie américaine: IN GOD WE TRUST.

Trotte, n. f. Étendue, espace de chemin. Il y a une bonne trotte pour se rendre à Chicoutimi. Vagabonder: elle est encore sur la trotte. (DT, t. 8, p. 221).

Trotter, v. intr. Courir ici et là pour rencontrer des garçons ou des filles. Vagabonder, passer son temps hors de chez soi.

Trotteux (euse), Passer son temps hors de chez soi surtout pour rencontrer le sexe opposé.

Trou, n. m. Embarras, difficulté financière: son frère est dans le trou; il va faire faillite. Prendre son trou: s'enfuir. Trou chaud: endroit dangereux d'un cours d'eau, où l'on peut s'enfoncer, s'enliser, où la glace est mince. Trou de cul: homme sans parole, sans gêne, suffisant. C'est un petit trou de cul. Trou de la chatte: ouverture pratiquée dans le plancher d'une cuisine pour permettre aux chats d'aller dans la cave. Trou du dimanche: trachée-artère. Avaler par le trou du dimanche, signifie que la nourriture ou le breuvage prend une mauvaise direction, se dirigeant vers le poumon plutôt que vers l'estomac.

Trouble, n. m. Peine, difficulté, ennui. Ne vous donnez pas ce trouble. Il a eu beaucoup de trouble dans cette affaire. Les enfants me donnent du trouble. Bagarre: cet homme aime le trouble.

Trouver, v. tr. Rejoindre, retrouver. Attendez-moi ici et à 7 heures je viendrai vous trouver.

Truck, n. m. (Angl.). Camion.

Truie, n. f. Femme très malpropre. Poêle rustique que l'on fabrique en utilisant un bidon d'acier qu'on monte horizontalement sur quatre pattes. Fourre la chienne dans la truie: mets le sarrau dans le poêle de camp. La truie a toujours été renommée pour l'importance numérique de ses portées. L'édition française du «*Livre Guinness des records*» (éd. 1984,

p. 54), nous présente une truie du Danemark avec une portée de 34 porcelets qui laisse loin derrière elle une chienne et une chatte avec 23 chiots et 19 chatons. Elle leur assène un véritable «coup de cochon» quoi! Cette réputation de la truie se perd dans la nuit des temps et lui doit même son nom. En effet, le mot «truie» viendrait de «porcus troianus», c'est-à-dire un «porc de Troie», une allusion au cheval de Troie, rempli de soldats. Au temps de Rabelais, une «truye» était aussi un char d'assaut dans lequel pouvaient entrer cent hommes armés. «Comme dedans le cheval de Troye, entrèrent dedans la truye» nous dit cet auteur. (RQL, 40, 646 et note 10). Notre truie québécoise, petit poêle de camp, se contente d'être remplie de bonnes bûches, quand il fait un «chien de temps» ou un «temps de chien». (Voir aussi: DHAF, t. 10, p. 109, 110; DT, t. 8, p. 231; D. Lit., t. 7, p. 1394.)

Trute, n. m. Jeu de cartes où le gagnant reçoit en récompense un petit verre de boisson forte. Ils jouaient au trute. Le DT parle du jeu de «trut». (DT, t. 8, p. 232). «Trut: tour, finesse». (DHAF, t. 10, p. 109).

Tuasse, n. f. Chasse: il a fait une bonne tuasse. Meurtre: je n'aime pas les tuasses dans les films ou à la télévision, c'est-à-dire: je n'aime pas les films de violence.

Tue-monde, n. m. Ouvrage fatigant. Bûcher dans un pendant, c'est un tue-monde.

Tue-mouches, n. m. Instrument flexible ressemblant un peu à une raquette de tennis et qui sert à tuer les mouches.

Tuer, v. tr. Tuer le temps: faire quelque chose pour ne pas s'ennuyer. Éteindre: veux-tu «tuer» la lumière avant de te coucher? En actionnant un commutateur vers le haut, on «fait» de la lumière, si c'est vers le bas, on "tue" la lumière. Il y a peut-être une vague réminiscence du temps du «pain et des jeux» de l'Empire romain. Le gladiateur «mis hors de combat... se contentait de lever le doigt pour demander grâce...» «Le pouce renversé en arrière étant un arrêt de mort». (GE, vol. 18, p. 1049, col. 2). L'expression «à tout tuer» signifie: solide, élevé, important etc., et se retrouve surtout dans les phrases négatives. Il n'a pas une santé à tout tuer. Il ne reçoit pas un salaire à tout tuer.

Tuque, n. f. Bonnet en laine tricotée et en forme de bonnet de nuit.

Turluter, v. tr. et intr. Faire entendre un air en faisant vibrer la langue et la luette sans prononcer de paroles: turluter une chanson. La Bolduc connaissait l'art de turluter.

Turquie, n. m. (Tapis de Turquie). Moquette, tapis. Il y a du turquie dans toutes les chambres. Il est très bien installé: on marche partout sur le turquie.

Tweed, n. m. (Angl.: Tweed: étoffe de laine à couleurs mélangées). Étoffe de laine. Il a mis son habit de tweed.

U V

Un, adj. num. Expression: «Ne faire ni un ni deux». Voir: «Deux».

Une. Raclée, volée. Si tu ne fais pas ton travail comme il faut, tu vas en manger UNE.

Union, n. f. Syndicat. Dans ce temps-là, il n'y avait pas d'unions.

Vache, n. f. et adj. Très paresseux. Loin de voir dans la vache une divinité, nos gens y discernent le symbole de la fainéantise. «Vache» est, en effet, plus fort que «paresseux»; mais on peut augmenter encore la note en ajoutant des mots d'appoint: maudite, grand', grosse, etc. Mais au dernier dièse le champion n'a plus la force d'aller chercher son trophée. Nous n'avons pas innové cependant. On peut lire dans le DHAF: «Dormir comme une vache» (t. 10, p. 123) et le Littré nous dit: «Être vache, n'être qu'une vache: être mou, paresseux» (t. 7, p. 1496)... de quoi faire détester le plancher des vaches, nom que l'on donne à la terre par opposition à l'eau, à la mer. (DB) Rabelais: «Il n'est que le plancher des vaches» (RQL, 18, 593). «Chacun son métier, les vaches seront bien gardées». Cette phrase est tirée d'une fable de Florian (1755-1794) intitulée «Le vacher et le garde-chasse».

Vache-à-lait, n. f. Personne qu'on exploite, qui a de l'argent et dont on tire profit.

Vache-enragée. Quand quelqu'un est impoli, «bougonneux», etc., on lui demande: Qu'est-ce que tu as? As-tu mangé de la vache enragée? La chair de vache a toujours été considérée comme inférieure à celle du boeuf; on ne demande jamais de la vache au boucher mais du boeuf. Prise au figuré, l'expression «manger de la vache» signifie: être dans la misère. Mais le malheur a différents degrés. Aussi, pour décrire la situation la plus effroyable qui soit on a trouvé un superlatif dans le mot «enragé». Celui qui «mange de la vache enragée» ne peut être plus malheureux. (MOLP, p. 181).

Vacher, v. intr. Paresser, faire de la paresse. Il est toujours à vacher. Il passe son temps à vacher.

Vacheté, n. f. Grande paresse. Ce n'est pas le chômage qui l'empêche de travailler mais sa vacheté.

Vagnole ou **Vagnolle**, adj. et n. Paresseux. Être trop vagnole pour aller travailler. Ce mot a été utilisé par un résidant de Chicoutimi dans une lettre datée du début du siècle. Il parle d'un homme qui est tellement vagnole qu'il ne peut se livrer à une action élémentaire. J'ai retrouvé ce mot dans deux ouvrages: (1) *Le Glossaire du parler français au Canada*. a) Faire la vagnole: flâner, paresser. b) individu lâche, paresseux: c'est une vagnole. Ce dictionnaire donne aussi: vagnoller v. intr. Flâner, paresser: penses-tu de passer ta vie à vagnoler? (2) *Le parler populaire des Canadiens français*, de Narcisse-Eutrope Dionne. Vagnolle n.f. chose de nulle valeur. Quel tabac fumes-tu? C'est du canayen? Réponse: Oh! de la vagnolle! Personne lâche (paresseuse): Cet ouvrier est une vagnolle. L'étymologie n'est pas facile à trouver. J'ai rencontré dans le Grand Larousse encyclopédique le mot «Vaginicole» qui signifie un protozoaire parasite qui se fixe dans le vagin des mammifères. C'est peu, mais c'est quelque chose.

Vaisseau, n. m. Plat. Apporte un vaisseau de lait pour le chat. Quand il pleuvait, il fallait mettre des vaisseaux un peu partout dans la maison. Rabelais: «Un entonnoir pour la mettre en aultre vesseau» (RGA, 12, 42).

Valeur (de). Malheureux, regrettable, dommage, attristant. C'est de valeur, il est arrivé trop tard. C'est pas de valeur: c'est facile. Il s'est acheté une grosse voiture:

pour lui, c'est pas de valeur, il est riche. (Pour lui, l'argent n'a pas de valeur, il en a beaucoup). (Voir: BHR: vol. 36, n° 10, 1930, p. 595-596; Gl., p. 686).

Valise, n. f. Malle, grand coffre de bois ou de tôle dans lequel on peut placer beaucoup d'effets. Personne niaise à qui on peut faire croire n'importe quoi, qu'on peut «emplir» comme une valise. N'essaie pas de me faire croire cela, je ne suis pas une valise.

Vanne, n. f. Réservoir, entrepôt: j'avais tellement été chanceux en jouant au tabac que j'avais vidé toute la vanne. Vêtements et menus articles fournis aux bûcherons dans les chantiers. Fourgon de queue d'un convoi ferroviaire.

Varge (à), Très long; car une verge représentait trois pieds. Une énumération très longue devient une «liste à varge».

Varger, v. tr. Frapper durement, sans ménagement. Envoye, varge dans le tas, gêne-toi pas. Une verge est un instrument de correction.

Vargeux (euse), adj. S'emploie négativement, dans le sens de : pas bon, pas agréable, pas fameux. Le temps n'est pas vargeux; sa santé n'est pas vargeuse. Varjuter. v. intr. signifie qu'un fruit a beaucoup de jus, qu'il est juteux, savoureux. Les poires varjutent, elles regorgent de jus. (Voir: «Parjuter»).

Vauvert. Nous avons conservé l'expression «Au diable au vert» qui signifie «très loin». On dira: «Il demeure au diable au vert». On devrait dire «au diable de Vauvert». Voici deux passages de Rabelais à ce sujet. «C'est Angloys est un aultre diable de Vauvert» (RPA, 18, 252 et note 4). «Je vous chiquaneray en diable de Vauverd» (RQL, 16, 586 et note 3). Sur l'emplacement actuel de l'Observatoire de Paris, appelé au Moyen Âge Val Vert ou Vauvert, il y avait un hôtel abandonné qui servait de rapaire aux bandits. Cet hôtel passait pour hanté et fut à l'origine de l'expression «diable de Vauvert» ou «au diable au vert».

Va-vite, n. m. Diarrhée. Après le souper j'ai eu le va-vite. Au XVIe siècle, un rapporteur était un «va-lui-dire» (DFSS, t. 7, p. 401). et une grande merveille devenait une «venez-y-veoir» (DFSS, t. 7, p. 421).

Veau, n. m. Vomissure d'un ivrogne; il avait fait un veau dans la cuisine. Bout de sillon où la terre n'a pas été retournée. Un laboureur sans expérience peut faire des veaux. Laisser échapper quelque chose en chemin: quelqu'un qui transporte deux ou trois sacs à la fois et qui, fatigué, en laisse tomber un, fait un veau. Au jeu de balle «faire un veau» signifie: frapper la balle en dehors des limites permises. Tu peux courir ton veau, c'est-à-dire: tu peux aller chercher la balle.

Veau de taure, n. m. Désigne «quelqu'un de prématuré, soit dans sa manière d'être ou d'agir; par exemple, aspirer aux charges publiques avant d'avoir atteint un certain âge ou une certaine expérience» (EGV, p. 28).

Veilleux (euse), n. et adj. Personne qui se couche tard, qui passe la soirée en dehors de chez elle. Il est veilleux, il se couche à deux heures du matin. Hier soir nous avons eu des veilleux, des visiteurs.

Veilloche, n. f. Veillote. Tas de foin, de grains coupés et séchés.

Velours. Faire un petit velours: faire plaisir, ressentir une sensation agréable. Il m'a dit que j'étais belle et cela m'a fait un petit velours. J'ai rencontré un ami d'enfance et cela m'a fait un petit velours. Se faire louanger fait toujours un petit velours.

Vendant (e), adj. Facile à vendre. Ma voiture est vendante. Sa maison n'est pas vendante: elle est négligée.

Vent, n. m. Vesse. Vent malodorant qui sort du corps sans bruit. Lâcher un vent. Gaz contenu dans le corps de l'homme et de l'animal.

Vent, n. m. Inspiration d'air. En sortant dehors, il a pris son grand vent. On dit aussi: prendre un grand respir. «Vent...

signifie encore l'haleine, l'air qu'on res-pire. Il faut faire une pause pour reprendre son vent. Ce plongeur retient bien son vent» (DT, t. 8, p. 328). Corde à virer le vent: objet imaginaire; expression employée pour plaisanter, pour étonner, pour «faire marcher» un naïf: Va me chercher la corde à virer le vent. Voir, à ce sujet (FCPM, p. 120).

Ventre, n. m. Tout ce qui entre fait ventre; veut dire qu'on tire profit de tout ce que l'on mange. Être comme un mal de ventre: insister démesurément. Avoir un gros ventre: être enceinte. À ce sujet, il est intéressant de lire un conte de Mau-passant dans lequel il parle d'un certain Mathieu, un original, qui exploite la cré-dulité des femmes enceintes en leur recommandant la dévotion à une statue prétendument miraculeuse qu'il appelle «Notre-Dame du Gros-Ventre» (Guy de Maupassant, *Les contes de la bécasse.* «Un normand»).

Ventre (mal de), n. m. Être comme un mal de ventre: insister démesurément, mal à propos, à contre-temps.

Verbaliser, v. tr. Verbaliser une route, un chemin. Déterminer par un règlement mu-nicipal comment il sera établi et entretenu, en indiquant qui exécutera et paiera les travaux.

Verrat, n. m. Porc mâle, non châtré. En verrat: très, beaucoup, en colère. Elle patine en verrat: très bien. Il y a du bois en verrat: beaucoup. Il était en verrat: en colère.

Verre, n. m. Qui casse les verres les paye: c'est au responsable à payer les dommages. Cette expression est une adaptation de «qui casse les vitres les paye» basée sur un fait historique re-montant à 1476 et qui se passa à Paris. Un vitrier, heurté par un passant, exigea de ce dernier de payer les dommages en lui criant: «Qui casse les vitres les paye». Or comme les ivrognes cas-sent beaucoup de verres, les cabaretiers s'approprièrent cette expression qu'ils adaptèrent à leurs besoins et qui devint: «qui casse les verres les paye» (MOLP,

p. 172).

Verrure, n. f. Verrue. Voir: (FCPM, p. 127).

Vers, prép. Avec. Voir: «Envers».

Vert. Pour l'expression «au diable au vert». Voir «Vauvert».

Vertu, n. f. Avoir de la vertu est un signe d'efficacité. Le merisier, l'érable et le bou-leau ont de la vertu, c'est-à-dire qu'ils fournissent une bonne chaleur.

Vesse, n. f. Vent sourd et malodorant. Il est devenu blême comme une vesse, en voyant arriver son père.

Vesse-de-loup, n. f. Lycoperdon. Cham-pignon laissant échapper une fumée brune lorsqu'on le presse.

Vessie de cochon, n. f. Autrefois, on fa-briquait des sacs-à-tabac avec des ves-sies de cochon que l'on gonflait et que l'on faisait sécher.

Veurnusser, v. intr. Faire de menues be-sognes, perdre son temps à faire des riens. Vient peut-être de «vernisser», enduire de vernis; car autrefois, la pein-ture était considérée à peine utile et le vernis était un luxe dont on pouvait se passer.

Viande de bois, n. f. Viande tirée des ani-maux à l'état sauvage: castor, orignal, siffleux, lièvre, perdrix, etc.

Vidé (e), part. Épuisé, déprimé, rendu à bout. À la fin de l'année scolaire, il était vidé.

Vider, v. tr. Tout enlever. On a bûché durant plusieurs hivers et on a vidé la Coulée-des-Gaudreault.

Videux, n. m. Petit récipient facilement transportable dans lequel on met des fruits que l'on cueille (fraises, framboises, bleuets, cerises, etc.) et que l'on verse dans un grand contenant (chaudière, seau) placé à une certaine distance.

Vie, n. f. Ne pas avoir la vie à deux jours: avoir une santé délicate. Sa femme n'a pas la vie à deux jours.

Vieux-bien, n. m. Propriété foncière léguée par les ancêtres, qui se transmet de père en fils.

Vieux-garçon, n. m. Plante: romarin officinal, zinnia.

Vieux pays, n. m. pl. Les pays d'Europe, du vieux continent.

Vif, adj. Agile et rapide. Cet enfant est vif comme un taon.

Vilain (e), adj. Incommode, désagréable. Un chemin vilain. Une vilaine toux. Le temps est vilain. Il fait vilain.

Vin, n. m. Être entre deux vins: être légèrement ivre. Cette expression s'apparente à cette autre: nager entre deux eaux. Car, dit Eman Martin, «celui qui est entre deux vins... se trouve en quelque sorte plus près de la surface de l'ébriété que du fond» (MOLP, p. 130).

Virailler, v. pr. et intr. Tourner de ci de là. J'ai perdu mon chemin et j'ai viraillé pendant deux heures. Se tourner à tout moment. Il a passé la nuit à virailler, à se virailler dans son lit. Travailler en donnant peu de rendement. Il n'est bon qu'à virailler.

Virailleux (euse), adj. et n. Qui s'agite, tourne en rond, produit peu.

Vire-capot, n. m. Personne qui change d'idée facilement, qui est très influençable.

Vire-chiens, n. m. Constable, gardien, posté à l'arrière de la nef d'une église durant les offices et qui est chargé de maintenir l'ordre, évinçant les chiens qui s'y aventurent ou les malappris qui veulent troubler la paix.

Virée, n. f. Dans un chantier, chemin secondaire, rejoignant le chemin principal, le grand-chemin, et permettant au charretier d'aller chercher les billots empilés en «roules» près de ces «virées». Faire de belles virées.

Virer, v. tr. et intr. Faire: virer une belle veillée. Gagner beaucoup d'argent: virer un potte. Se prolonger jusqu'à: le travail va virer aux glaces. Tourner: les roues virent en dessous (dans le vide). Se rendre à: aller virer à Chicoutimi. Devenir: il est viré fou; son cousin a viré protestant. (Voir: «Glaces», «Potte»). Rabelais em

ploie «virer» dans le sens de «tourner». Il parle de «deux testes, l'une virée vers l'aultre» (RGA, 8, 29).

Vire-vent, n. m. Hélice. Poser un vire-vent après un avion.

Vire-vent, vire-poche. Expression qui manifeste l'inconstance. Sert à qualifier quelqu'un qui change constamment d'idée, d'attitude. On dira: «Lui, c'est vire-vent, vire-poche». Cette expression vient probablement du fait que, pour indiquer la direction du vent, on installe une manche à air sur les aéroports ou ailleurs. On place un tube en toile (une poche) au bout d'un poteau; le tube se déplace au gré du vent et il en indique la direction. Si le vent vire, la poche vire aussi.

Virole, n. f. Grande roue comptant deux ou quatre sièges et qui est mue par la pesanteur des occupants.

Vite. Il faut le dire vite. Cette expression signifie que la situation n'est pas aussi grave qu'on le prétend. Par exemple, si quelqu'un qui boite un peu prétend qu'il est handicapé, on pourra lui répondre: «Il faut le dire vite. Plusieurs sont beaucoup plus à plaindre que toi. Il y en a qui ont les deux jambes paralysées».

Vitement, adv. Rapidement. Immédiatement. Viens vitement voir ta mère, elle s'est blessée. Clément Marot: «Maître Rat échappe vitement» (Épître à Lyon Jamet).

Vitre, n. f. Fenêtre. Ouvre la vitre. Verre. Il a un oeil de vitre. Prends le coupe-vitre. Il s'est blessé avec un morceau de vitre. Un mur en vitre.

Vive-la-joie, n. m. ou f. Joyeux, aimant la fête. C'est une vive-la-joie.

Visou, n. m. Avoir du visou, indique qu'on a l'oeil juste pour viser, tailler, dessiner, etc. Quelqu'un qui attrape une perdrix du premier coup a du «visou».

Vlimeux (euse). Coquin, habile, audacieux, hypocrite. Ah! mon petit vlimeux, tu triches aux cartes.

Voilier, n. m. Troupe d'oiseaux volant ensemble: un voilier d'outardes.

Voir (aller), v. tr. Courtiser. Il allait voir une fille d'Alma. Le futur: voirai, voiras etc, était utilisé au temps de Rabelais: «Tu la voyras en un mirouoir» (RTL, 25, 419). «Vous voirez suspendues...» (RTL, 31, 442). «Nous voirons choses admirables». (RTL, 47, 492).

Voiture, n. f. Mener la voiture: conduire une voiture ou encore «avoir le diarrhée». J'avais pris de l'huile de castor (de ricin) et j'ai mené la voiture toute la nuit. Voiture à poil: tirée par un cheval.

Volée, n. f. Série de coups avec la main ou le poing. Donner une volée à quelqu'un: le battre. Recevoir ou manger une volée: se faire battre.

Vouloir, n. m. Volonté, détermination. Pour réussir, il faut du vouloir. Il a du vouloir. «Le vouloir pour la volonté est un terme qui a vieilly» (VRLF, p. 442).

Vomi, n. m. Chose vomie. Il sent le vomi. Marcher dans le vomi. Vomissure.

Voyageage, n. m. Action de voyager. Depuis que je travaille à cet endroit je trouve que c'est beaucoup trop de voyageage.

Voyagement, n. m. Allées et venues. Il a fait beaucoup de voyagements.

Vues, n. f. pl. Cinéma. Aller aux vues, aux petites vues, aux vues animées.

W X Y Z

Waguine, n. f. (Angl.: Wagon: chariot, charrette). Voiture légère à quatre roues pour le transport des marchandises.

Watcher, v. tr. (Angl.: To watch: veiller). Guetter.

Watch out, interj. Attention! Éloignez-vous! Watch out! le train s'en vient. Watch out! il y a une roche qui déboule.

Watcheur, n. m. Guetteur. Il faudrait mettre un watcheur durant la nuit pour ne pas se faire voler.

Wère, n. m. (Angl.: Wire). Câble d'acier. Arrête le wère.

Whippe, n. f. (Angl.: Whip: fouet). Branchette que l'on utilise pour fouetter un cheval.

Wise, adj. (Angl.: Wise: sage, prudent). Habile, futé, diplomate. Il est wise: il ne proteste pas mais il fait toujours à sa tête.

Wood-room, n. f. (Angl. : Wood: bois; room: salle). Salle d'arrivage du bois dans un moulin à papier.

Wo, interj. Huhau. Mot dont on se sert pour arrêter un cheval. Le mot «Wo» a donné le mot «Woppe».

Woppe, n. m. Arrêt. Mettre un woppe à quelqu'un, l'arrêter.

Yeux, n. m. pl. Coûter les yeux de la tête: coûter très cher.

Youkeur, n. m. Euchre. On jouait au youkeur. Jeu de cartes originaire des États-Unis au XIXe siècle.

Zarzais, n. m. et adj. Simple d'esprit, peu intelligent, niais. Ce mot viendrait de la déformation de «Jersey» et aurait servi d'abord à désigner les huguenots français venant de l'île de Jersey.

Zezon, n. m. Niais. C'est un grand zezon.

Zigonner, v, intr. Couper malproprement avec un mauvais outil, en déchiquetant. Mal jouer du violon: il passe ses veillées à zigonner.

Zigonneux, adj. qui joue mal du violon. Qui taille maladroitement.

Achevé d'imprimer
en l'an mil neuf cent quatre-vingt-dix
sur les presses des ateliers Lidec inc.,
Montréal (Québec)